日本的『去历史化』

日韩历史问题研究

于海龙 著

上海人民出版社

序　言

往古者，所以知今也。历史学是国际关系学的重要来源之一，历史问题研究在国际问题研究领域占据重要位置，历史问题的形成、发展、演化、和解、消逝均对国际无政府社会中的国家间关系产生直接而深远的影响，对处理国家间关系有着重要的借鉴意义。

第二次世界大战期间，日本军国主义对广大亚太国家的侵略为地区和平与发展带来沉重灾难。二战后初期，日本民众曾经对发动战争的军国主义势力感到十分厌恶，对战争责任有过一定的反思。从整体上来看，在不同历史时期，日本政府在历史认知、侵华战争、南京大屠杀、慰安妇、靖国神社、历史教科书、强征劳工等历史问题上的政策既有其延续性、普遍性，也有其阶段性、特殊性。

自 1970 年前后起，随着日本重新崛起并发展为经济强国，日本新民族主义思潮开始抬头，特别是进入 20 世纪 90 年代之后，日本新民族主义思潮进一步膨胀，日本政治日趋保守化、右倾化。日本新民族主义思潮强调国家的权威和国家利益的绝对化，主张在领土问题和历史问题上采取强硬手段，宣扬以"皇国史观"和"靖国史观"为中心的历史修正主义，"通过民族历史中曾有过的'辉煌'和传统文化价值中日本独有的特性，彰显日本民族的伟大和独特"等等。回顾冷战后的历史可见，日本在经济上经历了"失去的三十年"的同时，在历史认识上也经历了"失去的三十年"，也就是说，日本在历史认识上呈现出不断倒退的趋势，对曾经对外侵略和殖民统治的历史的表述故意抽象化、模糊化，更是不愿以直接方式表达反省和道歉。日本主要通过舆论宣传、议题转换、"威胁"炒作、"楔子"战略、改善关系等方式淡化历史问题。日本在历史问题上的认知与政策出现严重的倒退趋势，成为亚太地区重要的不稳定因素，引发日本与中、韩等曾被侵略国家的普遍担忧。如所谓"新教科书编纂会"活动，气焰嚣张。该编纂会是一个典型的右翼组织，其成员几乎包罗所有右翼学者。他们赞美战争、国粹主义，蔑视女性和歪曲历史事实。他们编纂的《新历史教科书》严重歪曲历史，引发轩然大波。近年来，日本政府在有关战争责任和历史问题、宪法和海外派兵问题等议题上的政策成为各国普遍关注的话题。

中日两国一衣带水，两国关系相互影响极为深远，有着上千年的友好交往史，但地缘上的临近也使得中国较早成为日本军国主义的侵略对象。中国既是日本军国主义侵略战争的受害者，也是当前遏制日本修正主义历史观及其行动的重要力量。中日之间存在诸多历史问题尚未解决，日本政府在历史问题上的立场直接影响中日关系的走向。例如，小泉纯一郎、安倍晋三等保守主义政治家在靖国神社等历史问题上的错误认知与行动，曾经为中日关系的健康发展带来严峻挑战，致使中日关系逐渐僵化乃至倒退。日本政府在历史问题上倒行逆施对地区和平与合作也带来重大挑战，至今仍是影响亚太国家间关系与区域合作的重要阻碍性因素，这也凸显深入、系统研究日本政府历史问题政策的重要性。

鉴于日本历史问题认知与行为对战后国际秩序有如此重要影响，加深日本历史问题研究便十分具有重要性、紧迫性。对于日本历史问题的研究，学术界已经进行了大量探索。在日本"历史修正主义"抬头背景下，为了抵制"历史修正主义"和"战后批判理论"，一些有良知的日本学者已出版多部能够正视历史、正视战后认识并充满正能量的著作。我国国内也有诸多研究日本历史问题的相关著作，分别从不同侧面对日本右翼保守势力的历史修正主义史观进行了坚决批判。相对来说，目前学术界对日本历史问题的关注与研究，多集中在日本某届政府的历史认识及其政策、某历史问题发酵的根源及其影响等方面，对日本政府历史问题政策的阶段性、差异性分析稍显不足，对新民族主义思潮的分析有待深化，将历史问题应用于国际关系理论仍有待进一步探索。

非常高兴地看到于海龙博士的专著《日本的"去历史化"：日韩历史问题研究》能够付梓，这是他在博士学位论文基础上进行修改完善所成，也是他延续日本问题研究的学术结晶。此书以日韩历史问题为主要分析对象，对2012年以来日本政治右倾化加剧背景下，日本政府在日韩历史问题上的政策进行了相对系统的对比分析，并初步探索了日本政府的行动根源与实践诉求。日本在日韩历史问题上的政策是日本政治右倾化在历史问题上的重要体现,对其进行系统分析,有助于分析日本在其他历史问题上的政策,对思考如何应对日本的"去历史化"政策有重要借鉴意义,也有助于从侧面认识日本外交的行动逻辑。

　　于海龙博士在博士就读阶段主要研究日本外交与大国关系,其间还被国家公派到日本庆应义塾大学进行联合培养,有着较好的学术积淀,其研究兼顾理论视野与现实关切,对日本联盟外交、中日韩关系等领域有着比较敏锐的洞察力,对日本问题保持高度关注与写作热情。以此为基础,于海龙博士毕业后继续从事日本外交、中日关系、日本(准)联盟等领域研究并取得一定学术成果,体现了他在国际问题研究上的良好悟性。如今,这部《日本的"去历史化":日韩历史问题研究》专著即将出版,这既是他学术成果的阶段性体现,也是对他继续进行学术研究的激励。本书难免存在一些局限,如对日本新民族主义政治思潮的论述较少、对影响日本政府政策差异化因素的分析有待深化,等等。但总体而言,瑕不掩瑜,本书具有较高的学术水准,对于日本摆脱战后体制束缚的行为及其内在逻辑提出了富有建设性、启发性的观点,可以给学术界、政策界、社会各界提供参考。

黄大慧

中国人民大学国际关系学院教授

目 录

导　论

日韩关系中的历史问题[1]主要指日韩两国在第二次世界大战后围绕二战结束前发生的问题而引发的认知分歧及其衍生的一系列外事活动,本书主要讨论两国间矛盾较大的慰安妇问题、强征劳工问题、靖国神社问题、历史教科书问题及岛屿问题。[2]日韩历史问题是影响日韩关系深化发展的重要障碍之所在,而历史问题对日韩关系产生如此深刻影响的重要原因在于历史问题与现实问题产生了千丝万缕的联系,该问题成为阻碍日韩经济深化发展、政治互信、社会交流的重要因素,也是日本与东亚国家实现和解、深化合作的重要障碍,历史问题对日本政府的外交布局与东亚地区格局产生了深远影响。

日本政府在历史问题上的外交政策始终存在如何认识历史问题、如何解决历史问题的争论,究竟是搁置争议还是政治高层秘密处理,是历史认识为先还是大局为重,这些争论既涉及政府层面、政党层面博弈,也涉及民间力量的争斗,甚至有时本国政府与民间、行政与司法的行动会呈现出不一致的"断层"现象。研究日本政府在日韩历史问题上的外交政策,[3]不仅对解决两国长期存在的民族矛盾有重要的现实意义,而且对认识日本政府外交政策的特征及其走势有重要的价值,更对存在历史问题争议的国家或地区间行为体实现和平、稳定、繁荣有重要的意义。

一、研究对象与选题意义

(一)研究对象

本书的研究主题为日本政府在日韩历史问题上的外交政策。由于日韩两国是一衣带水的近邻,在历史发展过程中,经济、文化相互交流和学习的同时,冲突或战争也时有发生,特别是在明治维新后,日本逐渐走上对外扩张的军国主义道路,韩国一度沦为日本的殖民地。本书集中关注日本政府在慰安妇问题、强征劳工问题、靖国神社问题、历史教科书问题及岛屿问题等方面的外交政策。其中,岛屿问题在表面上属领土问题争端,但由于韩国方面坚持认为日本占领争议岛屿是日本侵略韩国的第一步,而且日本学界也逐渐接受日韩岛屿争端具有历史属性的现实,或认为该问题与历史问题密切相关。[4]因此本书将其视为日韩历史问题的一部分。

受各方因素影响,日韩两国各具体历史问题"发酵"时间各不相同,日本历届政府虽然会在不同程度上承认其侵略历史事实,但受到日本右翼民族主义势力和国际局势变化的影响,每届政府在不同时期对历史问题的政策具有一定的差异性。受日本首相历史认知、日本右翼势力发展、日本政府外交战略、国际局势发展等因素影响,2012年底以来,日本政府外交奉行务实主义理念,在历史问题上对韩国的政策呈现出"有攻有守"的特点,该政策取向既影响了东亚地区局势,也对国家间历史问题的和解具有重要的意义。

(二) 选题的意义

1. 理论意义

本书的研究是对联盟理论与和解理论的丰富和发展。日韩两国都是相对较为成熟的民主体制国家,有着相近的自由、民主价值观,它们还同为美国在东亚的重要盟友,美国对美日韩合作持支持态度,日本政府对此也持积极立场,但是日韩两国关系始终未能取得重大突破性进展。根据斯蒂芬·沃尔特(Stephen M. Walt)的联盟理论,国家行为体的外交以制衡威胁为主,其中影响威胁的水平包括综合实力、地缘毗邻性、进攻实力和进攻意图,同时意识形态、对外援助、跨国渗透也能起到一定辅助作用。[5]但日韩两国虽然经济交往密切、意识形态相似,却并未因此而结成盟友,甚至会出现敌对情况。同时查尔斯·库普乾(Charles A. Kupchan)关于国家和解的理论认为,实现和解需要制度化克制、相同的社会秩序、文化的共同性,其和解进程发端于单方面的包容行动,然后进入相互克制、社会一体化、新的表述和认同等进程而实现和解。[6]但在基本满足这些条件的情况下,日韩两国并未就此实现历史问题的和解,甚至部分历史问题矛盾愈演愈烈。其重要原因在于,两国的历史问题纠葛成为阻碍两国联盟、和解的重要因素。因此,对日本政府在历史问题上的处理及影响进行分析,有助于丰富联盟理论、和解理论等国际关系理论。

2. 现实意义

本书探究日本政府在日韩历史问题上外交政策的意义更多体现在现实层面,主要表现在以下几个方面。

第一,深化认识日本政府在日韩历史问题上的外交政策是准确把握日韩关系发展趋势的重要途径,深入分析日本政府在日韩历史问题上外交政策的历程和特点是把握日韩关系发展趋势的重要途径,历史问题是两国关系的重要议题,更是影响日韩关系的"晴雨表"。

第二,准确认识日本政府在日韩历史问题上外交政策是全面认识日本政府外交战略的重要抓手。2012年底,日本自民党再次执政后,日本政府右倾化更加显著,国际社会普遍关注日本政府在历史问题上的保守主义政策,但对日本政府在历史问题上的务实主义外交理念关注相对不足。日本政府在日韩历史问题上的外交政策既非始终坚持"对抗"政策,亦非"无条件"的"妥协"政策,而是在各历史问题中既有"妥协"成分,也有针锋相对的"对抗"政策。日本政府的这种政策一定程度上体现了日本外交政策的特点,理解这一特点对于分析日本政府外交政策有重要的指导价值。

第三,正确分析日本政府在日韩历史问题上的政策是准确认识东亚地区国家间关系的重要基础。日韩两国是东亚地区重要的国家行为体,是二十国集团重要成员国,它们是国际社会上多边合作的重要组成部分,两国合作水平直接影响中日韩、美日韩等多边合作水平。

二、研究综述

目前国内外关于日韩历史问题的研究多集中在对日韩历史问题的个案研究,对日韩历史问题的整体特征论述,特别是从日本的视角对比分析日本政府在日韩历史问题上外交政策差异性的研究相对薄弱。下文从国内研究和国外研究两个方面展开论述，在此梳理的基础上指出既有研究的不足之处。本书认真借鉴和总结已有研究成果，充分研究日本政府在日韩历史问题上的政策，力争推进日韩历史问题的研究，促进东亚历史问题的和解。

（一）国内研究现状

1. 从日本外交或日韩关系的角度分析

沈海涛的《外交漂流：日本东亚战略转型》[7]对近年来日本的亚洲外交战略、日本外交的国际认知与自我定位、中日关系进行了分析，特别是对"安倍主义"与"积极的和平主义"进行的分析有助于认识日本政府外交政策。这些研究对日本外交均有较全面论述，对把握日本外交面临的国际环境有一定助益。安成日的《当代日韩关系研究（1945—1965）》[8]以实证的历史研究方法对1945—1965年日韩关系进行较好的研究，为全面了解日韩建交前两国关系的历史问题提供了较好的研究基础。丁英顺在《战后日韩、日朝关系》[9]中对战后日本与朝、韩两国的关系进行较为详细的论述，其内容集中在政治、经济领域，作者认为历史问题对两国关系产生重要影响。马晶的《冷战后韩国的东北亚政策研究》[10]对冷战后韩国与美国、日本、俄罗斯等国的关系进行了分析，特别对朴槿惠政府东北亚政策的方向和挑战进行了展望。王珊在21世纪初的《日本对韩外交及日韩关系》[11]中分析了日韩关系改善的原因，认为双边关系的改善既有日本外交战略上的考虑，也与东亚地区国际政治背景有关，并且得益于双方领导人对契机的把握。姜龙范在《二战后日韩关系的演变》[12]中对二战后日韩关系的发展变化及其影响因素进行了概述。王高阳的《战后韩日和解的历史与现实》[13]一文对日本自明治维新后到新世纪的外交政策进行了论述，并从动力、方式及要素等三个方面对韩日和解与中日和解进行了比较分析。这些研究为全面认识日韩关系的历史与现实奠定了重要基础。

2. 从日本首相等核心政治家的视角进行研究

由于安倍晋三组阁时间较长，外交政策对国际社会的影响较大，日本外交政策具有鲜明的"安倍特色",因此目前国内分析安倍晋三以及以安倍晋三为切入点分析日本政府历史问题相关议题的研究相对较多。其中,王珂、王智新的《安倍晋三传》[14]、陈宇峰、黄冠的《安倍晋三这个人》[15]及李大光的《一门三首相》[16]对安倍晋三及其家庭成员进行了分析介绍,对安倍晋三的历史观及其相关政策进行了介绍说明,对认识日本政府的内政外交提供重要的线索,是了解安倍晋三其人、其历史问题政策的重要文献资料,但这更多是对安倍晋三及其家庭成员、安倍晋三历史认知的介绍。郭冬梅、赵秋萍在《论安倍晋三的历史观》、仲秋在《背离与颠覆:安倍历史文化观刍议》[17]中对安倍晋三的历史观进行了分析,对认识安倍晋三的历史问题认识、安倍政府在历史问题上的政策有着重要的启示作用。张勇在《韬晦之"鸷":安倍晋三人格特质与对外政策偏好》[18]中,就安倍晋三个人性格对日本政府外交政策的影响做了较深刻的分析。堤一直、张东方在《通过安倍主要演讲和著作看其对中韩的政策》[19]中,以安倍晋三的演讲和著作为抓手,对日本政府的对华、对韩政策进行了较好的分析,对认识日本政府的政策有重要帮助。

同时,国内从安倍政府、菅义伟政府或岸田政府为时间节点的外交研究明显增多。吴怀中的《"安倍路线"下的日本与中日关系》[20]认为"安倍路线"推动的"正常国家化"成果显著,但受内外条件限制,日本国际发展的突破性跃升及战略走向的颠覆性裂变尚难发生。在《安倍"战略外交"及其对华影响评析》[21]中对安倍政府战略外交的背景、目标、路径、方法、特点进行了分析,作者认为该外交以维护体系、提升政治、助推经济、保障安全、制衡中国为主要目标。黄大慧在《试析安倍政府的对外宣传战略》[22]中认为安倍政府在对外宣传中最关注的是领土和历史问题,希望通过外宣来获得国际社会的支持。张瑶华在《安倍 2.0 时代的日本外交》[23]中指出安倍以摆脱战后体制为己任,以修改宪法为目标,其外交是服务于其政治追求的。蔡亮在《安倍内阁"积极和平主义"的三种特性分析》[24]中认为安倍政府的积极和平主义具有理念的偷换性、目标的两全性和路径的危险性等三重特性。此外,还有张铎的《日本安倍政府东亚安全政策研究》[25]从东亚国际格局的变化出发,对安倍政府在东亚的安全目标及其实施做了较好的分析,认为安倍政府的东亚安全政策是以构筑日美同盟为基础,以增强自主防卫能力为核心,以建立"军事大国"为目标。刘江永的《战后日本国家战略演进及岸田内阁战略走向》[26] 从宏观视角,对安倍、菅义伟、岸田三届政府的国家战略演进进行了分析。从伊宁、吴怀中的《岸田时期日本"印太战略"深化:背景、表现及对华影响》[27] 中指出,"印太战略"在"后安倍时代"的日本外交中得到高度继承与延续,对分析岸田政府外交有重要价值。陆忠伟在《岸田外交与安倍外交的异同》[28] 中对日本外交的延续与转换进行了分析,认为岸田外交与安倍外交在推动日本改行军事强国路线、在新战争领域发挥攻敌之"矛"的作用,以及扮演美国印太战略马前卒上,并无本质区别。朱海燕在《日本"岸田外交"与中日关系的前景》中从宏观、中观、微观三个维度分析岸田政府的外交,对国际格局、日本追求"政治大国"地位、岸田文雄个人分析对岸田外交的影响。[29] 此外,刘江永的《岸田文雄的"新时代现实主义外交"》、高洪的《岸田政权的政治光谱与其对外政策走向》对岸田政府外交政策特征进行了宏观论述。[30] 上述研究对从政治家个人方面认识日本外交有重要帮助。

3. 历史认识或历史问题的整体研究

关于日韩历史问题的研究,既有从日本历史问题的角度进行研究,也有对日韩各个历史问题的分开论述。韩东育在《战后七十年日本历史认识问题解析》[31] 中对战后七十年来日本在历史问题上的认识进行了解析与反思,对其原因进行了有见地的论述。郑毅在《中韩日"战争记忆"的差异与历史认识重构》[32] 中,对中日韩战争记忆差异的根源以及战争记忆差异与历史认识之间的关系进行了分析,为中日韩历史问题的和解提供重要的启示。晋林波在《日韩"冷战"的原因与影响》[33] 中认为日韩围绕历史和领土问题的对峙,严重阻碍了日韩双边关系的发展,影响了东北亚地区的国际关系。王新生在《日本为何在历史问题上越来越倒退》[34] 中对小泉纯一郎担任日本首相时期在历史问题上倒退的原因进行了分析,作者认为主要有民族主义、文化因素、美国恩惠等五个方面。许寿童在《日本的历史认识问题与东亚国家的应对策略》[35] 中认为中韩等东亚国家应该效仿朝核六方会谈建立历史认识四方会谈来遏制日本右翼势力发展,引领东亚社会健康发展。张建立则在《试析日本人的历史认识问题形成的原因》[36] 中认为日本人历史认识与美国因素、皇国史观以及实用主义心理都有重要关系。周方银等人在《日韩深和解为何难以实现——实力对比、战略需求与国家间和解》[37]中从理论视角分析了日韩和解难题，他认为日韩实力对比不对称程度、日韩相互战略需求变化对日韩历史问题和解具有塑造作用。王广涛等人在《民族主义、近代化竞赛与日韩历史认识问题》[38]中则认为本质民族主义的兴起及其与近代化民族主义的合流是日韩历史认识问题解决的难关。

4. 具体历史问题的研究

与对日本历史问题整体研究相比，对日韩历史问题进行个别研究的成果则相对丰富。受日韩慰安妇问题时间、范围的影响，关于该时段慰安妇问题的研究相对较多。姜龙范在《日韩建交后的"慰安妇问题"：政府、民意与美国因素》[39]中对日韩建交后，特别是90年代以来日韩两国在慰安妇问题上的发展历程进行了分析，特别分析了日韩达成"慰安妇协议"的动因及其影响，其中即指出美国的第三方因素。李婷婷在《韩日慰安妇问题协议：内容、机制与影响》[40]中分析了2015年慰安妇协议的内容、机制及其对地区的影响，文中指出该协议未能从根本上缩小日本和亚洲邻国之间的历史认识差距。吕春燕在《"慰安妇问题协议"：韩方立场与韩日关系》[41]中，以2015年日韩慰安妇问题协议为切入点，分析韩国在该问题上的立场以及该协议对日韩关系的影响。金赢在《"慰安妇"问题：舆论正义和日本的"历史战"》[42]中，分析了日韩两国在慰安妇问题上各自占据的优势，对认识日本政府的立场和政策有很大启示。王玉强在《美国国会关于"慰安妇"问题的立法活动研究》[43]中对美国国会关于慰安妇问题的立法历程、影响等方面进行了细致的分析，对分析美国对日本历史认识方面的影响提供了重要视角，《联合国人权机构审议"慰安妇"问题研究》[44]对认识联合国等第三方因素对慰安妇问题的影响有重要启示。陈健行在《日本政府对"慰安妇"问题的历史认识演变》中以官方谈话为考察对象，分析日本政府在慰安妇问题上的政策演进历程。[45]此外，李成日的《安倍政府的"慰安妇"问题认识与日韩关系的困境》等文章对更准确的认识日韩慰安妇问题提供了重要的研究基础。

在日韩强征劳工问题上，因该问题成为两国重要外交议题是在2018年10月底以后，因此目前学界对该问题进行分析主要集中在日韩关系的论述上。李旻在《透过"强征劳工"等问题看日韩矛盾的演进及影响》[46]中对强征劳工问题的法律争议内容与实质进行了分析,认为该问题是日本对朝鲜半岛殖民统治的"定性"问题。吕春燕在《文在寅执政后韩日纷争的表象、根源与影响》[47]中对日韩强征劳工问题等争端表象的根源及其影响作出论述,认为这些争端源于日韩关系的惯性与美日韩关系失调。李婷婷在《贸易摩擦与日韩关系新变局》[48]中认为强征劳工问题仅是日韩贸易摩擦的直接原因,根本原因在于地区秩序重组背景下双边关系和地区战略博弈。刘荣荣、王珊在《沉疴与新患:日韩关系恶化探析》[49]中认为强征劳工问题、日韩外交布局、美国亚太同盟政策等因素共同引发日韩关系的恶化。赵儒南在《近期韩日争端产生的动因及解决关键》[50]中认为强征劳工问题成为韩日争端重要原因之一,并为解决争端的关键提出建议。

在靖国神社的研究方面,祁隆在《靖国神社揭秘》[51]中,记述了靖国神社的起源与内置,并对政治家参拜靖国神社以及相关争论进行了分析与论述。徐家驹在《日本首相参拜靖国神社问题评析》[52]中对小泉纯一郎频繁参拜靖国神社的原因进行了分析,说明了日本政要的主要行为模式。刘江永在《安倍参拜靖国神社的特点、动因及后果》[53]中指出安倍晋三参拜靖国神社受到其历史观、战争观及其家庭因素等方面影响,国内右翼的支持增加了其参拜的动力。董璠舆在《"国宪"不可违首相应带头》[54]中,从宪法的角度对日本首相参拜靖国神社进行了分析,对认识安倍首相参拜靖国神社带来的法律挑战有一定意义。

在历史教科书研究方面,步平的《关于日本历史教科书问题》[55]对2002年版送审本日本教科书与1997年历史教科书的内容进行了详细的对比,分析了1997年版历史教科书中关于南京大屠杀等具有代表性的观点。张煜的《百年来日本中学历史教科书对侵略动机的书写》[56]将日本历史教科书以1945年为界,对包括侵略动机的叙事内涵与逻辑进行了对比分析,对认识当前日本政府历史问题叙事有重要启示。董炳月在《战后日本教育思想的逻辑与脉络》[57]中,以《教育基本法》和历史教科书为切入点,对战后日本教育思想的基本历程及其内在逻辑进行了分析,对认识日本历史教科书问题的内在逻辑提供新的视角。王希亮在《纠正被歪曲的历史》[58]中,对日本历史教科书问题的历史发展进程做了详尽的分析,特别是对《教育基本法》《学习指导要领》的分析有重要启示意义。唐剑明的《明治以来日本历史教育研究》[59]通过历史梳理分析日本历史教育的演进历程及其改革动向。

在岛屿问题上,曾向红、李宏洲的《地位焦虑和历史压抑》[60]从情感的角度对日本在与中国、韩国、俄罗斯的岛屿争端中的政策差异进行分析,这种差异的核心变量为地位的焦虑与历史压抑程度。陈刚华在《韩日独岛(竹岛)之争与美国的关系》[61]中和吕平在《美国介入韩日岛屿争端的立场演变》[62]中则更多是从第三方影响因素上对两国岛争进行了分析。王泽林则在《日本与邻国领土主权争端的国际法分析》中从国际法的角度对日韩领土争端进行了分析,并与中日钓鱼岛争端做了对比。金香兰、王鸿生在《韩日独岛之争探析》[63]中,对日韩岛屿之争的历程做了概述,并从历史文献、"先占"原则、条约文书等方面分析日韩争议岛屿问题,认为韩国在国际法上更占优势。陈姬文在《前景理论视角下日本与邻国的领土争端问题研究(1991—2020)》中对比分析中日、日韩、日俄岛屿争端历程及其影响因素,认为美国在日韩岛屿争端中起到重要作用。上述著作的研究大多属就事论事型研究,较少涉及日韩关系,普遍性有余,特殊性不足。

上述这些研究或以时间顺序进行论述,或以专题形式进行分析,以日本政府为视角的研究多集中在某具体方面。

5. 其他历史问题相关研究

此外,其他学者对日本的相关研究为分析安倍政府在日韩历史问题上的外交政策有重要启示作用。如蒋百里和戴季陶的《日本人与日本论》[64]、刘江永和王新生的《战后日本政治思潮与中日关系》[65]、黄大慧的《从"村山谈话"到"安倍谈话":日本在历史认识上"失去的二十年"》[66]、吕耀东的《论日本政治右倾化的民族主义特质》[67]和《战后日本外交战略理念及对外关系轨迹》[68]、李寒梅的《日本民族主义形态研究》[69]、游博和张陆的《论日本安倍政权的政治右倾化》[70]等论著以日本国内或地缘政治等方面为视角进行研究,对剖析影响日本外交的因素提供重要的依据。

（二）国外研究现状

1. 从日本外交进行的研究

波多野澄雄在《日本外交 150 年》[71] 中，对幕府末期、明治维新后到平成时期结束的日本外交进行了详尽的分析，对认识日本外交的纵向历程与横向国际环境有重要借鉴价值。宫城大藏在《现代日本外交史》[72] 中对冷战后日本的外交进行记述，为更好地认识后冷战时期日本外交有重要价值，对日本政府的外交政策有较宏观的把握。铃木美胜在《日本的战略外交》[73] 中，从战略的角度和全球视野对日韩两国以及日本与其他国家间的历史问题进行了分析与叙述，有助于从全球视野认识日本政府在日韩历史问题上的政策。五百旗头真在《战后日本外交史（1945—2005）》[74] 中详细地对二战后日本外交的发展历程进行了记述，并对日本战后的外交做出具有启发性的评价，主要集中在日本外交的整体情况或路线，国家间关系以日美关系和中日关系为主要记述和评价内容，为从整体上认识日本外交奠定基础。添谷芳秀的《日本的"中等国家"外交》[75] 认为日本作为中等国家，应以"中等国家"外交为视角开展外交活动，他对东亚共同体建设、日本与中美韩等双边/多边关系等外交构想进行了说明，对分析日韩关系时的第三方影响因素有重要启示。

此外，在文正仁、徐承元主编的《日本复兴大战略》[76] 中，编者通过对日本主要国际关系学者的采访，较全面地了解日本学界在相关国际问题上的观点，该著作涉及日本的外交战略构想、日本与主要国家及朝韩两国的外交、日本的安全保障与未来秩序构想等三个部分。特别是对船桥洋一、小此木政夫、国分良成等学者的采访，这些学者对日本外交、日美关系、日韩关系中存在的诸多问题进行了明晰的说明，是全面认识日本外交的重要视角。

2. 从日韩关系进行的研究

日韩两国共同编纂的历史教材《日韩交流的历史》[77] 中，对日韩两国自先史时期到 21 世纪初期两国交流的历史进行了记述，文中对两国的历史问题多有涉及，对掌握日韩历史认知的共同点大有助益。小此木政夫、张达重在《战后日韩关系的开展》[78] 中对战后日韩关系的发展史进行了较好的概述。木宫正史、李元德主编的《日韩关系史 1965—2015 I 政治》[79]对日韩建交 50 年以来日韩合作的发展轨迹、国际政治中的日韩关系以及两国对历史问题的交涉均进行了较好的分析,为认识日韩诸多历史问题及影响因素有着重要价值。赵世暎在《日韩外交史》[80]中,以时间为顺序对日韩两国自 1965 年建交后的对立与合作进行了对比分析,其中关于历史教科书问题、慰安妇问题以及岛屿问题多有涉及。峰岸博在《日韩的断层》[81]中以日韩强征劳工问题争端引发的日韩关系危机为切入点,从韩国国内因素分析日韩断层的根源,并提出建立成熟的日韩关系的途径。木村干在《韩国爱憎》[82]中对 30 年来韩国的变化,日韩关系的发展做了最新的分析。读卖新闻政治部编写的《"中日韩"外交战争》[83]中对日韩两国在外交上的分歧、对立及其根源做出分析,并对中、美因素有所涉及。谢尔·霍洛维茨(Shale Horowitz)认为,日韩历史问题一方面会产生意识形态方面的摩擦,导致双方冲突的持续或再发生,另一方面政治领导人出于务实主义考虑,历史问题很容易受到政策的控制,主要通过双方非正式的协议达成。[84]波佐场清在《韩国对日自负与韩中接近》[85]中认为 2012 年韩国朴槿惠政府上台后对国际局势进行了分析,受地缘政治和国家主义兴起的影响,对李明博登上日韩争议岛屿后的情势进行剖析,认为随着中国的崛起,中韩两国关系加强对安倍时期的日韩关系带来挑战,日韩关系进入新的时期。郑在贞在《当前东亚局势下的日韩关系》[86]中从历史的视角分析了日韩关系,对日韩关系在建交 50 年来取得的成绩表示肯定,并为改善两国领土问题、慰安妇等历史问题以及首脑外交等方面提出了诸多意见和建议。塔库·塔玛吉(Taku Tamaki)认为,日韩关系紧张的根源在于日韩两国政治精英认知的差距,日方认为韩国不愿建立面向未来的日韩关系,而韩方认为日本不愿真诚地解决过去的错误。[87]

3. 从历史问题方面进行的整体研究

浅野丰美以战后日本赔偿问题为视角对日韩邦交正常化过程中请求权问题的内容、过程进行了较为详细的论述,特别是将"清算"分为物理清算与心理清算,为分析当前日韩历史问题提供重要视角。[88]五百旗头熏等人在《战后日本历史认识》[89]中对日本战后历史认识的发展历程、历史认识与和解的关系等方面进行了较为系统的分析,对分析日本历史认知的历程及和解的方式有重要的借鉴价值。和田春树等人在《怎样解决日韩历史问题》[90]中对日韩合并条约及其相关历史问题进行了多角度的介绍和分析，并为如何实现两国和解提出不同的见解。东北亚问题研究所主编的《日韩历史认识与和解》[91]就日本二战期间对朝鲜的殖民地化政策与"皇民化"政策进行了介绍，并提出了日韩和解的根据与方法，为日韩和解的方式方法提供借鉴。东乡和彦在《历史与外交》[92]中对靖国神社问题、慰安妇问题、东京审判问题等诸多历史问题与外交的关系进行了分析，而且涉及历史教科书和岛屿问题。在《重问历史认识》[93]中，作者从领土问题和历史认识问题两条线索进行分析，其中岛屿问题、靖国神社问题以及慰安妇问题是作者关注的重点。在《危机的外交》[94]中，作者对安倍晋三在战后70年的谈话做出了分析，对靖国神社问题、慰安妇问题、强征劳工问题以及岛屿问题均进行了分析，并提出相应的政策建议，对解决日韩相关历史问题提供视角。在《中日韩历史大论战》[95]中，中日韩三国学者分别从本国的视角对相关历史问题发表看法，其争论内容涉及靖国神社问题、岛屿问题，双方之间既有分歧、也有共识，对认识中日韩之间的历史问题及其观点有重要价值。崔元植等人编辑的《东亚历史认知争论的元历史》[96]中对日韩历史问题中的教科书问题、慰安妇问题、靖国神社问题进行了多角度的分析，对多角度认识日韩历史问题有重要价值。朴裕河的《与历史相遇》[97]对影响日韩关系的慰安妇问题、强征劳工问题、"日韩合并"等问题进行了分析，着重分析了日韩在相关问题上的对立与对话。牧野爱博在《现场报道"分离"的日韩》[98]中，对二战后日韩历史问题发展的历程进行了概述，对强征劳工问题和慰安妇问题等近年影响较深的日韩历史问题进行了着重的分析，为全面认识日韩关系未来的出路提出相关政策建议。陈博宇（Boyu Chen）从历史问题方面探索日韩关系紧张的根源，他认为日本继承的帝国主义价值观、因美国施压而搁置历史争端、韩国为国家发展同前殖民者关系的两难境地是当前日韩关系紧张的根源。[99]李炯喆（Lee Jongguk）就二战后日本政治家对历史问题的理解做了梳理，他认为安倍晋三将历史问题的重点放在"摆脱战后体制"、加强国家与经济建设，因此历史修正主义者采取了集体"缅怀历史"的立场。[100]和田春树在《思考日韩条约》[101]中对日韩建交过程与日韩条约内容进行了分析介绍，特别是日韩两国在历史问题上的最初协定及此后在慰安妇问题、历史教科书问题等方面的龃龉进行了说明。新美隆在《战后补偿问题与〈日韩请求权协定〉》[102]中从法律的视角对二战后日韩就补偿问题进行的磋商及其《日韩请求权协定》的内容进行介绍，并对冷战后初期日本的主张进行了分析说明。巴塔科娃（A. A. Batakova）对比了 1995 年村山谈话与 2015 年安倍谈话的区别，她认为安倍晋三号召"解除道歉"负担得到美国支持的同时，并未对中日、日韩关系的发展构成重要障碍，因此作者认为日本与中韩间的历史问题应与政治和经济问题区别对待。[103]

4. 从日韩具体历史问题的研究

关于慰安妇问题的研究。和田春树在《为解决慰安妇问题》[104]中对日韩慰安妇问题的起源、发展以及亚洲女性基金的发展历程进行了较详细的说明，为更全面认识慰安妇问题及日韩两国曾为此作出的努力有重要价值，对探索新的解决方案提供一定的指导。熊谷奈绪子在《慰安妇问题》[105]中，对慰安妇问题争论点、慰安妇的特殊性与普遍性、战后补偿责任、亚洲女性基金以及和解应采取的政策做了较为全面的分析与说明。朴裕河在《帝国的慰安妇》[106]中对慰安妇问题进行了较全面的说明，作者对慰安妇群体进行了界定，对韩国慰安妇支援团体进行了分析，对韩国宪法判决、世界各国认识等方面做了说明，并为解决慰安妇问题的方式提出见解。大沼保昭在《"慰安妇"问题是什么》[107]中以亚洲女性基金为切入点，对媒体、非政府组织及政府在慰安妇问题上的行为、作用进行了分析，对补偿问题进行了说明。高良沙哉基于21 世纪初在慰安妇诉讼中将"慰安妇问题"认定为被害事实，因此在《"慰安妇"诉讼的意义与课题》[108]中认为，虽然判决认定了日军在"慰安所"内外的暴力事实，但并未实现赔偿请求，因此克服"国家无答责法理"[109]是重要课题。木村干在《日本的慰安妇认知：以 1970 年以前的状况为中心》[110]中对 1970 年以前在日本有关慰安妇问题的认识进行了分析，其中主要包括 20 世纪 60 年代写成的有关慰安妇问题的文章、以前士兵的语言记录、慰安妇证言、文学作品、朝鲜慰安妇等方面，为研究 1973 年前日本国内关于慰安妇问题基本情况奠定基础。户塚悦朗在《日本不能与国际社会和解吗？》[111]中以日本前首相野田佳彦在国会上的答辩为切入点，对野田佳彦的答辩进行分析与批判，提出政府可以采取的措施，分析了慰安妇问题被联合国提起的原因，认为日本应该接受联合国等国际机构的条件才能实现与东亚诸国的和解。松村昌广在《日韩关于"慰安妇"问题达成最终协议与美国奥巴马政权压力》[112]中对慰安妇问题历程与美国战略利益进行了分析，对2015年日韩两国达成关于慰安妇协议中的美国因素进行了解析，对认识国际社会因素与美国第三方因素对日韩历史问题的影响有重要作用。汤姆勒（Tom Phuong Le）分别对1965年《日韩基本条约》与2015年日韩慰安妇问题协议做出分析，认为该问题仍然阻碍日韩关系的根源在于协议达成时以解决更紧迫的安全问题为着眼点，而且日韩两国协议谈判时缺乏中立的第三方。[113]而申旭熙（Shin W）则以安全困境为框架，对2015年日韩慰安妇问题协议的始末进行分析，他认为观念与国内政治对日韩在慰安妇问题谈判上起到重要作用。[114]而贾云春（Ja Hyun Chun）等人则通过对日韩慰安妇历程的分析认为日本政府之所以未能解决慰安妇问题在于，日本公民社会的薄弱与历史教科书中对历史的歪曲等国内因素以及美日韩安全合作的外部因素综合作用。[115]

关于强征劳工问题的研究。虽然强征劳工问题近年才引起日韩两国及国际社会的重视，但由于该问题涉及范围广、影响深远，因此相关研究并不少。户冢悦朗在《所谓的征用工问题是什么》[116]中对日韩强征劳工涉及的相关问题进行了较为详细的分析，对韩国大法院的判决进行了解读、对日韩请求权协定的范围进行了分析，并对可能的和解之道进行了建言。竹内康人在《征用工判决是什么》[117]中对强征劳工的动员过程、劳工情况、战后处理等事情进行了分析和叙述，并指出了强征劳工判决的意义以及应采取的措施。内田雅敏在《原征用工和解之道》[118]中，对强征劳工问题与日韩关系的方向做了说明，对解决强征劳工问题的必要条件作出较好分析，特别是对请求权协定、日韩两国宪法关系的说明。木村干在《韩国反复炒作比慰安妇更根深蒂固的"征用工问题"的内情》[119]中从韩国国内的视角分析了韩国在强征劳工问题上持强硬立场的原因。

关于靖国神社问题的研究。高桥哲哉在《靖国问题》[120]中从情感问题、历史认识问题、宗教问题、文化问题以及国立追悼设施问题等方面对靖国神社问题进行了分析,对认识靖国神社问题提供了较新的视角。田中申尚在《靖国诉讼:战死者的记忆是谁的》[121]中,从司法诉讼的视角对日本以及东亚其他国家国民围绕靖国神社问题进行的诉讼进行了司法层面的分析,对认识日本政府在参拜靖国神社时面临司法问题的挑战提供较好的视角。小林武的《在内阁总理大臣参拜靖国神社诉讼中和平生存权的主张》[122]对靖国神社的地位与历史进行了介绍,特别介绍了中曾根康弘、小泉纯一郎以及安倍晋三参拜靖国神社的违宪诉讼及和平生存权主张,从法律的视角对首相参拜靖国神社的行为及其后果进行了分析。内田雅敏在《参拜靖国神社的什么成为问题》[123]中以参拜靖国神社为切入点,对参拜靖国神社的思想、靖国史观进行了分析,进而对东京审判和设立国立追悼设施进行了论述。三土修平在《靖国问题的深层》[124]中对靖国神社的历程进行了论述,特别是对日本被占领期间与中曾根康弘参拜靖国神社后的相关问题进行了分析,对了解靖国神社问题的历史以分析当前问题有一定的价值。玛丽亚·德尔·皮拉尔·阿尔瓦雷斯(María del Pilar Álvarez)等人对支持靖国神社的团体的特点和行动方式进行了分析,并总结了中、韩等国对日本政府官员参拜靖国神社的反应。[125]

张(Cheung)则通过对比分析认为,安倍晋三在 2013 年后未继续参拜靖国神社是出于国内合法性的考量,领导人的理性与政治生存发挥着首要作用。[126]冈崎久彦在《从国家战略看靖国问题》[127]中从亚洲安全保障、美国的伊拉克战争以及日本长期战略等方面论述其对靖国神社问题的观点,为从全局与战略的视角分析日本政府在靖国神社问题上的政策有重要启示。小岛毅在《靖国史观》[128]中,从国体、灵魂与维新三个维度对靖国史观进行了分析,对更深层次地了解日本右翼思想有一定的借鉴。木村卓滋在《在〈近现代日本史〉讲义中的靖国神社问题》[129]中从历史教学的视角分析靖国神社问题,对二战后靖国神社问题的发展变化进行了说明介绍,包括占领期间的靖国神社问题、靖国神社法案、甲级战犯合祀问题等等,作者认为讲义中应重视靖国神社议论的方式和战殁者家属问题,主张将靖国神社问题作为近现代史学习的窗口。福田朋实在《关于现任首相参拜靖国神社问题的社论作用:使用新闻社论内容分析的考察》[130]中,以新闻媒体在首相参拜靖国神社过程中的作用为切入点,对《朝日新闻》等三大报纸社论进行分析,作者根据分析认为,作为监督权力的新闻媒体具有议题设定的作用,担当着"保管过去共享立场"的作用。南尚九(Nan Sanggu)总结关于靖国神社的主要争议问题,分析、介绍了朝鲜人在靖国神社的供奉、日本首相参拜靖国神社、新的国家纪念设施、日本的历史观等 4 个方面的发展历程与相关研究结果,作者认为最重要的因素是日本政府和靖国神社如何看待日本殖民时代和侵略战争的历史。[131]

关于历史教科书问题的研究。郑根珠在《日韩关系中历史认识问题的反复》[132] 中,对 1982 年以来日韩两国间的 3 次历史教科书问题进行了详尽的分析,特别是日韩两国政府、国会在该问题上的应对,对分析日本政府在历史教科书问题上的政策有重要借鉴意义。小森阳一等人合著的《历史教科书 什么是问题》[133] 中,集中分析了日本与中、韩等国在日本历史教科书中的争论点,同时对历史观、中学教科书、审定制度等方面均做了较好的分析。俵义文在《战后教科书运动史》[134] 中,对日本教科书审查制度以及几次历史教科书争端进行了较为系统的论述,对分析当前日本政府在历史教科书问题上的政策有重要借鉴意义。石井正彦在《"新历史教科书"的语言使用:来自 8 种中学历史教科书的比较调查》[135] 中对包括扶桑社出版的历史教科书在内的 8 种历史教科书做比较分析,作者认为新历史教科书有 11 项语言使用特征,由于这些主观性立场,新历史教科书从语言上支持了赤裸裸的国家主义批判。太田修在《2005 年历史教科书问题》[136] 中对 2005 年度的历史教科书问题的过程进行整理,论述了日韩、中日韩在对抗历史修正主义中共同制定历史教科书尝试的意义,作者认为要想推进东亚地区和解,需将历史资料作为共同财富与制作东亚共同历史资料集。中村修也在《对韩日历史教育的个人看法》[137] 中对历史认识的实际情况、近代以来韩日关系的日本问题进行了分析,评价了历史教科书问题,对今后历史教育提出自己的想法,认为单纯的赔偿金钱或劳动赔偿无法消解战争责任。郑在贞在《日本历史教科书问题与韩日关系》[138] 中对日韩纠纷的新历史教科书引起韩国重视的原因以及得到部分日本人支持的原因进行了分析说明。

关于岛屿问题方面的研究。藤井贤二在《竹岛问题的起源》[139] 中,从历史的视角对二战后日韩海洋问题争端做了详细的梳理,对岛屿问题在日韩海洋争端以及日韩关系中的作用做了较详细的说明,对认识二战后日韩岛屿问题的历史进程有较大帮助。池内敏在《所谓的竹岛问题是什么》[140]中对17世纪以来日韩岛屿问题的发展演变进行了较为系统的分析,分别考证了日本与独岛(日本称"竹岛")、朝鲜与独岛关系的历史进程,着重对20世纪时的日韩岛屿问题进行了论述,对系统了解岛屿问题的历史与现实有重要作用。下條正男的《竹岛是日韩哪一方的》[141]通过对1692年以来日韩历史文献的分析,以历史考证分析的视角对日韩两国史料进行辨析,对韩国的岛屿主张进行了驳斥,得出日韩争议岛屿应属日本的结论。崔长根在《关于韩国"于山岛-石岛-独岛"名称变迁的研究》[142]也是以实证的方式考证了日韩争议岛屿名称发展的历史脉络,对证实争议岛屿归属权有一定的借鉴意义。孙崎享在《日本的国境问题》[143]中对日美同盟在日韩岛屿问题上的作用进行了分析,并对解决领土问题提供了政策建议。保阪正康在《通过历史探寻领土问题的真相》[144]中,从历史进程的视角,对日本与相关国家间的领土问题进行了论述,在对日韩岛屿问题论述时,从条约和现实两个维度进行分析,对全面认识日本政府在当前的政策有重要借鉴意义。保阪正康和东乡和彦在《日本的领土问题》[145]中从外交交涉与解决路径两个维度分析日本与周边国家间的领土问题,对认识日韩岛屿问题交涉的历程,探寻该问题解决的路径提供一定的启示。东乡和彦在《竹岛·独岛问题与日韩关系:日本的视角》[146]中对日韩两国在以争议岛屿为代表的历史问题上认识的差异进行了分析,指出2010年以来日韩关系对立的激化,因此有必要在历史认识问题上具有共通的视角、长远的历史视角,提出通过对话尝试解决岛屿问题的原则方向及三点具体解决方案。布克·亚历山大(Bukh Alexandwe)通过对日本政府与岛根县在日韩岛屿问题上立场的分析,记述了日本岛屿问题如何从岛根县意志上升到国家意志的过程,[147]对认识日本中央政府与地方政府在日韩岛屿问题上的分歧有重要参考价值。此外,李俊揆在《韩国人对独岛问题的认识》[148]中对韩国国内对日韩岛屿问题认识的现状进行了说明,回顾了日韩围绕岛屿问题在2005年、2012年为节点的双边关系恶化的过程,分析了双边互动、国内舆论和媒体的影响,同时对19世纪末以来日韩围绕岛屿问题的发展历程。李昌宇(Lee Chang-Wee)较全面地分析了日韩两国在岛屿问题上的法律与政治观点、有效占领获取领土的手段、相关岛屿争端的案例及其解决办法。[149]金贤秀(Kim Hyunsoo)从国际法的角度对日韩岛屿问题进行了分析,讨论了国际社会上拒绝通过国际法院解决岛屿主权争端的案例,并分析了司法解决岛屿问题的可能性及其限度。[150]朴佩根(Park Pae-Keun)对第三方学者在日韩岛屿问题上的观点进行了分析汇总,第三方学者多认为韩国的岛屿主张更占优势,同时多支持通过国际司法解决日韩岛屿问题。[151]

5. 从解决历史问题视角的研究

为解决日韩两国间的历史问题,国外很多学者对此进行了较好的研究。查尔斯·库普乾在《化敌为友:持久和平之道》[152]中,从理论的视角论述了持久和平如何开始、为何发生,为探究日韩历史问题和解之道提供理论性的指导。贾云春对日韩历史问题进行分析时指出,和解需要经过"程序和解(procedural reconciliation)"、"物质和解(material reconciliation)"以及"观念和解(ideational reconciliation)"三个阶段。[153]松竹申幸在《日韩和解日》[154]中为日韩如何实现和解提供了线索,将日韩和解分为当前解决的条件与根本解决的路径两种,对日韩和解路径提供重要启示。东北亚问题研究所编写的《日韩历史认识与和解》[155]中,对日韩和解的根据与方法提出重要见解和认识。和田春树等人在合著的《怎样解决日韩历史问题》[156]中,对《日韩合并条约》为何无效进行说明的同时,对日韩历史问题中的战后赔偿、慰安妇问题、返还文物、受原子弹爆炸影响的韩国与朝鲜人等问题应如何解决进行了分析,作者以具体问题的和解为着眼点。山田朗在《日本如何面对历史》[157]中以日本政府关于历史问题的三次重要谈话为切入点,对靖国神社问题与日本的历史修正主义进行了分析,着重阐述了对战争责任论的认识,为寻求解决历史问题提供了重要参考。纐缬厚在《领土问题和历史认识》[158]中从历史问题的视角对中日韩三国长期未能和解的原因进行了分析,认为中日韩未能和解的根本在于日本没有彻底反省历史问题,也简要分析了美国因素的影响。黑泽文贵、伊恩·尼斯在《历史与和解》[159]中,介绍了战后日本近代史研究的轨迹、战争经历者的回忆,通过东西方对比论述东亚地区实现历史和解的可能性与方式,为探索日韩历史问题和解提供重要的借鉴与启示。小仓纪藏在《超越历史认识》[160]中从"主体"的视角分析了影响中日韩对话与和解的因素,对日韩历史问题和解提供重要的启示。邦永施(Bong Youngshik D.)认为日韩两国国内政治和国际安全情况迫使两国以挑衅性的方式对待历史问题而彼此疏远,因此对待 1965 年《日韩基本条约》需要关键性的决裂,以富有成效和前瞻性的方式解决日韩岛屿问题。[161]

此外,沃克(Gi-Wook Shin)分析了美国在东北亚历史和解中的作用,作者认为美国应承担相关历史问题责任,进而带动东北亚地区历史问题的和解。[162]乔恩·范·戴克(Jon M. Van Dyke)甚至通过日韩关系与美国和夏威夷关系的类比分析后表示,日本应向慰安妇支付补偿金并放弃日韩争议岛屿,以此实现两国的正式和解。[163]和田春树、木村干在《慰安妇问题,日本要想获得国际理解,有必要做什么?》[164]中以对话的形式从大处着眼,分析了日本与国际社会在慰安妇问题上的认知差距,希望通过法律仲裁、经济补偿等方式来解决慰安妇问题,进而获得国际社会理解。李炯喆在《日本亚洲外交与历史问题》[165]中认为日本与中韩两国的历史问题影响了日本亚洲外交的开展,作者研究了教科书问题、靖国神社问题等历史问题在双边关系中的特征,对影响三国关系的因素进行了分析说明,认为避免历史问题政治化、加强首脑外交、加强民间交流、健全媒体作用等方面对解决历史问题有重要帮助。

6. 从日本首相个人视角以及其他相关研究

除以上著作研究外,部分研究或著述对研究日韩历史问题也有重要的指导价值,以安倍晋三为视角进行的研究与分析尤为凸显。盐田潮在《安倍晋三的力量》中较为全面地分析了安倍晋三实力的来源,同时对安倍晋三的外交战略和保守主义进行了阐述,并对首届安倍政府在靖国神社问题上的行动有所涉及。[166]德山喜雄在《安倍晋三"迷言"录》[167]中,对安倍晋三历史观的传承、战后七十年谈话的相关问题进行了说明。阿比留琉比、西冈力在《安倍晋三的历史战》[168]中对安倍晋三在绑架问题、慰安妇问题、战后 70 周年谈话、靖国神社等问题上的构想与政策进行了论述,对认识安倍政府在相关历史问题上的政策有重要价值。大下英治在《安倍官邸"权力"的真相》[169]中对两届安倍政府官邸权力的差异性进行了分析,对认识安倍晋三如何影响日本内政外交提供了较好的视角。牧原出在《"安倍一强"之谜》[170]中对第二届安倍政府内部的变化做出较为系统的分析，对分析安倍超长期政权提供较好视角，有助于分析安倍晋三如何发挥影响力有着一定的启示作用。保阪正康在《田中角荣与安倍晋三》[171]中以历史的视角，通过对比分析田中角荣与安倍晋三两个对日本有重要影响的政治家，对全面认识安倍晋三的个人特性有一定帮助。山本一太在《为什么现在是安倍晋三》[172]中根据日本国内外情况指出成为日本首相应该具备的条件以及安倍晋三具备的条件，对认识安倍政府内政外交的方针提供一定的借鉴。

此外，安倍晋三的《致新的国家》[173]中对其从政的经历、国家主义理念、内政方针、日美同盟及其他外交构想进行了较为初步、系统的说明，对认识安倍晋三及其外交理念提供重要媒介。安倍晋三的《日本的决心》《守护这个国家的决心》《安倍晋三回忆录》、迈克尔·格林的《安倍晋三与日本大战略》[174]等著作也为认识安倍政府对韩外交提供重要线索。菅义伟的《政治家的准备》、森功的《菅义伟真相》、岸田文雄的《通往没有核武器的世界》《岸田展望》[175]等，均是从微观视角了解日本各时期的核心政治家的重要切入点，对分析其外交政策有重要价值。朴槿惠在其自传《朴槿惠自传》[176]中对其人生经历和政治外交理念做了初步的介绍，对认识朴槿惠时期的韩日关系有重要帮助。文在寅在其自传《命运：文在寅自传》[177]中对其自身经历的介绍，对从侧面分析2017年以后日韩历史问题有重要帮助。池畑修平在《韩国内部分裂》[178]中对文在寅政府成立后韩国国内分裂现象进行了分析，以此说明日韩关系激变的原因对强征劳工问题和慰安妇问题的影响。

（三）既有研究的不足

第一，以2012年以来自民党政府为视角深入分析日韩历史问题的跨度有限。

安倍晋三内阁总时间共计八年有余，使日本外交很大程度打上了"安倍"烙印，菅义伟政府、岸田政府部分外交政策是对安倍政府外交政策的延续与发展。但目前关于日韩历史问题的研究，学界普遍关注已发生的问题,对未激化的问题以及未激化的原因关注度相对不高,这对全面认识日韩历史问题、探求日韩历史问题和解路径带来一定的障碍,对安倍政府、菅义伟政府、岸田政府在历史问题上的外交政策进行统一论述的并不多见。

第二,将日韩各历史问题进行对比研究相对不足。

目前谈及日韩历史问题多指慰安妇问题、靖国神社问题、历史教科书问题,多将岛屿问题作为领土问题讨论,而强征劳工问题研究则因发酵时间较晚,对其研究明显相对滞后。对日韩历史问题研究多以某一历史问题为要点,或只论及日韩历史问题整体,将日韩各历史问题"等同视之",对日韩各历史问题之间的对比研究相对不足。本书将岛屿问题、强征劳工问题视为日韩历史问题一部分的同时,探索将日韩各历史问题进行分类、对比研究,以期为日韩历史问题和解奠定基础。

第三,对日本国内影响因素与第三方影响因素的分析不够全面。

当前分析日本政府在历史问题上的政策时,多从日本核心政治家的历史观、日本保守主义趋势等视角进行分析,对日本国内的影响因素研究不够全面,对日本司法影响、经济影响、国内意见等方面的重视相对不足。本书在研究过程中,在关注日本核心政治家历史认知的同时,也将重视经济因素、国民认知等方面因素的作用。在国际影响因素方面,目前学界多看到美国对日韩关系的影响,对国际法、朝鲜的影响重视不够。作为第三方影响因素,除美国外,国际法、朝鲜也应纳入日本政府对韩政策影响因素。

三、研究方法

(一)比较研究法

日韩历史问题错综复杂,其发展受到多种因素影响,因此本书将一方面比较分析日本政府在各历史问题上的不同政策,另一方面比较不同的第三方影响因素在影响日本政府对韩政策中的差异性。

（二）实证分析法

在进行民众舆论调查的过程中，为获取更为直观和充分的数据，会根据日本国内新闻媒体、内阁府等机构所做的舆论调查，整理日本民众在对韩外交中立场的转变以及对不同历史问题的认知。

（三）过程追踪法

通过对 2012 年底至 2023 年底，日本安倍政府、菅义伟政府、岸田政府时期日韩两国在日韩历史问题上外交行动的追踪，从整体上，根据时间顺序相对完整、详尽地描述该时段日本政府历史问题外交政策发展过程，探索日本政府在不同问题上的政策。

（四）案例研究法

通过对日韩相关历史问题事件的分析，总结日本政府所采取外交政策的特征，分析第三方因素如何影响日本政府外交政策，特别是对重点案例的分析，将对书中观点起到加强的作用。

注释

1. 本书中的日韩历史问题指在日韩二战结束前发生的相关事件在二战后被发现、发掘而逐渐发酵、激化，成为影响日韩双边关系发展的问题。

2. 本书"岛屿问题"中的岛屿在日本被称为"竹岛"、在韩国被称为"独岛"，因此，书中的"争议岛屿"亦特指该岛屿，下文同。

3. 日本政府在部分历史问题上的政策虽然具有国内政策属性，但鉴于日本政府在相关问题上的政策因具有对韩指向性而深刻影响日韩关系，具有明显的外交政策效应，因此，本书将日本政府在日韩历史问题上的政策一律视为外交政策。

4. 参考保阪正康：『歴史でたどる領土問題の真実』，朝日新聞出版 2011 年版；保阪正康、東郷和彦：『日本の領土問題　北方四島、竹島、尖閣諸島』，角川書店 2012 年版；東郷和彦：『危機の外交』，KADOKAWA2015 年版；東郷和彦：『歴史認識を問い直す』，角川書店 2013 年版；東郷和彦：『歴史と外交』，講談社 2008 年版；下條正男：『竹島は日韓どちらのものか』，文藝春秋 2005 年版；櫻よしこ　など：『日中韓　歴史大論争』，文藝春秋 2010 年版；池内敏：『竹島：もうひとつの日韓関係史』，中央公論新社 2016 年版；池内敏：『竹島問題とは何か』，名古屋大学出版会 2012 年版；子どもと教科書全国ネット21：『竹島/独島問題の平和的な解決をめざして』，つなん出版 2010 年版；久保井規夫：『図説　竹島＝独島問題の解決』，柘植書房新社 2014 年版等。

5. ［美］斯蒂芬·沃尔特：《联盟的起源》，周丕启译，世界知识出版社 2007 年版。

6. ［美］查尔斯·库普乾：《化敌为友——持久和平之道》，宋伟译，北京大学出版社 2017 年版。

7. 沈海涛：《外交漂流：日本东亚战略转型》，社会科学文献出版社 2015 年版。

8. 安成日：《当代日韩关系研究（1945—1965）》，中国社会科学出版社 2009 年版。

9. 丁英顺：《战后日韩、日朝关系》，知识产权出版社 2010 年版。

10. 马晶：《冷战后韩国的东北亚政策研究》，时事出版社 2017 年版。

11. 王珊：《日本对韩外交及日韩关系》，《现代国际关系》2004 年第 8 期。

12. 姜龙范：《二战后日韩关系的演变》，《东亚评论》2018 年第 1 辑。

13. 王高阳：《战后韩日和解的历史与现实——兼与中日和解的比较》，《东疆学刊》2018 年第 4 期。

14. 王珂、王智新：《安倍晋三传》，中央编译出版社 2007 年版。

15. 陈宇峰、黄冠：《安倍晋三这个人》，中国发展出版社 2015 年版。

16. 李大光：《一门三首相》，台海出版社 2013 年版。

17. 庞德良：《安倍政权与日本未来》，社会科学文献出版社 2014 年版。

18. 张勇：《韬晦之"鹜"：安倍晋三人格特质与对外政策偏好》，《外交评论》2017 年第 6 期。

19. 堤一直、张东方：《通过安倍主要演讲和著作看其对中韩的政策》，《东北亚论坛》2015 年第 6 期。

20. 吴怀中：《"安倍路线"下的日本与中日关系》，《日本学刊》2016 年第 3 期。

21. 吴怀中：《安倍"战略外交"及其对华影响评析》，《日本学刊》2014 年第 1 期。

22. 黄大慧：《试析安倍政府的对外宣传战略》，《现代国际关系》2017 年第 6 期。

23. 张瑶华：《安倍 2.0 时代的日本外交》，《国际问题研究》2013 年第 3 期。

24. 蔡亮：《安倍内阁"积极和平主义"的三重特性评析》，《世界经济与政治论坛》2014 年第 9 期。

25. 张铎：《日本安倍政府东亚安全政策研究》，吉林大学 2017 年博士学位论文。

26. 刘江永：《战后日本国家战略演进及岸田内阁战略走向》，《东北亚论坛》2022 年第 1 期。

27. 从伊宁、吴怀中：《岸田时期日本"印太战略"深化：背景、表现及对华影响》，《日本研究》2023 年第 1 期。

28. 陆忠伟：《岸田外交与安倍外交的异与同》，《东北亚学刊》2023 年第 1 期。

29. 朱海燕：《日本"岸田外交"与中日关系的前景》，《东北亚论坛》2022 年第 5 期。

30. 刘江永：《岸田文雄的"新时代现实主义外交"》，《世界知识》2022 年第 4 期。高洪：《岸田政权的政治光谱与其对外政策走向》，《世界知识》2022 年第 4 期。

31. 韩东育：《战后七十年日本历史认识问题解析》，《中国社会科学》2015 年第 9 期。

32. 郑毅：《中韩日"战争记忆"的差异与历史认识重构》，《日本学刊》2016 年第 3 期。

33. 晋林波：《日韩"冷战"的原因与影响》，《国际问题研究》2015 年第 6 期。

34. 王新生：《日本为何在历史问题上越来越倒退》，《求是》2001 年第 18 期。

35. 许寿童：《日本的历史认识问题与东亚国家的应对策略》，《东疆学刊》2014 年第 2 期。

36. 张建立：《试析日本人的历史认识问题形成原因》，《日本学刊》2012 年第 2 期。

37. 周方银、郑晓燕：《日韩深和解为何难以实现——实力对比、战略需求与国家间和解》，《世界经济与政治》2023 年第 9 期。

38. 王广涛、俞佳儒：《民族主义、近代化竞赛与日韩历史认识问题》，《国际政治研究》2023 年第 3 期。

39. 姜龙范：《日韩建交后的"慰安妇问题"：政府、民意与美国因素》，《日本学刊》2018 年第 6 期。

40. 李婷婷：《韩日慰安妇问题协议：内容、机制与影响》，《国际战略研究简报》2016

年第 33 期。

41. 吕春燕：《"慰安妇问题协议"：韩方立场与韩日关系》，《东北亚学刊》2019 年第 2 期。

42. 金赢：《"慰安妇"问题：舆论正义和日本的"历史战"》，《当代世界》2017 年第 11 期。

43. 王玉强：《美国国会关于"慰安妇"问题的立法活动研究》，载庞德良主编：《安倍政权与日本未来》，社会科学文献出版社 2014 年版。

44. 王玉强：《联合国人权机构审议"慰安妇"问题研究》，《吉林大学社会科学学报》2021 年第 5 期。

45. 陈健行：《日本政府对"慰安妇"问题的历史认识演变——以官方谈话为中心的考察》，《日本研究》2021 年第 2 期。

46. 李旻：《透过"强制劳工"等问题看日韩矛盾的演进及影响》，《东亚评论》2020 年第 1 期。

47. 吕春燕：《文在寅执政后韩日纷争的表象、根源与影响》，《和平与发展》2019 年第 5 期。

48. 李婷婷：《贸易摩擦与韩日关系新变局》，《现代国际关系》2019 年第 8 期。

49. 刘荣荣：《沉疴与新患：日韩关系恶化探析》，《现代国际关系》2019 年第 8 期。

50. 赵儒南：《近期韩日争端产生的动因及解决关键》，《延边大学学报（社会科学版）》2020 年第 3 期。

51. 祁隆：《靖国神社揭秘》，新世界出版社 2003 年版。

52. 徐家驹：《日本首相参拜靖国神社问题评析》，《外交学院学报》2003 年第 3 期。

53. 刘江永：《安倍参拜靖国神社的特点、动因及后果》，《现代国际关系》2014 年第 1 期。

54. 董璠舆：《"国宪"不可违　首相应带头——评日本首相参拜靖国神社》，《比较法研究》2015 年第 1 期。

55. 步平：《关于日本历史教科书问题》，《抗日战争研究》2000 年第 4 期。

56. 张煜：《百年来日本中学历史教科书对侵略动机的书写》，《日本侵华南京大屠杀研究》2020 年第 1 期。

57. 董炳月：《战后日本教育思想的逻辑与脉络——以〈教育基本法〉和历史教科书为中心》，《日本学刊》2015 年第 5 期。

58. 王希亮：《纠正被歪曲的历史——对日本历史教科书问题的剖析》，黑龙江人民出版社 2011 年版。

59. 唐剑明：《明治以来日本历史教育研究》，华东师范大学 2022 年博士学位论文。

60. 曾向红、李宏洲：《地位焦虑与历史压抑》，《当代亚太》2017 年第 2 期。

61. 陈刚华：《韩日独岛（竹岛）之争与美国的关系》，《学术探索》2008 年第 4 期。

62. 吕平：《美国介入韩日岛屿争端的立场演变》，《学术探索》2014 年第 3 期。

63. 金香兰、王鸿生：《韩日独岛之争探析》，《太平洋学报》2013 年第 8 期。

64. 蒋百里、戴季陶：《日本人与日本论》，凤凰出版社 2009 年版。

65. 刘江永、王新生等：《战后日本政治思潮与中日关系》，人民出版社 2013 年版。

66. 黄大慧：《从"村山谈话"到"安倍谈话"：日本在历史认识上"失去的二十年"》，《现代国际关系》2015 年第 8 期。

67. 吕耀东：《论日本政治右倾化的民族主义特质》，《日本学刊》2014 年第 3 期。

68. 吕耀东：《战后日本外交战略理念及对外关系轨迹》，《日本学刊》2015 年第 5 期。

69. 李寒梅：《日本民族主义形态研究》，商务印书馆 2012 年版。

70. 游博、张陆：《论日本安倍政权的政治右倾化》，《太平洋学报》2014 年第 2 期。

71. 波多野澄雄:『日本外交の150年：幕末・維新から平成まで』、日本外交協会2019年版。

72. 宮城大蔵:『現代日本外交史』、中央公論新社2016年版。

73. 鈴木美勝:『日本の戦略外交』、筑摩書房2017年版。

74. 五百旗头真:《战后日本外交史(2945—2005)》,世界知识出版社2007年版。

75. ［日］添谷芳秀:《日本的"中等国家"外交》,李成日译,社会科学文献出版社2015年版。

76. ［韩］文正仁、［韩］徐承元:《日本复兴大战略》,李春福、李成日译,社会科学文献出版社2017年版。

77. 歴史教育研究会(日本)、歴史教科書研究会(韓国):『日韓歴史共通教材　日韓交流の歴史』、明石書店2007年版。

78. 小此木政夫、張達重編:『戦後日韓関係の展開』、慶應義塾大学出版会2005年版。

79. 木宮正史、李元德編:『日韓関係史(1965—2015)1 政治』、東京大学出版会2015年版。

80. 趙世暎:『日韓外交史：対立と協力の50年』、平凡社2015年版。

81. 峯岸博:『日韓の断層』、日本経済新聞出版社2019年版。

82. 木村幹:『韓国愛憎　激変する隣国と私の30年』、中公新書2022年版。

83. 読売新聞政治部:「『日中韓』外交戦争」、新潮社2016年版。

84. Shale Horowitz, "South Korea and Japan since World War II: Between Ideological Discord and Pragmatic Cooperation," *Pacific Focus*, Vol.31, No.1, 2016.

85. 波佐場清:『韓国の対日自負と韓中接近』、コリア研究、2013年第4号。

86. 鄭在貞:『現在の東アジア情勢の下での日韓関係』、『京都産業大学世界問題研究所紀要』2015年。

87. Taku Tamaki, "It Takes Two to Tango: the Difficult Japan-South Korea Relations as Clash of Realities," *Japanese Journal of Political Science*, No.1, 2020.

88. 浅野豊美編:『戦後日本の賠償問題と東アジア地域再編』、慈学社出版2013年版。

89. 五百旗頭薫等:『戦後日本の歴史認識』、東京大学出版社2017年版。

90. 和田春樹等:『日韓歴史問題をどう解くか』、岩波書店2013年版。

91. 東北アジア問題研究所:『日韓の歴史認識と和解』、新幹社2016年版。

92. 東郷和彦:『歴史と外交』、講談社2008年版。

93. 東郷和彦:『歴史認識を問い直す』、角川書店2013年版。

94. 東郷和彦:『危機の外交』、KADOKAWA2015年版。

95. 櫻よしこ等:『日中韓　歴史大論争』、文藝春秋2010年版。

96. 崔元植等:『東アジア歴史認識論争のメタヒストリー』、青弓社2022年版。

97. 朴裕河:『歴史と向き合う　日韓問題—対立から対話へ』、毎日新聞社出版局2022年版。

98. 牧野愛博:『ルポ『断絶』の日韓』、朝日新聞出版2019年版。

99. Boyu Chen, "Decolonizing Japan—South Korea Relations: Hegemony, the Cold War, and the Subaltern State," *Asian Perspective*, Vol.44, No.2, January 2020.

100. Lee Jongguk, "The Historical Perceptions of Conservatives in Japan and the Development of History," *Dongbuga Yeoksa Nonchong*, Vol.51, 2016.

101. 和田春樹:『日韓条約を考える』、『青丘』1993年第16号。

102. 新美隆:『戦後補償と「日韓請求権協定」』、『青丘』1993年第16号。

103. A.A. Batakova,"Differing Approaches of the Japanese Government Towards the 'History Issues'"*Vestnik MGIMO-Universiteta*，Vol.46，No.1，2017.

104. 和田春樹：『慰安婦問題の解決のために』，平凡社 2015 年版。

105. 熊谷奈緒子：『慰安婦問題』，筑摩書房 2014 年版。

106. 朴裕河：『帝国の慰安婦：植民地支配と記憶の闘い』，朝日新聞出版 2014 年版。

107. 大沼保昭：『「慰安婦」問題とは何だったのか』，中央公論新社 2007 年版。

108. 高良沙哉：『「慰安婦」訴訟の意義と課題』，『地域研究』2014 年第 13 号。

109. 指国家并不需要为由于国家行为引起的对个人的伤害造成的损失承担任何责任。

110. 木村幹：『日本における慰安婦認識：一九七〇年代以前の状況を中心に』，『国際協力論集』2017 年第 25 号。

111. 戸塚悦朗：『日本は国際社会と和解できないのか?』，『龍谷法学』2012 年第 45 号。

112. 松村昌廣：『「慰安婦」問題に関する日韓最終合意と米オバマ政権による圧力』，『桃山学院大学経済経営論集』2018 年第 60 巻。

113. Tom Phuong Le,"Negotiating in Good Faith：Overcoming Legitimacy Problems in the Japan-South Korea Reconciliation Process,"*The Journal of Asian Studies*，No.3，2019.

114. Shin W,"The 2015 Comfort Women Agreement and the Two-Level Security Dilemma of Korea-Japan Relations,"*Asia Review*，No.1，2019.

115. JaHyun Chun and Daeun Choi,"Japan's Foreign Policy on Postwar Issues Relating to South Korea,"*Pacific Focus*，Vol.33，No.3，2018.

116. 戸塚悦朗：『「徴用工問題」とは何か?』，明石書店 2019 年版。

117. 竹内康人：『韓国徴用工裁判とは何か』，岩波書店 2020 年版。

118. 内田雅敏：『元徴用工和解への道：戦時被害と個人請求権』，筑摩書房 2020 年版。

119. 木村幹：『慰安婦より根深い「徴用工問題」を蒸し返した韓国の裏事情』，『IRONNA』2017 年。

120. 高橋哲哉：『靖国問題』，筑摩書房 2005 年版。高桥哲哉：《靖国问题》，三联书店 2018 年版。

121. 田中伸尚：『靖国訴訟：戦死者の記憶は誰のものか』，岩波書店 2007 年版。

122. 小林武：『内閣総理大臣靖国神社参拝訴訟における平和的生存権の主張』，『愛知大学法学部法経論集』2015 年 203 号。

123. 内田雅敏：『靖国参拝の何が問題か』，平凡社 2014 年版。

124. 三土修平：『靖国問題の深層』，幻冬舎ルネッサンス 2013 年版。

125. María del Pilar Álvarez，María del Mar Lunaklick，Tomás Muñoz,"The Limits of Forgiveness in International Relations：Groups Supporting the Yasukuni Shrine in Japan and Political Tensions in East Asia,"*Janus.net*，Vol.7，No.2，2016.

126. Cheung,"Japan's China Policy on Yasukuni under Abe(2012—2015)：A Political Survival Interpretation,"*Journal of Contemporary East Asia Studies*，Vol.6，No.1，2017.

127. 岡崎久彦：『国家戦略からみた靖国問題』，PHP 研究所 2005 年版。

128. 小島毅：『靖国史観　幕末維新という深淵』，筑摩書房 2007 年版。

129. 木村卓滋：『「近現代日本史」講義における靖国神社問題』，『駿河台大学教職論集』2015 年第 1 号。

130. 福田朋実:『現役首相による靖国神社参拝問題にみる社説の役割:新聞社説の内容分析を用いた考察』,『現代社会研究』2014 年第 12 号。

131. Nam Sanggu, "Current Status and Research Trends of the Yasukuni Shrine Issue," *Dongbuga Yeoksa Nonchong*, Vol.50, 2015.

132. 鄭根珠:『日韓関係における歴史認識問題の反復:教科書問題への対応過程』,早稲田大学出版社 2011 年版。

133. 小森陽一等:『歴史教科書 何が問題か』,岩波書店 2001 年版。

134. 俵義文:『戦後教科書運動史』,平凡社 2020 年版。

135. 石井正彦:『「新しい歴史教科書」の言語使用』,『阪大日本語研究』2012 年第 24 号。

136. 太田修:『2005 年歴史教科書問題』,文学部論集 2007 年。

137. 中村修也:『韓日歴史教育への一私論』,『文教大学教育学部「教育学部紀要」』2009 年第 43 集。

138. [韓]郑在贞:《日本历史教科书问题与韩日关系展望》,《当代韩国》2001 年秋季号。

139. 藤井賢二:『竹島問題の起源:戦後日韓海洋紛争史』,ミネルヴァ書房 2018 年版。

140. 池内敏:『竹島問題とは何か』,名古屋大学出版会 2012 年版。

141. 下條正男:『竹島は日韓どちらのものか』,文藝春秋 2005 年版。

142. 崔長根:『韓国の「于山島-石島-独島」への名称変換に関する研究』,『法学新報』2015 年 121 号。

143. 孫崎享:『日本の国境問題 尖閣・竹島・北方領土』,筑摩書房 2011 年版。

144. 保坂正康:『歴史でたどる領土問題の真実』,朝日新聞出版 2011 年版。

145. 保阪正康、東郷和彦:『日本の領土問題 北方四島、竹島、尖閣諸島』,角川書店 2012 年版。

146. 東郷和彦:『竹島・独島と日韓関係:日本の視点』,『産大法学』2017 年第 1 期。

147. Bukh Alexandwe, "The Way to 'Takeshima Day': An Analysis from the Perspective of Relationship Between Tokyo and Shimane Ken," *New Zealand International Review*, Vol.17, 2014.

148. 李俊揆:『独島問題に対する韓国人の認識』,『プライム』2016 年第 39 巻。

149. Lee Chang-Wee, "Legal and Political Approaches to the Dokdo Issue between Korea and Japan," *Seoul Law Review*, Vol.26, No.1, 2018.

150. Kim Hyunsoo, "Case Study on Denial of Instituting of the ICJ Regarding International Dispute," In *Ha Law Review*, Vol.22, No.4, 2019.

151. Park Pae-Keun, "A Review on the Studies of Dokdo Issue by Third Party Scholars," *The Journal of Dokdo*, Vol.20, 2016.

152. [美]查尔斯·库普乾:《化敌为友:持久和平之道》,宋伟译,北京大学出版社 2017 年版。

153. JA-HYUN CHUN, "Have Korea and Japan Reconciled? A Focus on the Three Stages of Reconciliation," *Japanese Journal of Political Science*, No.3, 2015.

154. 松竹伸幸:『日韓が和解する日』,かもがわ出版 2019 年版。

155. 東北アジア問題研究所:『日韓の歴史認識と和解』,新幹社 2016 年版。

156. 和田春樹等:『日韓歴史問題をどう解くか』,岩波書店 2013 年版。

157. [日]山田朗:《日本如何面对历史》,李海译,人民出版社 2014 年版。

158. [日]纐纈厚:《领土问题和历史认识:中日韩三国为何不能携起手来》,申荷丽译，上海三联书店 2014 年版。

159. ［日］黒泽文贵、［英］伊恩·尼斯：《历史与和解》，赵仲明等译，南京大学出版社 2018 年版。黒沢文貴、イアン·ニッシュ：『歴史と和解』、東京大学出版社 2011 年版。

160. 小倉紀蔵：『歴史認識を乗り越える』、講談社 2005 年版。

161. Bong Youngshik D., "Built to Last: The Dokdo Territorial Controversy. The Baseline Conditions in Domestic Politics and International Security of Japan and South Korea," *Memory Studies*, Vol.6, No.2, 2013.

162. Gi-Wook Shin, "Historical Disputes and Reconciliation in Northeast Asia: The US Role," *Pacific Affairs*, No.4, 2010.

163. Jon M. Van Dyke, "Reconciliation between Korea and Japan," *Chinese Journal of International Law*, No.1, 2006.

164. 和田春樹、木村幹：『慰安婦問題で、日本が国際的な理解を得るためには、何が必要なのか』、『SYNODOS』2013 年。

165. 李炳喆：『日本のアジア外交と歴史問題』、『県立長崎シーボルト大学国際情報学部紀要』2004 年第 5 号。

166. 塩田潮：『安倍晋三の力量』、平凡社 2006 年版。

167. 徳山喜雄：『安倍晋三「迷言」録』、平凡社 2016 年版。

168. 阿比留瑠比、西岡力：『安倍晋三の歴史戦』、産経新聞出版 2023 年版。

169. 大下英治：「安倍官邸『権力』の正体」、角川書店 2017 年版。

170. 牧原出：『「安倍一強」の謎』、朝日新聞出版 2016 年版。

171. 保阪正康：『田中角栄と安倍晋三』、朝日新聞出版 2016 年版。

172. 山本一太：『なぜいま安倍晋三なのか』、リヨン社 2006 年版。

173. 安倍晋三：『新しい国へ』、文藝春秋 2013 年版。

174. 安倍晋三：『日本の決意』、新潮社 2014 年版。安倍晋三、岡崎久彦：『この国を守る決意』、扶桑社 2004 年版。安倍晋三等：『安倍晋三　回顧録』、中央公論新社 2023 年版。マイケル·J·グリーン、上原裕美子訳：『安倍晋三と日本の大戦略』、日経 BP 社 2023 年版。

175. 菅義偉：『政治家の覚悟』、文春新書 2020 年版。森功：『菅義偉の正体』、小学館 2021 年版。岸田文雄：『岸田ビジョン』、講談社 2021 年版。岸田文雄：『核兵器のない世界へ』、日経 BP 社 2020 年版。

176. ［韩］朴槿惠：《朴槿惠自传》，蓝青荣等译，译林出版社 2014 年版。

177. ［韩］文在寅：《命运：文在寅自传》，王萌译，江苏凤凰文艺出版社 2018 年版。

178. 池畑修平：『韓国　内なる分断』、平凡社 2019 年版。

第一章

概念的界定与日韩历史问题类型划分

日韩两国一衣带水,双边关系历史悠久,两国历史上既有和平共处的时期,也有矛盾斗争的过去。两国政府都希望积极开展双边/多边合作,但绕不过去的历史问题是必须面对的重要挑战。历史问题是能够对两国关系构成根本性影响的重要问题,对多边关系以及其他历史问题也产生深远影响。两国历史问题纷繁复杂,根据两国历史问题对两国及地区的影响程度,本书关注的日韩历史问题主要集中在慰安妇问题、强征劳工问题、靖国神社问题、历史教科书问题、岛屿问题,日本政府为摆脱战后体制束缚,在这些问题上都是实施不同程度、策略的"去历史化"政策,即日本政府意图通过在相关历史问题上减少其历史属性,弥补日本在历史问题上的道义缺失,为日本摆脱战后体制、成为"能战国家"扫清道路。根据不同划分标准和维度,历史问题可以划分为不同类型,本书为较好分析日本政府在日韩历史问题上"对抗""妥协"以及"僵持"等外交政策的内在逻辑,将日韩历史问题划分为经济因素为主型、民族情感因素为主型、法律因素为主型等3种。

对各历史问题进行类型的划分,是深化认识日韩历史问题的重要基础,本书不同的历史问题可能会分属同一类型,不同国家对同一问题也会有不同的认识,因此,本书对日韩历史问题类型的划分主要以日本的视角进行划分。

一、概念的界定

日本政府在日韩历史问题上的外交政策既是日本政府在历史问题上政策的重要组成部分,更是日本政府外交政策的缩影。日本政府的外交政策以摆脱战后体制束缚而成为"正常国家"为重要目标和着眼点,[1]因此,日韩历史问题的存在被日本政府视为日本国家"正常化"的重要束缚。为使日本摆脱战后体制束缚,最大化减少日韩历史问题对日本成为"能战国家"的干扰,日本政府在日韩历史问题上分别采取了"对抗""妥协""僵持"3种外交政策。通过对日本政府在不同历史问题上外交政策的分析,可以窥见日本政府外交政策的特征,对探求日本外交政策走向有重要的启示意义。

本书首先对上述3种外交政策的概念进行界定与分析。

对抗　　　僵持　　　妥协

图1.1　日本政府在日韩历史问题上强硬程度示意图

关于"对抗"政策。根据《当代汉语词典》的解释,对抗可作为动词,具有相互对立与抗拒、抵抗两种意思。[2]但其实可将对抗进一步划分为主动对抗与被动对抗、绝对对抗与相对对抗,本书中的"对抗"特指主动的相对抵抗的意思,更侧重于主动性、相对性。因此,日本政府所采取的"对抗"政策是一种主动采取的、相对于其他政府时期的更为积极主动、态度强硬的外交政策和措施。

关于"妥协"政策。在政治领域,妥协是政治的灵魂。[3]从某种意义上说,有纷争的地方就会有妥协的存在,它是国家在无政府状态下的国际社会中避免因利益纷争而陷入战争的重要手段之一。目前学界关于妥协的定义各有侧重,《辞海》将妥协定义为用让步的方法避免冲突或争执。[4]李海涛进一步认为,政治妥协是相互冲突的政治行为体,为了某种共同利益,基于避免直接对抗造成伤害后果的共识或默契,通过协商谈判做出让步以求得缓和矛盾或解决争端的行为过程及结果。[5]《当代汉语词典》则认为妥协常带有贬义。[6]但万斌、罗维认为政治妥协是社会共同体中政治利益冲突双方或各方"以社会共同体为念,以相互宽容为怀,依据共同认可的规定,通过彼此间利益的让渡来解决或暂时解决政治冲突的一种社会调节机制",[7]这具有明显的褒义色彩。但政治妥协未必会以共同体为念、以宽容为怀,更多体现为避免两败俱伤而选择另一种斗争形式。[8]同时,虽然上述概念对妥协的目的做了较充分的分析,但这些分析多体现在妥协的绝对性,却相对忽视了妥协的相对性。因此,本书对"妥协"的定义更倾向采用《辞海》的定义,对日本政府在日韩历史问题上所采取的"妥协"政策持中立立场,日本政府的"妥协"政策是一种相对于自民党其他政府时期的相对"妥协"政策,该政策具有明显的相对性、平衡性以及不彻底性。

关于"僵持"政策。根据《当代汉语词典》解释,僵持作为动词指双方互不相让,相持不下。[9]基于此,本书中的"僵持"政策是指日本政府在日韩历史问题上采取的既不强硬对抗、也不妥协让步,而是稳定地坚持本国在相关问题上立场的外交政策。该政策的实行并非无所作为,而是在坚持本国立场的同时使矛盾保持相对稳定、可控的局面。

综合以上分析,本书中所论述的"对抗"政策、"妥协"政策、"僵持"政策既有普遍性,也有一定的特殊性。因此,分析日本政府在日韩历史问题中的政策时,在注意各政策普遍性的同时,更应关注其相对性、特殊性,即日本在不同的历史问题上采取不同的外交政策。

在此需特别指出,分析日本政府"对抗""妥协""僵持"等外交政策时,需要在"右翼的日本"这一社会历史结构中分析。正如李永晶所言,"日本的右翼必须在'右翼的日本'这一具体社会历史结构中加以理解"。[10]

二、日韩历史问题的类型

日韩历史问题根据不同标准或维度可以划分成多种类型,如安全因素型历史问题与非安全因素型历史问题、经济因素型历史问题与民族情感因素型历史问题、法律因素型历史问题与非法律因素型历史问题、国内因素型历史问题与国际因素型历史问题,等等。不仅某种类型历史问题常涉及多个具体历史问题,而且某具体历史问题具有多种属性,其产生的影响更是千差万别。为更具体而有效分析日韩各历史问题具有的多重属性及其对日本政府外交政策的影响,本书将日韩历史问题分为经济因素为主型历史问题、民族情感因素为主型历史问题、法律因素为主型历史问题等3种类型。

（一）经济因素为主型历史问题

日本从池田内阁开始，更加重视经济发展的作用，使发展经济成为历届内阁各项方针政策的重点，经济发展状况和经济发展成败逐渐成为日本政权合法性的重要因素。经济赔偿是日本政府处理历史问题时的主要手段。

日韩慰安妇问题和强征劳工问题是经济因素为主型历史问题的典型代表。与慰安妇问题和强征劳工问题直接相关的是请求权问题，日韩建交时，两国在请求权问题上达成共识，日方向韩方提供3亿美元无偿援助、2亿美元低息贷款以及3亿美元以上民间商业贷款，[11]双方同意在"请求权问题协定"中写明"日韩两国及其国民财产、两国及其国民间关于请求权问题，包括《旧金山和约》第4条规定在内，完全且最终得到解决"。但随着慰安妇问题的曝出、证实，战争被害国在慰安妇问题上向日本提出赔偿请求时，日本认为该问题在"请求权问题协定"中已经得到解决，迫使20世纪90年代开始，各地慰安妇受害者在日本先后提起6起诉讼。[12]此后，在韩国政府和国际舆论的压力下，1993年日本时任内阁官房长官河野洋平发表关于慰安妇问题的谈话，承认强征大量慰安妇的事实，并向慰安妇受害者表示道歉和反省。[13]1995年村山富市内阁成立后，由于日本认为日韩请求权问题已经得到解决，因此以从民间募集资金的方式成立亚洲女性基金向慰安妇受害者提供物质补偿，该基金共支付5亿6525万1590日元赔偿金，但仅有285人接受了赔偿金，其中韩国仅有61人，占韩国慰安妇受害者三成左右。由于该基金自成立起就受到日本国内外左翼和右翼势力的强烈反对，最终在2007年3月解散。[14]随着慰安妇问题再次激化，日韩两国经过多轮外交磋商，在2015年12月28日两国外长会谈时正式达成解决慰安妇问题协议，日本首相安倍晋三正式对慰安妇表示道歉和反省，通过政府预算向韩国提供10亿日元赔偿金用于设立以援助慰安妇为目的的财团，进而达成该问题"最终的不可逆的解决"。[15]该财团在文在寅政府成立后的2018年底被解散，日韩慰安妇问题和日韩关系都面临重大挑战。可见，从慰安妇问题被爆出开始，虽然存在恢复名誉等要素，但该问题始终与经济因素密切相关，从针对请求权协定的争议，到亚洲女性基金、援助慰安妇财团都是如此，今后日韩慰安妇问题仍会在赔偿金额、赔偿方式、道歉内容等方面继续争持，其中的经济因素是日韩慰安妇问题不可回避的重要内容。

日韩强征劳工问题的类型与慰安妇问题类似，也具有较强的经济因素属性。日韩强征劳工问题始于 20 世纪 90 年代，早在 1997 年，两名韩国强征劳工就在日本大阪地方法院向新日铁提起诉讼进行索赔，但大阪地方法院认为请求权问题在日韩 1965 年《请求权问题协定》中已经解决，2003 年判决原告败诉。2005 年，两名强征劳工在韩国向新日铁提起诉讼，一审二审都承认日本大阪地方法院判决的效力。2012 年 5 月，韩国大法院（韩国最高法院）认定日本企业在二战时期强制征用劳工违反韩国宪法，将强征劳工案件发回首尔高等法院重审，2013 年 7 月首尔高等法院判决原告胜诉，勒令新日铁向 4 名"强征劳工"支付 4 亿韩元赔偿。新日铁向韩国大法院提起上诉，到 2018 年 10 月 30 日和 11 月 29 日，韩国大法院以个人请求权合宪为由判决新日铁住金和三菱重工等企业分别向每名原告赔偿 1 亿韩元和 8 000 万韩元。对此，河野太郎在当年 11 月 29 日表示判决明显违反《日韩请求权协定》，使日本企业承受不正当的损失，[16] 并在 2019 年 7 月宣布限制氟聚酰亚胺、抗蚀剂和高纯度氟化氢等半导体材料的出口，并将韩国移出贸易"白名单"，[17] 韩国也采取了针锋相对的相关措施，两国因强征劳工的历史问题引发的贸易矛盾一时间呈现出报复与反报复交织的情况。2023 年 3 月，韩国政府改由韩国财团筹集资金代日本企业支付赔偿款，才使日韩关系迅速转暖，日韩经贸报复措施才被取消。但此后韩国法院仍判决多起日本企业向强征劳工受害者支付赔偿的案例。纵观日韩强征劳工发展历程，虽然这些"强征劳工"未像慰安妇受害者那样强烈要求日本政府或日本企业向其道歉或恢复名誉，但在进行索取赔偿问题上具有很大共性。

日韩两国作为岛屿国家或半岛国家，渔业资源对两国国民经济收入有重要影响。日韩争议岛屿地区正是地处寒暖流交汇处，渔业资源十分丰富，拥有该岛意味着将有 12 海里的领海主权和大片专属经济区，因此控制该岛能够为占领国提供丰富的渔业资源以及可能的油气资源，对日韩两国来说都具有明显的经济属性，[18] 2010 年韩国推算"李承晚线"内渔业资源的经济价值达 8 600 亿日元,[19]特别是由于岛屿问题对日本岛根县与韩国庆尚北道的经济发展有着直接的影响,两国地方政府在该问题上态度也异常强硬。日韩两国曾为解决渔业纠纷,在1965 年签订《日韩渔业协定》的基础上,于 1999 年签订新《日韩渔业协定》,但该协定将争议岛屿附近水域列为暂定水域,[20]并未解决关于争议岛屿附近水域的渔业问题。因此,未来两国处理岛屿问题时,经济因素是日韩两国政府需要考虑的重要因素。

(二)民族情感因素为主型历史问题

靖国神社位于东京都千代田区九段北 3-1-1,原是 1869 年根据明治天皇命令而创建的招魂社,1874 年明治天皇首次参拜靖国神社,1879 年 6 月改为靖国神社。[21]

在日本某些人看来,靖国神社问题和历史教科书问题似乎是个人的情感问题,但在二战时受到日本军国主义者踩躏的国家人民看来,却纯属大是大非的民族情感因素为主型的历史问题。由于二战时日本极力宣扬军国主义教育,靖国神社逐渐成为军国主义的重要精神支柱,被供奉到靖国神社成为日军实施"玉碎"政策的重要动力。二战时,日军皆以被供奉到靖国神社成为所谓的"神"为荣。一些战时体制动员起来的日本民众对靖国神社、对"为国尽忠"的思想有着根深蒂固的执念。二战后,随着《旧金山和约》的签订,很多军国主义政府时期的政治人员甚至战犯逐渐开始活跃在政治舞台,如前陆军大将宇垣一成、下村定在战后当选参议院议员,前陆军少将山本茂一郎、松村秀逸战后当选参议院议员,[22]这些军人出身的议员以及此前被战时体制动员的一些民众受思想惯性和自身经历影响,不愿抹杀自己曾经的"功绩"或"贡献",对靖国神社中被供奉的人员当然持认可立场。新世纪以来,日本新民族主义情绪抬头,尤其是在 2010 年中国 GDP 超过日本后,这种新民族主义情绪明显高涨,靖国神社成为新民族主义群体的重要寄托,有些具有新民族主义倾向的民众常对政府高官参拜靖国神社持默许甚至支持立场。

同时,由于在靖国神社供奉二战时期人员高达 230 多万人,这些人员拥有较大的遗族群体，部分人即便是和平主义的支持者，也希望战犯和二战时军国主义人员被政府认可，在其参拜靖国神社的同时，也希望政府首脑、国会议员等政治家参拜靖国神社。因此经常有主张靖国神社非政治化的群体会，企图把它说成是民族情感的寄托，但这无法掩饰其背后承载的政治意义。[23] 如日本前首相安倍晋三的外祖父岸信介就曾作为甲级战犯嫌疑人被关押在巢鸭监狱，前防长岸信夫则是安倍晋三的弟弟，前首相细川护熙的外祖父是甲级战犯近卫文麿，前国会议员、内阁大臣平沼赳夫的养父就是甲级战犯平沼骐一郎，作家东条由布子的祖父是甲级战犯东条英机，板垣正的父亲是甲级战犯板垣征四郎，歌手佐伯裕子的祖父是甲级战犯土肥原贤二，众议院议员松冈满寿男的伯父是甲级战犯松冈洋右，如此等等，这些政治家和其他战犯遗族顽固地认可政治家参拜靖国神社，[24] 他们的行为和认知具有强烈的政治取向。在靖国神社问题上，日本政府前外长岸田文雄认为，安倍政府内阁大臣参拜靖国神社是这些内阁大臣个人的内心问题，这即是日本政府出于避免将靖国神社问题政治化、外交化的考量。[25]

但靖国神社问题的实质是日本政府能否正确认识和对待过去那段侵略历史，能否尊重亚洲受害国家人民的民族情感，能否恪守在历史问题上作出的表态和承诺。日本一些政要在靖国神社问题上的恶劣行径，是对历史正义的亵渎，是对亚洲受害国家人民情感的严重伤害。

历史教科书问题与靖国神社问题类似，曾受军国主义动员的战时体制下国民及其后代，包括日本的广大战犯遗族和新民族主义者，都希望通过美化侵略战争使曾经的侵略行为正当化。这些群体在战犯遗属中特别明显。因此从某种意义上说，日本政府在历史教科书中歪曲历史事实，具有明显的政治考量，也是对亚洲受害国家人民情感的严重伤害。

（三）法律因素为主型历史问题

日韩历史问题中多涉及法律问题，其中慰安妇问题和强征劳工问题属于国际法律因素为主型历史问题，历史教科书问题、靖国神社问题属于国内法律因素为主型历史问题，岛屿问题兼具国际法律因素和国内法律因素。

　　首先,关于慰安妇问题和强征劳工问题。第一,处理慰安妇问题和强征劳工问题首先考虑如何看待《日韩请求权协定》。即两国在1965年签署的《日韩请求权协定》中请求权问题"完全、最终的解决"是否适用于慰安妇问题和强征劳工问题,韩国的慰安妇和强征劳工是否有个人请求权。日本政府认为日韩慰安妇和强征劳工的索赔早在1965年协定签订时已经解决;而韩国政府或最高法院认为1965年协定不应该包括慰安妇问题和强征劳工问题等日本殖民统治时期的受害者,日本政府应该承担相应法律责任,特别是2011年8月韩国宪法法院认定韩国政府未能努力使慰安妇问题得到解决,是侵犯了受害者基本权利的违宪行为。[26]第二,如何面对2015年日韩慰安妇协议。即2015年朴槿惠政府时期,日韩两国达成解决慰安妇问题的协议,由日本政府提供10亿日元的预算,韩国政府用该资金成立支援慰安妇的"和解、治愈财团",双方共同确认该问题最终的、不可逆转的解决。[27]但文在寅政府成立后,迫于韩国舆论压力,文在寅不仅在三一运动99周年时表示日本不应主张慰安妇问题已经得到解决,[28]还在未得到日本谅解的情况下解散了财团,[29]使日韩慰安妇问题的和解停滞。日韩两国解决慰安妇问题和强征劳工问题时,在《日韩请求权协定》和2015年日韩慰安妇问题协议的法律适用范围上存在重要争执与分歧,某种意义上具有国际法与国内法优先性问题。同时,在慰安妇与强征劳工问题上也存在维也纳条约的适用性问题。

　　其次,关于历史教科书问题和靖国神社问题。1962年由家永三郎执笔的《新日本史》(三省堂出版)在教科书检定中不合格,1982年,日本教科书检定中弱化侵略过程,逐渐使日本内政问题演化成日本与韩国的外交问题,[30]加上小川平二、松野幸泰等人的不当发言,招致韩国强烈抗议。[31]最终中曾根内阁官房长官宫泽喜一发表谈话指出,将本着推进与亚洲邻国友好、亲善充分听取中国、韩国等国关于教科书内容的批评,政府在责任上予以纠正,并表示此后的教科书审定时要充分实现以上宗旨,[32]并被写进教科书检定标准中,此即所谓的"近邻条款"。该条款被日本右翼势力和新民族主义等保守势力攻击为"自虐史观""干涉内政"等,希望将该条款删除或弱化,终因日本国内外反对声音强大而作罢。目前,这一条款仍是日本教科书检定中需要参考的重要内容,但需要指出,该条款仅适用于地理历史科,并不包括地图,[33]即在日本政府看来,领土争端并不适用于"近邻条款"。日韩两国目前在历史教科书问题上的争议主要在于教科书检定标准中"近邻条款"的适用范围、历史教科书如何记述侵略历史等方面。同时,必须指出,在国内法律的适用性方面,《教育基本法》也是影响日本政府在历史教科书问题上政策的因素之一。关于靖国神社问题,该问题同样具有明显的国内法律属性,在靖国神社问题上,日本国内可清晰地分为拥护首相或内阁大臣等政治家参拜靖国神社的势力与反对首相或内阁大臣等政治家参拜靖国神社的势力,他们相互争执的重要内容即为政治家参拜靖国神社是否违反宪法中"政教分离"的原则,受该原则影响,日本国内各级法院就首相参拜靖国神社是否违反"政教分离"原则作出不同的判决,对日本政府在靖国神社问题上的立场产生深远影响。

最后,关于岛屿问题。日韩两国都宣称拥有争议岛屿的主权,日韩两国对此各执一词,日本政府希望通过和平手段占据争议岛屿,自1954年以来,先后3次向韩国提议通过联合国国际审判法院解决两国岛屿纷争,因被韩国拒绝而搁浅。[34]目前,日韩两国对《开罗宣言》《波茨坦公告》以及《旧金山和约》等国际文件是否适用岛屿问题上的认识存在根本性差异,[35]同时两国在对争议岛屿主权的声索中也根据国际法寻找有利于支持本国的历史证据,各历史文献的有效性和适用范围是两国关注的要点,因此岛屿问题受国际法律因素影响较大。岛屿问题的国内法律因素主要表现在2005年3月16日,岛根县议会在岛根县领有争议岛屿100周年时通过决议,将2月22日定为"竹岛日",[36]并给其他都道府县议会的议长发去书简,希望得到各都道府县的谅解和支持,进而通过参众两院成为国家决议。日韩两国地方政府以及日本国内各方势力围绕岛根县设立"竹岛日"进行了长期的交涉,这种国内法律层面的互动或将持续。2006年安倍政府修改《教育基本法》以后,逐渐在法律层面强调领土教育,岛屿问题所具有的国内法律属性得到提升。可见,日韩岛屿问题受国际法律因素和日本国内法律因素双重影响。

三、小　结

日韩历史问题持续时间长、牵涉范围广，在本书论及的日韩历史问题中，慰安妇问题、强征劳工问题、靖国神社问题、历史教科书问题以及岛屿问题等历史问题是两国对抗较为激烈、影响较为深远的历史问题。日韩各历史问题具有不同属性，这些属性类型主要包括经济因素为主型、民族情感因素为主型以及法律因素为主型，其中法律因素为主型可进一步细分为国内法律因素为主型和国际法律因素为主型两种。

通过上述分析可知，从日本的视角来看这些历史问题，经济因素为主型历史问题主要为慰安妇问题、强征劳工问题以及岛屿问题，民族情感因素为主型历史问题主要为靖国神社问题和历史教科书问题，而法律因素为主型问题中的国际法律因素为主型历史问题包括慰安妇问题和强征劳工问题、国内法律因素为主型历史问题包括靖国神社问题和历史教科书问题，岛屿问题则兼具国际法律因素和国内法律因素。日韩两国间的各历史问题所具有的属性对日本政府在日韩历史问题上的外交政策产生了直接而深远的影响。

注释

1. 吕耀东：《日本对外战略：国家利益视域下的战略机制和政策取向》，《日本学刊》2018 年第 5 期，第 18 页。朱дан燕：《解析安倍"摆脱战后体制"战略——以日本国内为视角》，《东北亚论坛》2014 年第 1 期，第 47 页。Lee Jongguk, "The Historical Perceptions of Conservatives in Japan and the Development of History," *Dongbuga Yeoksa Nonchong*, Vol.51, 2016, pp.209—236.

2.《当代汉语词典》编委会：《当代汉语词典》，中华书局 2009 年版，第 374 页。

3. [英]约翰·阿克顿：《自由史论》，胡传胜等译，译林出版社 2001 年版，第 162 页。

4. 辞海编辑委员会：《辞海》，上海辞书出版社 2009 年版，第 2310 页。

5. 李海涛：《论政治妥协的功能》，《南京政治学院学报》2005 年第 6 期，第 51 页。

6.《当代汉语词典》编委会：《当代汉语词典》，中华书局 2009 年版，第 1467 页。

7. 万斌、罗维：《论政治妥协》，《浙江学刊》2005 年第 1 期，第 62 页。

8. 沈骥如：《论当代国际关系中的"妥协"》，《世界经济与政治》1994 年第 5 期，第 2—3 页。

9.《当代汉语词典》编委会：《当代汉语词典》，中华书局 2009 年版，第 729 页。

10. 李永晶：《友邦还是敌国？——战后中日关系与世界秩序》，上海人民出版社 2018 年版，第 117 页。

11. 安成日：《当代日韩关系研究（1945—1965）》，南开大学 2000 年博士学位论文，第 22 页。

12. 步平：《慰安妇问题与日本的战争责任认识》，《抗日战争研究》2000 年第 2 期，第 168 页。

13. 河野洋平：「慰安婦関係調査結果発表に関する河野内閣官房長官談話」，外務省，https：//www.mofa.go.jp/mofaj/area/taisen/kono.html，1993 年 8 月 4 日。

14. 和田春樹：『慰安婦問題の解決のために』，平凡社 2015 年版，116—117 頁、173—174 頁。

15. 「日韓外相会談」，外務省，https：//www.mofa.go.jp/mofaj/a_o/na/kr/page4_001667.html、2015 年 12 月 28 日。

16. 「大韓民国大法院による日本企業に対する判決確定について（外務大臣談話）」，外務省，https：//www.mofa.go.jp/mofaj/press/danwa/page4_004550.html、2019 年 11 月 29 日。

17. 「大韓民国向け輸出管理の運用の見直しについて」，経済産業省，https：//www.meti.go.jp/press/2019/07/20190701006/20190701006.html、2019 年 7 月 1 日。

18. 丁尧清：《从资源和地缘看日本的岛屿扩张行为》，《地理教学》2010 年第 10 期，第 5 页。王海龙：《浅析韩日间独岛（竹岛）领有权争端的演变过程及其现实意义》，《朝鲜·韩国历史研究》第 12 辑，第 418 页。

19. 廉德瑰：《日本海洋战略研究》，时事出版社 2016 年版，第 266 页。

20. 「漁業に関する日本国と大韓民国との間の協定」，外務省，https：//www.mofa.go.jp/mofaj/gaiko/treaty/pdfs/A-H11-1039.pdf、1998 年 11 月 28 日。「日韓漁業協定の概要」，境港漁業調整事務所，https：//www.jfa.maff.go.jp/sakaiminato/kantoku/gaiyo.html。

21. 郑毅：《靖国神社·英灵祭祀·国家物语——近代日本战争记忆的生成与固化》，《吉林大学社会科学学报》2018 年第 1 期，第 144—152 页。

22. 衆議院·参議院：『議会制度百年史　貴族院·参議院議員名鑑』，大蔵省印刷局 1990 年版。

23. 陈宇峰、黄冠：《安倍晋三这个人》，中国发展出版社 2015 年版，第 211—212 页。

24. 「日本遺族会について」，日本遺族会，http：//www.nippon-izokukai.jp/aboutus/。

25. 「岸田外務大臣会見記録（平成 25 年 12 月 26 日（木曜日）10 時 28 分　於：省内記者会見室）」，外務省，https：//www.mofa.go.jp/mofaj/press/kaiken/kaiken4_000040.html♯topic2、2013 年 12 月 26 日。

26. 晋林波：《日韩"冷战"的原因与影响》，《国际问题研究》2015 年第 6 期，第 56 页。

27. 「日韓外相会談」，外務省，https：//www.mofa.go.jp/mofaj/a_o/na/kr/page4_001667.html、2015 年 12 月 28 日。

28. 《日本不应主张"慰安妇"问题已解决》，《人民日报》2018 年 3 月 2 日。

29. 「慰安婦合意、憲法判断せず　賠償請求権の侵害なし　韓国憲法裁」，『朝日新聞』（朝刊），2019 年 12 月 28 日。「日韓慰安婦合意の違憲申し立て、韓国憲法裁が却下」，朝日新聞，https：//digital.asahi.com/articles/ASMDV5JD6MDVUHBI00T.html?pn＝4、2019 年 12 月 27 日。

30. 毛里和子：『日中関係』，岩波新書 2006 年版，122 頁。

31. 辛珠柏：『韓日歴史教科書問題の史的展開（1945 年～現在）』，日韓文化交流基金，https：//www.jkcf.or.jp/wordpress/wp-content/uploads/2019/11/4-09j.pdf。

32. 「『歴史教科書』に関する宮沢内閣官房長官談話」，外務省，https：//www.mofa.go.jp/mofaj/area/taisen/miyazawa.html、1982 年 8 月 26 日。

33.「高等学校教科用図書検定基準（平成 30 年 9 月 18 日文部科学省告示第 174 号）」、文 部 科 学 省、https：//www. mext. go. jp/a＿menu/shotou/kyoukasho/kentei/1411471.htm、2018 年 9 月 18 日。「義務教育諸学校教科用図書検定基準（平成 29 年 8 月 10 日文部科学省告示第 105 号）」、文部科学省、https：//www.mext.go.jp/a_menu/shotou/kyoukasho/kentei/1411168.htm、2017 年 8 月 10 日。

34.「国際司法裁判所への付託の提案」、外務省、https：//www.mofa.go.jp/mofaj/area/takeshima/g_teiso.html、2012 年 3 月 6 日。

35. 王泽林：《日本与邻国领土主权争端的国际法分析》,《东北亚论坛》2009 年第 3 期,第 16 页。

36.「竹島問題と『竹島の日を定める条例』について」、島根県、https：//www.pref.shimane.lg.jp/gikai/ugoki/takesima/takesima.html。

第二章

日本政府在日韩历史问题中的"对抗"政策

受日本新民族主义和日本核心政治家*历史价值观等因素影响，日本政府在日韩历史争议问题上首先且主要表现为"对抗"特征，其"对抗"的历史问题主要为慰安妇问题和强征劳工问题。通过对安倍政府、菅义伟政府、岸田政府在日韩慰安妇问题和强征劳工问题上外交政策演化历程的分析可知，日韩慰安妇问题主要经历了 2012 年底至 2015 年再被提起与逐渐激化时期、2015 年至 2017 年 5 月的暂时缓和与潜在危机时期、2017 年 5 月至 2018 年 11 月的再起波澜时期、2018 年 11 月以后的"对抗"中"漂流"时期等几个阶段；日韩强征劳工问题主要经历了 2012 年底至 2018 年 10 月的警告与沟通阶段、2018 年 10 月至 2019 年 10 月的对抗与协商阶段、2019 年 11 月至 2022 年 5 月的抗议与施压阶段、2022 年 5 月以后的走向缓和阶段等几个时期。虽然日本政府在这两种问题上均持"对抗"立场，但鉴于慰安妇问题和强征劳工问题两种历史问题在第三方影响因素强弱、侵犯人权强弱、经济因素强弱等诸多方面存在一定的差异性，日本政府在两种历史问题上的"对抗"政策亦存在明显的差异性，日本政府在日韩强征劳工问题上的"对抗"程度相对更强。

一、日本政府在日韩慰安妇问题上的"对抗"政策

日韩慰安妇问题自 20 世纪 70 年代女权活动家田中美津在其著作

---

* 本研究中的"日本核心政治家"主要指所述阶段的核心政治家。

中提到"从军慰安妇"以后，慰安妇问题逐渐受到日韩两国的关注，特别是 1991 年原慰安妇受害者金学顺实名作证并在东京向日本政府提起诉讼，要求日本政府谢罪、赔偿，[1] 慰安妇问题受到国际社会普遍关注。为此，1992 年 7 月和 1993 年 8 月日本政府时任官房长官加藤纮一与河野洋平相继发表关于慰安妇问题的"加藤谈话"与"河野谈话"，并在 1995 年村山富市政府时期以从民间募集资金的形式设立亚洲女性基金，用于援助原慰安妇受害者的医疗、福祉、恢复名誉等事业，才逐渐使该问题有所缓和。但慰安妇问题始终未能得到有效解决，韩国支援慰安妇的社会团体和媒体对基金的形式、内容进行了大力批判，迫使韩国政府对日做出强硬态度，韩国慰安妇中仅 61 人接受了日方援助，最终该基金被迫在 2007 年解散，慰安妇问题仍然没有得到解决，至今仍是两国历史问题悬案的代表性问题。

日韩两国关于慰安妇问题的立场完全对立，日本政府主张日韩间的索赔等悬案早在 1965 年签署《日韩请求权协定》时已经使该问题得到"完全、最终的解决"；而韩国政府认为 1965 年协定不应该包括慰安妇问题，日本政府应该承担相应法律责任，特别是 2011 年 8 月韩国宪法法院认定韩国政府未能努力使慰安妇问题得到解决，是侵犯了受害者基本权利的违宪行为，[2] 这使解决慰安妇问题的转圜空间更加狭小。

（一）日本政府对日韩慰安妇问题的政策历程

慰安妇问题曲折发展，正确认识该问题发展演化的历程，是研究日本政府对日韩慰安妇问题政策的特点与根源的重要基础，对分析日本政府历史问题的特征大有裨益。

1. 日韩慰安妇再被提起与逐渐激化

2011 年 8 月底，韩国宪法法院判定韩国政府在慰安妇和原爆受害者问题上的不作为违宪，慰安妇问题再次受到关注。[3]

早在安倍政府成立前的 2012 年 8 月，安倍晋三针对时任大阪市市长桥下彻对"河野谈话"的批评就给予高度赞扬，主张重新审视"河野谈话"。在总选举中更是提出"各种战后补偿判决和所谓的慰安妇问题言论中，违反事实的不当主张被公开，严重损害日本名誉"。[4] 2012 年安倍政府再次成立后,安倍政府无视"战后补偿运动"澄清的历史事实和发掘的资料,致使以民主党为中心的"战后补偿议员联盟"探索的补偿路线立法化被搁置,[5]安倍晋三还在 2012 年 12 月 31 日产经新闻的采访中提出,"河野谈话"是"没有经过阁议的谈话"。2013 年 1 月的国会答辩时为减少国外的抗议,提出不将慰安妇问题政治化、外交化,内阁官房长官的"河野谈话"由官房长官应对比较合适,[6]希望以此减少国外的抗议,使外交问题国内化。由此引发国际社会的新担心。2013 年 3 月,日韩外长电话会谈时,岸田文雄针对韩国时任外长尹炳世关于历史认识重要性的发言时指出,认识过去的同时应该建设日韩面向未来合作关系的重要性。[7]可见,双方关注的侧重点存在一定差异性。对此,迈克・翰德(Mike Honda)等美国众议院议员、美国前驻日大使约翰・西弗(John Thomas Schieffer)也向日本发出警告,韩国国会更是在 2013 年 6 月通过设立东北亚歪曲历史对策特别委员会的决议。[8]由于韩国等国际社会的质疑和抗议,安倍政府在关于"河野谈话"等慰安妇问题上的立场被迫缓和。在 2013 年 7 月,在日韩外长会谈期间,双方重申关于历史认识问题的观点,岸田文雄再次说明了安倍政府关于历史认识问题的立场。

　　2014 年 1 月至 2 月,在法国安古兰国际漫画展中,韩国公开在漫画展中展示慰安妇漫画,揭露二战时日军暴行,从国际道义上向日本施压。[9]2 月,菅义伟在众议院预算委员会上针对石原信雄等人对"河野谈话"的质疑表示,将重新研讨"河野谈话"的形成过程,[10]而韩国国会则通过设置慰安妇追悼公园和纪念碑的决议,并在 6 月时在国会通过弹劾检验"河野谈话"的决议,[11]日韩两国关于慰安妇问题的动向标志着慰安妇问题再次浮出水面。针对日本政府成立"'河野谈话'形成过程研讨组"的决定,国际社会再次掀起批判浪潮,迫使安倍晋三在 3 月时再次表示,日本政府并不考虑重新研究"河野谈话",[12]才使慰安妇问题的矛盾有所缓解。4 月,日本亚洲大洋洲局长伊原纯一访韩时,双方就慰安妇问题进行了较为集中的讨论,这是安倍政府第二次成立后双方首次就慰安妇问题进行的较高层级会谈。[13]同时美国政府和国会议员对日本政府重新检验"河野谈话"进行强烈批评,并将批评信件送到日本驻美大使处。[14]这迫使日本政府 2014 年 6 月发表检验"河野谈话"报告书,基本上肯定了"河野谈话"的过程。[15]同年 8 月和 9 月,日韩外长两次举行会谈，岸田文雄继续就韩国关于慰安妇问题的疑虑表示日方将继承"河野谈话"，但也提出不应将该问题政治化、外交化，[16] 日本政府并未就此停止推翻"河野谈话"的图谋。

2014 年 8 月以后，因吉田证言彻底被否定，朝日新闻、红旗新闻相继撤销关于慰安妇问题中吉田证言的记事并公开道歉，[17] 这为日本政府质疑"河野谈话"提供新的契机，日本国内掀起以读卖新闻为代表的质疑慰安妇问题、质疑"河野谈话"内容的新浪潮。此时慰安妇问题对两国关系已经构成较大的影响和隐患，较频繁的外长会谈表现出日本政府对慰安妇问题的重视以及解决该问题的紧迫性，而不将慰安妇问题政治化、外交化更多是日本政府的一厢情愿或政治口号而已。

2. 日韩慰安妇问题暂时缓和与潜在危机

2015 年正值日韩两国建交 50 周年，两国政府都想借此机会解决慰安妇问题以缓和两国关系，因此 2015 年两国外长举行了频繁的外长会谈，慰安妇问题始终是会谈的重要内容，[18] 这为两国首脑会谈奠定重要基础。2015 年底，朴槿惠政府逐渐采取将历史问题与安保、经济问题相分离的"双轨"政策，这为日韩慰安妇问题带来转机。[19] 2015 年 11 月，日韩首脑会谈成为解决慰安妇问题的重要转折点，两国首脑同意以邦交正常化 50 周年为契机尽快缔结解决慰安妇问题协议，[20] 12 月 28 日，两国外长会谈时正式达成解决慰安妇问题协议（而非首脑会谈时达成），为避免韩国认为日本政府逃避历史责任、将协议视为非政府行为而进行抵制，[21] 日本首相安倍晋三正式对慰安妇表示道歉和反省，并通过政府预算向韩国提供 10 亿日元补偿金用于设立以援助慰安妇为目的的财团，使慰安妇问题实现"最终的不可逆的解决"。[22] 但日方强调继续坚持关于《日韩请求权协定》的立场，有日本评论家认为日韩慰安妇问题协议的签订并不能说明日本在慰安妇问题上负法律责任，只是根据政治判断而出资。[23]

2015 年底，日韩签订解决慰安妇问题协定在短期内使两国政治关系得到较大提升，双边/多边交流互动显著提升，两国政府也表现出落实协定内容的意愿。2016 年 4 月，日韩首脑会谈时，两国首脑在切实实施慰安妇问题协议方面达成一致意见，[24] 同年 7 月，日韩外长会谈时尹炳世对慰安妇财团准备情况进行了说明。慰安妇问题的解决为深化双边关系提供契机,日韩两国在2016年签署《秘密军事情报保护协定》,相互提供国家安全保障等必要的相关防卫情报,[25]"提高了抑制朝鲜核威胁的威力"。[26]

但另一方面,无论是自上而下的和解,还是自下而上的和解,和解的最终实现必须包含政府和民众两个维度,[27]韩国在野党和慰安妇支持团体对2015年慰安妇问题协议多持反对意见。日韩慰安妇问题协议的签订并没有达到预期目标,而且日本政府并未停止推翻"河野谈话"的图谋。安倍晋三在2016年参议院答辩中关于慰安妇问题再次表示,"日本政府至今未发现军队或官方强制带走的记录","该协议没有承认相当于战争犯罪的事情","没有性奴隶或者20万人的事实"。[28]安倍晋三的表述激起韩国在野党、市民团体、慰安妇受害者等对慰安妇问题协议不满的群体的更激烈抗议,韩国最大在野党共同民主党将废弃慰安妇问题协议写入竞选公约中,[29]日本政府逐渐由赞赏慰安妇问题协议的签订向日方敦促韩方切实推进协议内容的实施转移,并就韩国大学生和市民团体在釜山日本领事馆前设立新的慰安妇像提出强烈抗议。[30]在2016年9月的日韩首脑会谈时,安倍晋三向韩国强烈要求继续切实推进包括慰安妇像在内的慰安妇问题协议。[31]可见,慰安妇问题协议签订后,日本政府加强对韩施压的力度,并增添了在历史问题上"对抗"韩国的"武器"。此后日韩外长会谈时,日方就慰安妇像等问题向韩方表达遗憾和抗议,日本政府针对慰安妇像设置问题在2017年1月采取推迟釜山领事馆职员参加釜山市相关活动、暂时召回驻韩大使和釜山总领事等四项反制和对抗措施。[32]此外,2016年8月,韩国等8个国家的14个市民团体与英国战争博物馆联合,向联合国教科文组织申请将慰安妇资料作为世界遗产,也因日本政府与社会的强烈反对而暂时被搁置,对包含"控制在国际社会上的相互批评与责难"的日韩慰安妇问题协议亦产生损害,由慰安妇资料申遗而衍生的教科文组织改革因日韩立场差异较大而长期停滞。[33]

这一时期,受2015年日韩两国签署慰安妇问题协议影响,日本政府在日韩慰安妇问题上的"对抗"程度有所缓解,但由于韩国国内在慰安妇像等问题上的抗议,日本政府在慰安妇问题上仍保持着"对抗"姿态,而且 2015 年日韩慰安妇问题协议还为日本政府实行"对抗"政策提供"谴责"口实。

3. 日韩慰安妇问题再起波澜

文在寅政府成立后,日韩历史问题激化首先体现在慰安妇问题上,2017 年 5 月,日韩首脑电话会谈时,文在寅表示"现在要承认韩国国民无法接受慰安妇协议的情绪和现实",[34]但安倍晋三重申日本在慰安妇问题上的立场,希望协议得到落实,而且就当月联合国禁止酷刑委员会对日韩两国修改慰安妇协议的建议提出强烈的书面反对意见。[35]7 月日韩首脑会谈时,日方虽未直接敦促韩国文在寅政府落实慰安妇协议内容,但同年 8 月,在日韩外长会谈时,河野太郎特别强调日韩慰安妇协议的重要性,[36]这是文在寅政府成立后日韩高层会谈首次当面交涉慰安妇问题。同年 9 月和 12 月,日韩首脑会谈和日韩外长会谈时,安倍晋三、河野太郎分别再次说明日方关于慰安妇问题的立场,持续向韩国政府施压。针对韩国"慰安妇协议研究小组"对 2015 年慰安妇协议持批评立场的报告书,日本外长河野太郎发表针锋相对的谈话,重申慰安妇问题协议中关于慰安妇问题"最终的不可逆"解决的内容,强调该协议交涉过程的正当性,并向韩国政府提出警告,如果改变已经实施的协议,将无法管控日韩关系,强烈要求韩国政府切实实施"最终的不可逆"的慰安妇协议。[37]从河野太郎措辞严厉的谈话可知,日本政府对日韩慰安妇问题再次逆转的严重不满,"慰安妇协议研究小组"向韩国政府提交的报告书使日韩慰安妇问题再次处于十字路口。

2018 年 1 月,韩国发表关于慰安妇问题协议的处理方式,"和解·治愈财团"的 10 亿日元将由韩国政府预算拨出,标志着该财团事实上的停运,截至 2017 年 12 月 27 日,根据慰安妇问题协议共向健在的 47 名慰安妇受害者中的 36 名,199 名慰安妇遗族中的 68 名支付了援助。[38]对此,同年 2 月的日韩首脑会谈时,安倍政府从国际法的角度向韩方提出严正交涉,向韩国政府施压,安倍首相针对慰安妇问题协议强调"该协议是国与国之间的约定,即便政权更迭也要恪守约定是国际普遍承认的原则,韩方既然在日韩协议中确认了'最终的不可逆'的解决慰安妇问题,就希望全部实行协议内容"。[39]日本国内对文在寅在三一运动 99 周年时讲话、对日本釜山领事馆前设置慰安妇像表示担忧,[40]

也为慰安妇问题的解决增添新的难度。此后,安倍政府多次敦促韩国文在寅政府切实推进慰安妇问题协议的履行。面对安倍政府和国际舆论的疑虑和压力,韩国文在寅政府在 2018 年 9 月的日韩首脑会谈时表示,不废弃日韩慰安妇问题协议、不要求重新交涉慰安妇问题协议,两国首脑在共同发挥智慧而不使慰安妇问题波及日韩整体关系达成一致,[41]言及"和解·治愈财团"面临的压力,有必要为其画上中止符。[42]

面对 11 月 21 日韩国政府正式解散慰安妇问题协议指导下的"和解·治愈财团",安倍政府为此在召见韩国驻日大使时重申日本强硬立场,指出日韩慰安妇问题协议是两国外长间达成、经首脑间确认的,即使政权更迭也必须实施的责任,这也是对国际社会的责任与义务,强烈要求韩国切实实施该协议。对此,驻日大使李洙勋虽然再次表达了韩国政府不废弃、不重新交涉慰安妇问题协议的立场,[43]但"和解·治愈财团"的解散标志着日韩慰安妇问题再次陷入困境,希望借日韩伙伴关系 20 周年的春风解决历史问题的构想也未能实现,随着日韩另一历史问题——强征劳工问题的激化,日韩双方将关注焦点集中在强征劳工问题上,日韩慰安妇问题被迫陷入"漂流"状态。

4. 日韩慰安妇问题在"对抗"中"漂流"

2018 年 11 月,在韩国政府正式解散慰安妇问题协议指导下的"和解·治愈财团"后,慰安妇问题亦时而被提起,如 2019 年 2 月,韩国国会议长在接受采访时指出日本天皇是战犯之子,应该向慰安妇受害者直接谢罪,这引起日本政府和日本国内的强烈抗议,但事件很快平息,并未引起双方较大的外交争端。从整体来看,日韩两国在慰安妇问题上各执一词,双方在该问题上的观点差异明显、难以协商。因此,直至安倍晋三辞职,日本政府始终保持着在慰安妇问题上的"对抗"政策,使得日韩慰安妇问题长时间在"漂流"状态中持续。

2020 年 9 月成立的菅义伟政府延续了安倍政府在日韩慰安妇问题上的政策。受日韩强征劳工问题影响,慰安妇问题在菅义伟政府初始阶段并未成为两国高层磋商的重要议题。直至 2021 年 1 月 8 日,韩国首尔地方法院不承认日本具有主权免除权,对 12 名慰安妇受害者或受害者家属的申诉做出原告胜诉的判决,在要求日本政府赔偿每人 1 亿韩元的判决后,日韩慰安妇问题再次成为日韩高层磋商的重要议题。

日本政府外务次官当天紧急召见韩国驻日大使南宫杓表示抗议,菅义伟就此发表谈话表示,"日韩慰安妇问题在 1965 年《日韩请求权协定》中已完全最终的解决,强烈要求韩国政府采取措施,纠正违反国际法的行为"。[44]翌日,日韩外长就慰安妇问题举行电话会谈,日本茂木敏充就韩国法院判决表示"极为遗憾""断难接受"和"强烈抗议",并指出,包括慰安妇问题在内的日韩财产、请求权问题在 1965 年《日韩请求权协定》中得到彻底解决,并且 2015 年日韩协定再次确认了该问题的"最终的不可逆的解决"。[45]在此基础上,日本政府持续向韩国施压,对抗程度未有丝毫减弱。1 月 19 日,日本自民党外交部会向日本外长提交决议文书,要求日本政府在慰安妇问题上采取对抗政策,将该问题向国际法院提起诉讼,暂缓日本驻韩大使赴任,甚至扣押韩国在日资产,[46]以此向日本政府施压以强化日本对韩对抗程度。1 月 23 日,日韩外长就韩国慰安妇判决发表谈话,谈话相对系统地重申了日方此前在慰安妇问题上的立场,根据 1965 年《日韩请求权协定》和 2015 年日韩慰安妇问题协定,从国际法和日韩两国政府此前共识的角度指出日方难以认可韩国判决,要求韩国必须废弃该判决并采取相关措施纠正违反国际法的状态。[47]该谈话成为日本政府处理日韩慰安妇问题判决方面的最新表述,对日本政府此后在该问题上的立场、态度有着指导作用。

此后,日本政府在慰安妇问题上保持"对抗"的政策,无论是日本新任驻韩大使与韩国高官会谈还是日本高官与新任韩国驻日大使会谈,抑或是日韩两国政府其他各层高官会谈时,均将慰安妇问题作为议题之一交换意见,日本政府对慰安妇问题判决表现出极大的关注与抵制。2 月 23 日,韩国外务省官员为转化日韩慰安妇问题争议点而在联合国人权理事会上表示,应从普遍人权问题上处理慰安妇问题,日本再次表示不接受韩国官员发言,并强调该问题已最终不可逆的解决了。[48]4 月 1 日,日本外务省亚洲大洋洲局长船越健裕与韩国亚太局局长李相烈会谈时,船越健裕再次就 1 月时韩国慰安妇问题判决强调日方想法,两国就此交换了意见。在 4 月份的众议院答辩中,菅义伟政府首次将之前的"从军慰安妇""所谓从军慰安妇"统一称为"慰安妇",以此降低慰安妇问题的非人道、军国主义色彩。在 5 月的七国集团外长会议期间,日韩外长举行会谈,茂木敏充再次强烈要求韩国政府采取措施以解决慰安妇问题。[49]6月21日的日韩局长会谈、7月20日的日韩事务次官级会谈、9月16日的日韩局长级会谈、9月23日的日韩外长会谈等等,日本政府均就慰安妇问题与韩国政府进行磋商,向韩国表明日本立场,丝毫没有让步的迹象。

2021年10月,岸田文雄就任日本首相后,岸田政府在慰安妇问题上延续了安倍政府和菅义伟政府的对韩政策。在岸田政府成立后的日韩首脑首次电话会谈时,岸田文雄便直言日韩关系受慰安妇问题的负面影响,强烈要求韩方采取切实应对措施,[50]这说明日本政府将继续关注日韩慰安妇问题,在该问题上保持着"对抗"政策。11月17日的日韩事务次官级会谈、11月22日的日韩局长级会谈、2022年2月3日的日韩外长电话会谈时,慰安妇问题均是双边会谈议题之一。在2月12日的日韩外长会谈时,日本政府继续对慰安妇问题表现出较大的关切,直言慰安妇问题对双边关系的影响,林芳正基于日方"一贯立场"强调慰安妇问题的责任在韩国方面,要求韩国相应采取措施。[51]时任日本自民党最大派阀领袖、前首相安倍晋三在4月会见尹锡悦派出的代表团时,再次要求韩国履行2015年慰安妇问题协议、避免将扣押日本在韩资产"现金化",[52]以期向下一届韩国政府施压。

2022年5月成立的韩国尹锡悦政府受对日政策与东北亚地区局势等因素影响,日韩慰安妇问题相对沉寂了一段时期。日本对日韩历史问题的关注问题由以强征劳工问题和慰安妇问题为主转为以强征劳工问题为主,慰安妇问题较少被官方直接报道。但日本外长、日本前首相菅义伟、日韩议联会长等人在不同场合均就慰安妇问题向韩国施加压力,以期该问题在尹锡悦政府时期得到妥善解决。2023年11月,韩国高等法院就慰安妇问题公布判决,韩国高等法院驳回一审判决,要求日本赔偿16名慰安妇受害者或受害者家属2亿韩元。对此,日本外务事务次官冈野正敬召见韩国驻日大使,向韩国传达日本政府的立场,对韩国高等法院判决表示强烈抗议,要求韩国政府采取措施,同一天日本政府发表外长谈话,指出该判决与2021年1月8日判决相同,并对违反国际法及两国间协议的行为表示"极大遗憾",要求韩国政府负起自身责任,纠正违反国际法的行为。[53]这是尹锡悦政府成立后,日本政府首次就慰安妇问题发表外长谈话，也是日韩两国政府层面首次就慰安妇问题进行协商，日本政府依然保持着"不出席、不上诉"的"对抗"姿态。

在这一阶段，日韩慰安妇问题虽时有提及，但日韩慰安妇问题并未有实质性进展，日本政府延续着"对抗"政策，通过不同层级的对话阐述日本政府几乎不变的观点和立场，从国际法和日韩协议向韩国政府施压。另外，受尹锡悦政府对日政策等因素影响，日韩慰安妇问题也未产生激烈对抗，处于"漂流"状态。

日本政府在每个阶段"对抗"的手段与着眼点虽有所不同，但始终坚持"对抗"的方针与政策进行持续的"去历史化"努力。通过对日本政府在日韩慰安妇问题上发展历程的分析，日韩慰安妇问题主要经历了2012年至2015年再被提起与逐渐激化时期、2015年至2017年5月的暂时缓和与潜在危机时期、2017年5月至2018年11月的再起波澜时期、2018年11月以后的"对抗"中"漂流"时期等几个阶段。以上分析对准确认识日本政府在日韩慰安妇问题上的特征及其走向有重要的作用。

（二）日韩慰安妇问题特征分析

日韩慰安妇问题几经波折，最终又回到"漂流"的状态，综观安倍政府、菅义伟政府、岸田政府三个时期，日韩慰安妇问题具有以下三个特征。

1. 日本政府以"对抗"为主

综观日本政府在慰安妇问题上的态度和立场，仅在2015年日韩慰安妇问题协议前后受国际局势等因素影响才有所妥协，其他时间均以"对抗"为主，而且即便在2015年日韩慰安妇问题协议签订时，日本政府也坚持关于1965年《日韩请求权协定》的立场，安倍晋三作为首相并未出席签字仪式。日本政府在慰安妇问题上的"对抗"政策从以"河野谈话"为中心到以2015年日韩慰安妇问题协议为中心，日本政府先以"河野谈话"未通过阁议为借口，将慰安妇问题交由内阁官房处理，希望借此实现所谓的慰安妇问题非政治化和非外交化，接着又推出所谓的关于"河野谈话"形成过程的研讨组。在吉田证言被推翻后，日本政府更是加强了在慰安妇问题上的"对抗"力度。待 2015 年底日韩慰安妇问题协议签署后，当韩国国内在慰安妇问题上有所行动时，日本政府则从国际规则的角度敦促韩国政府落实慰安妇协议内容，至今仍坚持其既定立场和方针。

通过上述分析可知，日本政府在慰安妇问题上采取"对抗"政策进行"去历史化"主要有以下几点原因。首先，日本政府认为，慰安妇问题对日本国际形象产生影响。对历史修正主义者来说，慰安妇问题是"有损日本人荣耀的事，将是否存在强征的问题矮小化，将问题的存在本身也试图隐藏起来"成为其重要手段。[54] 慰安妇问题是二战时期日本军国主义对女性人权的严重侵犯，其受害范围以东亚地区为主，受害人数量惊人，是人道主义灾难最惨痛的一页。慰安妇问题被爆出后，受到国际社会的普遍关注，无论是受害国还是非受害国，都对日本军国主义暴行予以强烈谴责，对韩国等国的慰安妇受害者持强烈的同情心，给日本的国际形象带来诸多负面影响。[55] 为牢记历史，2011 年以来相关国家共设置了 50 多个慰安妇像，其中大多数在韩国境内，此外还有慰安妇碑、慰安妇历史展等一系列纪念活动，进一步强化了韩国的受害者身份以及对日本军国主义暴行的记忆，这是对日本的道德谴责，[56] 这与日本政府致力于构建的"美丽的国家"形象大相径庭，在一定程度上阻碍了日本政府倡导的国家主义、积极的和平主义在日本的发展，增强了国际社会对日本外交政策的质疑之声。基于以上因素，日本政府在就历史相关问题上开展对韩外交时，某种意义上处在弱势地位而影响外交战略的推进，因此日本政府寄希望于通过质疑"河野谈话"的内容或将慰安妇问题非政治化、非外交化等方式改善日本国际形象，甚至谋求将慰安妇问题"去历史化"，使日韩慰安妇问题争议由慰安妇问题本身的争论转化为国际法的争论。

其次，基于法治舆论的认知。日本政府在慰安妇问题上对韩国采取长期的"对抗"政策与其能够从国际法方面找到突破口密不可分。日本政府坚称 1965 年日韩建交时关于请求权问题已经在《日韩请求权协定》中得到完全、彻底的解决，慰安妇受害者申请的赔偿要求包含在1965 年协定当中，因此慰安妇受害者不具有再次申请赔偿的权利。日本政府这一观点即便在 2015 年日韩慰安妇问题协定签署时也未改变。

但由于慰安妇问题爆出时间在 1965 年建交以后,因此日本政府的说辞难以在国际上获得较多的舆论支持。2015 年日韩慰安妇问题协定签订无疑为日本政府提供重要契机,日本政府以国际法治为依托向韩国政府施加压力,这也是韩国文在寅政府出于维护国际形象而未彻底撕毁协议的重要原因。[57]日本政府多次强调慰安妇问题协议是国家间约定,即使政权更迭也应恪守约定是国际普遍的原则,敦促韩国"最终的不可逆"地落实协议全部内容以解决慰安妇问题。据日本言论 NPO 与东亚研究院 2017 年联合舆论调查显示,日本国内对日韩慰安妇问题协议的签订多持认可立场,占受访者的 41.8%,不认可的占 25.4%(其中 2016 年舆论调查比分别为 47.9%、20.9%),而且近半数受访者表示无法理解韩国对日韩协议的不满,相对比能够理解的受访者尚不足 10%。[58]此外,针对首尔日本大使馆和釜山日本领事馆前设置的慰安妇像,日本政府也向韩国政府施压,认为慰安妇像的设置违反了关于领事关系的维也纳条约,侵犯了领事机关的威严。[59]

2. 韩国内部分离严重

从某种意义上说,韩国内部在慰安妇问题上的分歧加剧了日本政府在该问题上的"对抗"。在慰安妇问题上,各党派之间、政府与国民之间、行政与司法之间具有明显的"张力"。关于党派间的分歧。在 2015 年时以朴槿惠为代表的新国家党作为执政党与日本签署慰安妇问题协议,但是作为最大在野党的共同民主党则对该协议强烈反对,其他在野党对该协议也多持否定立场。在 2016 年 4 月的国会总选举中,共同民主党将"实现撤销、再交涉慰安妇协议"写进竞选公约,共同民主党获得 123 个议席,成为韩国第一大党,[60]这也预示着慰安妇问题再次复发的可能性极大。随着共同民主党的文在寅以巨大优势当选韩国总统,日韩双方就慰安妇问题协议经过多轮磋商后,虽然文在寅政府做出"不废弃、不重新交涉"协议的承诺,但随着"和解·治愈财团"的解散和釜山慰安妇像的搁置,日韩慰安妇问题协议处于事实上的停滞状态。在 2021 年 1 月 8 日,韩国首尔地方法院判决日本向韩国慰安妇受害者等人赔偿时,文在寅对此表示,在日韩两国正式协议的同时,也要找到被害者能够同意的解决政策,[61]而韩国在野党国民力量党议员郑镇硕则认为文在寅的政策已经改变。待韩国保守党执政后,尹锡悦政府则有意淡化日韩慰安妇问题矛盾。

关于政府与国民的分离。以慰安妇像和日韩慰安妇问题协议为代表的分歧凸显政府与国民间的分离,2016 年 12 月 28 日,韩国"构建未来时代的和平少女像促进委员会"的市民团体和釜山大学的大学生在未经政府允许的情况下在釜山日本领事馆前设立慰安妇像,当地警察以道路法为由撤去慰安妇像而引发骚乱,有 13 名市民团体成员被带走,当天夜晚近 400 人在日本釜山领事馆前参加抗议集会,当地政府被迫做出妥协并道歉,市民团体在 12 月 30 日在釜山日本领事馆设立新的慰安妇像,[62]并在碑文中写有废弃日韩慰安妇问题协议字样,该像引发的问题长期未能得到解决。

关于行政与司法间的分歧。日韩慰安妇问题协议签订后,韩国在野党共同民主党、社会团体以及部分市民对该协议持强烈反对立场。受此影响,2016 年 2 月,韩国律师团体"为了民主社会的律师会"要求韩国外交部公开日韩慰安妇协议交涉过程文件,外交部认为此事"事关国家安保、国防、统一、外交关系,公开后将严重损害国家重大利益",做出非公开处理决定。该律师团体对外交部非公开处理的决定提出异议申请被驳回后,向首尔行政法院提起诉讼,法院要求外交部长官撤销非公开处理的决定。[63]加之此前韩国宪法法院判定韩国政府在慰安妇问题上的不作为违宪,能够较好地说明韩国行政与司法间的分离。

此外,韩国国内司法机构在慰安妇问题上的判决也存在一定的分歧或"张力"。2021 年 1 月,韩国首尔地方法院判决日本政府向 12 名慰安妇受害者或慰安妇受害者家属每人赔偿 1 亿韩元,然而在 2021 年 4 月,韩国首尔地方法院却承认日本的主权豁免权,驳回韩国 20 名慰安妇受害者或慰安妇受害者家属要求日本政府赔偿的诉讼请求。[64]可见,韩国司法系统在慰安妇问题的立场并不一致。

3. 第三方介入较深

在日韩历史问题争端中,第三方因素影响十分明显,下文将对此进行较为集中的论述,在此仅讨论慰安妇问题中第三方介入最深、最明显的美国及联合国。在安倍首届政府时期,慰安妇问题便引起美国政府、国会、媒体的极大关注,由于日本政府在慰安妇问题上采取顽固对抗、否定历史事实的"对抗"政策,以及韩国积极通过国际宣传其受害者立场，使韩国得到国际社会的普遍同情，日本政府则面对着较强的国际舆论压力。美国主要新闻媒体对日本政府关于慰安妇问题的态度、立场给予极大的关注，由于日本政府在慰安妇问题上不占有道义优势，加之美国国内对日本政府自主外交和历史修正主义的担忧。第二届安倍政府成立后，在慰安妇问题上继承其首届政府的立场，对此，纽约时报等报纸发表社论对其进行强烈批评，迈克·本田等国会议员、前驻日大使、美国议会调查局等人员或机构都就慰安妇问题向日本政府提出严重警告和较为持续的关注，使日本政府面临着强烈的国际舆论压力。可见，美国国内各界都对日韩慰安妇问题有较深的介入，对日韩慰安妇问题的交涉和发展带来深远影响。

此外，2015 年日韩慰安妇问题协议签订后，美国政府对日韩慰安妇问题的关注度相对降低，但美国州政府及美国社会对该问题依然保持着较高的关注，甚至有学者认为美国将成为日韩慰安妇问题斗争的主战场。[65]美国新泽西州、加利福尼亚州通过自治体预算设置慰安妇慰灵碑，2017 年 9 月，美国旧金山议会通过决议，将每年的 9 月 22 日定为"慰安妇日"，[66]其他国家、地区以及国际组织对慰安妇问题介入程度也较深，联合国、欧洲多个国家都对韩国表示理解与支持。[67]2016 年以中韩为中心的 8 个国家、14 个团体集体向联合国教科文组织申请将慰安妇资料作为世界遗产，联合国人权委员会对慰安妇问题也极为重视，多次发表关于慰安妇问题的报告书，[68]这些行为对日本政府形成重要的国际舆论压力。

（三）日韩慰安妇问题前景分析

在 2015 年日韩慰安妇问题协议签订后，由于韩国国内对该协议持反对立场的势力较强，在朴槿惠政府时期推进协议既已极为困难。待文在寅政府成立后，受日本政府慰安妇问题表述和韩国外交政策的重点外交方向转向等因素影响，随着"和解·治愈财团"的解散，日韩慰安妇问题协议呈现出名存实亡的迹象。韩国尹锡悦政府成立后，日韩两国出于外交战略的合作，均有意淡化慰安妇问题对两国关系的影响，但日本政府在该问题上始终坚持既有态度与立场，从国际法的角度，坚持认为日韩慰安妇问题已"最终的不可逆的解决"而采取不退让、不妥协的政策，积极向韩国政府施加外交与舆论压力。目前，日韩慰安妇问题暂时处于搁置与"漂流"状态，但该问题尚未得到有效控制和解决，韩国政府随时可能为确保政权的支持率而要求再次交涉慰安妇问题[69]的预言正在逐渐成为现实。

今后，慰安妇问题极可能重新成为两国历史问题的焦点，成为日韩两国关系发展的重要障碍，安倍政府在日韩慰安妇问题上的"去历史化"政策不仅对菅义伟政府、岸田政府的对韩政策产生直接影响，对此后日本政府在该问题上的立场也将产生持续而深远的影响。2021年首尔地方法院围绕慰安妇问题做出判决，要求日本政府向每位慰安妇受害者支付约950万日元的赔偿，对此菅义伟在首相官邸表示，根据国际法规定主权国家不服从他国审判权，对该判决表示断然不能接受，[70]依然在该问题上保持着"对抗"的政策和立场。这也是首尔地方法院在另一起慰安妇问题判决中驳回原告请求的重要原因（包括对原告不服从判决后而上诉的判决）。[71]菅义伟政府甚至坚持在教科书中将"从军慰安妇"统一表述为"慰安妇"，其"对抗"色彩相较安倍政府有过之而无不及。岸田政府受东亚局势与日韩强征劳工问题影响，尚未在慰安妇问题上向韩国强烈施压，但其"对抗"立场始终未变。今后，日韩慰安妇问题要想得到妥善处理，应处理好以下几点。

首先，2015年日韩慰安妇协议问题。日韩慰安妇问题既涉及法律责任，也涉及道义责任，两者既有共性，也有特性。[72]该协议的签订减少了美国等其他国家从国际舆论向日本政府施加压力的借口，由于日本政府以慰安妇问题协议为依托，占据明显的法律优势，即便韩国解散了"和解·治愈财团"，但该财团的解散并非由于日本政府未履约，而是因为韩国国内各因素综合作用的结果。而且日本政府已经向韩国支付协议所承诺的10亿日元补偿金，日韩慰安妇问题若依照该协议则应"完全且不可逆"的解决。日本政府也很难再就慰安妇问题进行谈判。[73]未来两国在慰安妇问题上应着重解决日本政府应负责的道义责任。

其次，两国政府间、社会间的信任问题。受日韩慰安妇问题协议后日本政府关于慰安妇问题的表述以及该问题在韩国文在寅政府成立后出现复发的影响，两国间的政治互信、社会互信受到极大的冲击，韩国内的"嫌日"情绪与日本国内的"嫌韩"情绪都明显上升。这些政府层面与社会层面的情绪相融合。为有效控制、妥善解决慰安妇问题带来更多的挑战，双方都担心向对方的让步最终将演化成本国的单方面让步，特别是日本国内对韩国政府出尔反尔、拿钱不办事的印象尤为深刻。此外，日本国内对韩国政府能否有效处理国内事务产生强烈的怀疑心态。

最后，韩国国内意见的统一问题。韩国对日本有着极强的民族主义情绪，当韩国政府的对日外交实行"进攻"政策时，政府大多能够团结更多的社会团体和民众，但当韩国政府对日外交出现协调、"妥协"迹象时，韩国国内则会出现明显的分离倾向，这种分离风险在慰安妇问题上表现尤为突出。比如，韩国保守政党自由韩国党与韩国革新政党共同民主党在对待日韩慰安妇问题上曾存在一定分歧，2011 年韩国大法院裁定韩国政府在慰安妇问题上的不作为违宪后，迫使韩国在应对日韩慰安妇问题上更加统一。今后若韩国政府想与日本政府在慰安妇问题上达成某项和解协定，则首先需要有效应对国内的反对势力，确保政党间政策的统一性、行政与司法间认识的一致性、政府与社会团体间的团结性以及政府与慰安妇受害者等国民间的互信。忽视任何机构或团体，都极易使慰安妇问题的和解功亏一篑，甚至双边关系更加激化。必须尽可能地改变党派之间对着干、政府跟着司法走、国民社会呈现半无政府状态等情况的出现。

日韩慰安妇问题是 20 世纪那段惨痛历史的附属品，是典型的人道主义灾难和不可磨灭的历史记忆。力图通过双方政府协调而不顾及受害者及其相关团体的历史诉求将难以起到预计成效，日韩慰安妇问题不会也不可能因 2015 年日韩慰安妇问题协议的签订而彻底解决，简单地拖延时间或一味逃避也都难以有效控制该问题的复发，特别是如果韩国政府在慰安妇问题上的不作为可能再次被宪法法院认定为"违宪"。在慰安妇问题上，韩国拥有的道义优势与日本拥有的法律优势将呈长期对抗趋势，日韩双方任何关于该问题的表述或政策都极容易使该问题再次激化。在未有充分把握的情况下妄图推翻现状只会使问题更加复杂化，双方政治家应尽量控制自己的言行、规范社会团体行为，两国要做好慰安妇问题随时激化的准备和长期化的打算，日韩慰安妇问题的"完全且不可逆"的解决仍任重道远。

二、日本政府在日韩强征劳工问题上的"对抗"政策

　　二战后不久，韩国地区的工人、劳动者就已经掀起了要求日本政府赔偿的运动，但并未受到重视。[74]日韩强征劳工问题真正受到重视始于20世纪90年代，但由于日韩两国地方法院均判决原告（韩国强征劳工）败诉，因此未对两国政治、经济、社会等方面构成严重影响，直至2012年5月，韩国大法院（韩国最高法院）判定个人请求权并未因1965年《日韩请求权协定》而消失，将强征劳工问题发回首尔高等法院重审以及2013年7月首尔高等法院判决原告胜诉，[75]该问题才受到日韩两国政府的高度重视和国际社会的普遍关注，成为日韩继慰安妇问题、靖国神社问题、历史教科书问题、岛屿问题外的又一重要历史悬案。特别是在2018年10月30日和11月29日，韩国大法院以个人请求权符合宪法为由判决新日铁住金和三菱重工等日本企业对原告进行劳动赔偿，使该问题成为日韩历史问题的新焦点，对日韩关系构成根本性挑战，被认为是两国邦交正常化以来的最差时期。[76]随着尹锡悦政府的成立，韩国政府在2023年3月在强征劳工问题上做出重大让步，促使日韩强征劳工问题矛盾得到缓解，但该问题的解决，仍任重道远。

　　根据日本在强征劳工问题上的对韩政策历程可知，日本政府敢于采取"对抗"政策的根源在于国际法优势提供"对抗"武器、高观众成本增强"对抗"韧性、楔子战略环境降低"对抗"损害、低共有观念减少外部压力等方面。日本政府借助在强征劳工问题上"去历史化"的"对抗"政策，降低了强征劳工问题的历史属性，赋予其保守政策以正当化，弱化了历史问题对日本摆脱战后体制的束缚，改善了日本的国家形象与国际环境，为日本政府在其他历史问题上的"去历史化"奠定重要基础，但也使日韩关系以及战后东亚秩序面临着重要挑战，东亚地区各国对此应保持高度警惕性。

（一）日韩强征劳工问题的演化历程

1. 警告与沟通：日韩强征劳工问题的初始阶段

日韩强征劳工问题自 20 世纪 90 年代发生以来虽历时近 30 年，但真正引起日韩两国政府和国际社会重视始于 2013 年 7 月。准确厘清日韩强征劳工问题的发展历程，对剖析日本政府在该问题上的政策及其前景具有重要的基础性作用。

（1）强征劳工问题的登场。2012 年，安倍晋三再次组阁初，强征劳工问题尚未引起日本政府的重视。2013 年 7 月，随着韩国首尔高等法院判决韩国强征劳工胜诉，首尔高等法院、釜山高等法院分别要求新日铁（新日铁住金）、三菱重工向强征劳工进行赔偿，新日铁、三菱重工随即提起上诉，使日韩强征劳工问题成为日本政府对韩外交的重要议题，强征劳工问题作为日韩历史悬案正式登场。同年 8 月，岸田外长就强征劳工诉新日铁案会见记者时表示，日本政府始终坚持赔偿责任在日韩请求权、经济合作协定中已经解决。[77] 2013 年 9 月，日韩外长会谈时岸田外长在表示"安倍内阁继承历代内阁关于历史认识的立场"的同时，"再次传达了日方关于韩国强征劳工判决的立场"，[78]这是日本政府首次将强征劳工问题纳入日韩外交会谈议程，该问题开始进入日本政府的外交领域。但由于此时日韩历史问题争端集中在慰安妇问题上，强征劳工问题审判尚在进行，日本政府在强征劳工问题上的政策更倾向沟通。

（2）对强征劳工问题议题提出警告。2013 年 10 月，外务大臣政务官木原诚二与韩国国家未来研究院院长金广斗会面时再次谈及韩国关于强征劳工的判决问题。日本经团联、日本商工会议所、经济同友会以及日韩经济协会等 4 个有重要影响力的经济团体对韩国判决也表示担忧，这对日本政府的外交政策形成重要的压力，[79]强征劳工问题的紧迫性和重要性初步显现，成为两国历史问题的新议题。日本政府为进一步提高韩国对该问题的重视，在日韩次官级会谈时，日本外务审议官杉山晋辅特别向韩方强调，首尔高等法院的判决违反国际法，根据 1965 年《日韩请求权协定》，日本企业的赔偿责任已"完全且最终的解决"，若韩国最高法院最终仍判决日本企业败诉，日方将向韩方要求基于《日韩请求权协定》进行磋商,或向国际审判法院(ICJ)、或申请第三国仲裁委员处理。[80]这是日本政府首次就强征劳工问题正式向韩国政府发出警告。由于日韩关系的整体缓和与强征劳工判决尚需时日,在 2014 年8—9 月间的日韩外长会谈时,岸田文雄针对强征劳工判决时指出,希望"韩国方面早做应对,促进日韩间继续紧密合作",[81]表现出日本政府对该问题的较大关切。

(3)强征劳工问题的暂时"隐匿"与警告的加强。2015 年正值日韩建交 50 周年之际,日本为解决更紧迫的慰安妇问题,在 2015 年举行的三次外长会谈时仅简单提及强征劳工问题。[82]随着 2015 年 12 月日韩慰安妇问题协议的达成,使得日本主要关注慰安妇协议的原则及其具体实施方案,强征劳工问题暂时继续处于"隐匿"状态。直至 2017 年 4月,韩国市民团体欲在日本驻韩大使馆和釜山领事馆前设置强征劳工像,[83]再次引起日本政府的关注和强烈不满,日本政府向韩国进行舆论施压。为避免强征劳工问题演变成慰安妇问题那样棘手的历史悬案,安倍晋三在 2017 年 8 月的首脑电话会谈和 9 月的首脑会谈时均指出管理日韩历史问题悬案的重要性,并对日本在强征劳工问题上的立场做了说明。[84]强征劳工问题再次引起日本政府的重视,成为日韩历史议题中的重要内容。随着 2018 年关于强征劳工问题审判结果的临近,日本政府对强征劳工问题给予更多关注,在 1 月的日韩外长早餐会上,河野外长传达了日方对强征劳工问题的立场,对日本公馆前等地设置劳工像的动向表达强烈不满,向韩国政府"强烈建议采取适当应对措施"。[85]日本政府在强征劳工问题上不仅关注具体问题,而且态度极为坚决。2 月,安倍晋三参加平昌冬奥会开幕式时与文在寅总统会谈,他重申日本关于强征劳工问题的立场,"希望就日韩协定和'劳工'问题采取妥当应对"。[86]此后,日本政府高层对强征劳工问题始终保持着较高的关注。

在 2013—2018 年这段时期,日韩强征劳工争端初露端倪,日本政府在韩国大法院判决前多次重申日本立场,对韩政策逐渐强硬,由前期的沟通逐渐演变为警告、施压,希望以此对韩国大法院的判决形成制约。2017 年以后,日本政府较为关注劳工像问题,将劳工像问题视为日韩强征劳工问题争端的象征。其间,日本政府对强征劳工问题予以较高重视,就强征劳工问题与韩国进行了紧密的会谈、较强的施压,但该时段日本政府在强征劳工问题上的政策主要体现为警告与沟通相结合。

2. 对抗与协商：日韩强征劳工问题的激化阶段

(1)强征劳工问题急剧升温。2018 年 10 月 30 日和 11 月 29 日韩国大法院裁定新日铁住金和三菱重工分别赔偿每位原告强征劳工 1 亿韩元和 8 000 万韩元,强征劳工问题迅速成为日韩历史问题的焦点。日本政府对判决可能引发的连锁反应高度重视。10 月 30 日判决发布当天,河野太郎立即发表外长谈话指出,"关于国家及国民的请求权问题,在《日韩请求权协定》中已'完全且最终的解决',(韩国大法院)判决明显违反《日韩请求权协定》,使日本企业受到更不正当的损失,从根本上颠覆了 1965 年邦交正常化以来构筑的日韩友好合作关系的法律基础,这是非常遗憾的,绝对不能接受",强烈要求韩国政府采取妥当措施更正违反国际法的状态,否则"将从保护日本企业正当经济活动的考虑出发,毅然采取包括国际审判和其他对抗措施的所有选项进行应对"。[87] 11 月 1 日,自民党通过决议,要求日本政府向韩方申请,尽快开始基于《日韩请求权协定》的协商与仲裁,安倍晋三还在当天的预算委员会中将"征用工"改述为"旧朝鲜半岛出身劳动者",并指出将包括国际审判在内的所有选项纳入视野,进行坚决的应对,[88]以此强调强征劳工受害者的身份性质,向韩国政府持续施加压力。

此外,日本政府还向各日本驻外使领馆作出指示,要求各部门就日本政府在强征劳工问题上的立场对各所在国政府进行说明,向各所在国媒体传达信息,强调韩国大法院的判决是对基于国际法的国际秩序的挑战,[89]以此向韩国政府施加外交压力。同时针对韩国大法院在 11 月 29 日对三菱重工的判决,河野太郎在日韩外长谈话中再次表达了 10 月 30 日外长谈话中的立场和观点,强烈要求韩国政府采取妥当措施更正违反国际法的状态,否则"将从保护日本企业正当经济活动的观点出发,毅然采取包括国际审判和其他对抗措施的所有选项进行应对"。[90] 由于日本政府将韩国大法院的判决视为颠覆日韩关系基础的行为,对日本企业造成严重的不公平损失,日本政府以外长谈话的形式向韩国政府传达了日本的坚决态度和强硬立场。

（2）强征劳工问题"对抗"加剧。2018 年 12 月，日韩外长再次就强征劳工问题进行电话沟通，事态的发展使日本政府对该问题的进展极为关切。12 月底局长级会谈时，金杉宪治再次传达了日本政府不接受韩国大法院判决的立场，对韩国扣押新日铁在韩资产一事表示关切。[91]2019 年 1 月初，韩国原告方收到申请扣押日本企业财产手续的通知，对此日本政府敦促韩国政府切实履行《日韩请求权协定》第三条第一款。[92]1 月底，日韩外长再次举行会谈，河野太郎再次提起日本关于强征劳工问题的基本立场，要求韩方采取恰当对策，"特别是基于对韩国政府此前提出的《日韩请求权协定》，希望尽早解决该问题"。[93]面对韩国法院扣押三菱重工和不二越在韩资产、韩国市民团体再次掀起设置劳工像等情况，劳工像问题渐呈现长期化趋势，日本亚洲大洋洲局长金杉宪治对韩国驻日副大使金敬翰、日本驻韩公使水岛光一对韩国外交部东北亚局长金容吉再次传达了日本政府的严重关切和强烈抗议，强烈要求韩国政府纠正违反 1965 年协定的状态。[94]

日本政府为打破日韩强征劳工问题的僵局、继续占据国际舆论制高点，2019 年 5 月 20 日，日本政府通告韩国政府，将基于《日韩请求权协定》问题提起仲裁，由日韩两国加第三国组成仲裁委员会。日本政府外务事务次官秋叶刚男向韩国新任驻日大使南官杓表示，韩国政府在协议上承担着接受仲裁的义务，强烈要求韩国政府接受仲裁，[95]日本政府的"对抗"措辞更趋严厉，但未获韩国回应。日本政府将日韩强征劳工问题诉诸国际仲裁的努力，标志着该问题进入新阶段，日本政府处理强征劳工问题的手段，由主张双边协商向主张双边协商与国际仲裁相结合过渡。基于以上情况，日本政府在 7 月 19 日发表外务大臣谈话，河野太郎一方面强调《日韩请求权协定》已使国家及个人请求权问题得到"完全且最终的解决"，韩国大法院的判决违反《日韩请求权协定》、颠覆日韩友好关系基础，日本断然无法接受；另一方面指责韩国不应因国内问题影响对国际法的承诺，对韩国政府未回应日本政府基于请求权协定的协商与仲裁邀请等违反国际法的行为表示遗憾。[96]此后日本政府与韩国沟通、交涉强征劳工问题出现新变化。

（3）持续施压强征劳工问题。在 2019 年 8 月，日韩外长会谈时，河野太郎继续强烈要求韩国方面纠正因韩方责任而违反国际法的状态,这是日本政府首次在外长会谈中明确表示并强调强征劳工问题是因韩国方面责任而造成,[97]将解决问题的"球"踢给韩国,使韩国在国际舆论上受到更大压力。鉴于强征劳工问题止步不前,河野太郎在中日韩三国外长答记者问时将如何改善日韩关系开端的责任再次推给韩国,以此强化该问题的责任归属。[98]同年10月,安倍晋三与韩国国务总理会谈时,虽未直言强征劳工问题,但仍指出"当前日韩关系正处在非常严峻的状况下,不应如此放置日韩关系",并强调"希望韩国遵守国家间约定,创造使日韩关系回归健全的契机"[99],其实即指强征劳工问题。

3. 抗议与施压:日韩强征劳工问题的"漂流"

(1)对强征劳工问题的抗议与施压。在2019年11月的日韩外长会谈时,日本外长茂木敏充继续强调日本政府关于强征劳工问题立场,并未有丝毫让步的趋势。[100]2019年12月,日韩两国举行2018年10月韩国大法院对强征劳工问题裁决后的首次首脑会晤,安倍晋三强调,日韩关系处于严峻状况的根本原因在于韩国大法院对强征劳工问题的判决,这是关乎日韩邦交正常化法律根基的问题,他要求韩国政府创造契机,使日韩关系回归健全的同时,强调该问题的责任归属,强烈要求韩国政府制定解决问题的政策。[101]安倍晋三的立场为日本政府在强征劳工问题上的政策提供方向性指导,即从国际法视角指明韩国大法院关于强征劳工问题判决对两国邦交正常化法律基础的影响,强调问题责任归属以要求韩国方面制定解决问题的具体政策,以此掌握对韩外交主动权。此后,日本政府与韩国进行数次外长级、局长级会谈,日本政府官员在强征劳工问题上的核心思想均基本沿袭2019年底安倍晋三的立场。2020年6月,新日铁面对韩国法院扣押其资产的公示发起"立即上诉"请求,新日铁的上诉为日本企业资产被现金化拖延了时间,日本企业对此表示将采取适当的措施应对,其立场与日本政府具有一致性。外长茂木敏充在2020年6月5日会见记者时明确表示,如果将扣押资产现金化将导致两国关系更加紧张,必须避免这种情况的发生。[102]可见,日本政府始终保持着"对抗"的姿态,其关注点逐渐向扣押资产现金化转移。

(2)菅义伟政府和岸田政府"对抗"与施压政策继续。在强征劳工问题上,菅义伟政府成立后继承安倍政府的"对抗"路线。[103]2020 年 9 月,日韩首脑电话会谈时,菅义伟即向文在寅强调,不应该放任强征劳工问题,要求韩国创造契机、恢复健全的日韩关系。[104]在 10 月的日韩局长会谈时,日方再次重申现金化将招致日韩关系极度恶化的后果,要求韩国方面避免该行为的出现并尽快提出日本能接受的解决政策,甚至将其作为中日韩首脑会谈的条件。[105]2021 年 1 月,日本三菱重工对韩国法院扣押其在韩资产发起"立即上诉",要求停止扣押资产手续。[106]日本政府对在韩日企的政策持支持立场,茂木敏充在 3 月日韩外长会谈时重申日本政府立场,日本在强征劳工问题上仍未有丝毫让步的迹象,依旧保持着"对抗"姿态。5 月,三菱重工针对韩国法院在 2 月时驳回其首次"立即上诉"的部分求情而进行"再上诉"。[107]针对在韩日企被扣押资产现金化趋势的严峻性,日本政府茂木敏充在 5 月和 9 月的两次日韩外长会谈时,强烈要求韩国方面在强征劳工问题上做出行动,特别是韩国大田地方法院判决出售相关在韩日企资产后,日本外务省亚洲大洋洲局长、日本驻韩副大使分别向韩国相关人员提出强烈抗议,加强对韩国政府的施压与谴责,[108]在避免将相关日企被扣押资产现金化,日本企业与政府继续保持着相对一致的立场与步调。岸田政府成立后,在日韩强征劳工问题上并未有所妥协,岸田政府成立后的首次日韩首脑电话会谈时,岸田文雄就重申了日本在强征劳工问题上的一贯立场,强烈要求韩国采取妥当应对措施。[109]针对韩国法院驳回在韩日企不服从法院判决的上诉请求,2022 年 2 月,日韩外长举行两次会谈,林芳正均坚持日本在强征劳工问题上的既有立场,强烈要求韩国负责任地妥善予以应对。[110]相关日企在日本政府的支持下,对韩国法院的判决采取"持续"上诉的政策,一定程度延缓了相关企业的财产损失与强征劳工问题的激化。

4.走向和缓:日韩强征劳工问题的相对平静

截至 2022 年 5 月初,韩国地方法院已做出 3 起要求出售三菱重工资产的判决,因此,即便韩国新总统尹锡悦向日本抛去"橄榄枝",日本政府也仍坚持原有立场,林芳正在参加尹锡悦总统就任仪式时与尹锡悦总统、朴振外长分别会谈时,均强调基于 1965 年邦交正常化以来所构筑的友好关系,解决强征劳工等悬案的必要性。[111]尹锡悦政府成立后，日韩关系虽有缓和迹象，但日本政府仍通过外长、局长间多轮会谈，持续向韩国新政府尹锡悦政府施加压力。尹锡悦政府出于对美对日政策考量以及日本压力，在强征劳工问题政策上出现松动迹象，韩国朴振外长表示，将努力在"现金化"之前出台符合预期的解决政策。[112] 而且，在尹锡悦政府成立后，日本外务省官网大多通稿中由将强征劳工问题与慰安妇问题并列转为以强征劳工为代表的日韩悬案的表述，加大在强征劳工问题上对韩施压，说明日本政府更加重视强征劳工问题的解决。可见，日本政府在强征劳工问题上的立场并不以韩国新政府是保守政党执政而有实际的妥协。日本国内政界、学界、媒体部分人士甚至主张日本政府应将韩国政府在强征劳工等问题上的切实行动作为日韩关系改善的前提。

面对日本政府的压力，韩国尹锡悦政府积极寻求强征劳工问题的解决方案，2022 年 9 月，日韩首脑在解决悬案、使日韩关系回归健全关系上达成共识，日韩外长会谈时林芳正在传达日方一贯立场的同时，双方对两国外交当局进行的建设性的做法高度评价，愿为早日解决问题保持沟通。[113] 在此基础上，韩国政府加紧探索解决强征劳工的方案，11 月，两国首脑再次表示加快两国外交当局间交涉，谋求悬案早日解决。在两国首脑的指示下，两国外交当局进行了紧密的外长、局长间的磋商会谈，为强征劳工问题的和解而奔走。最终，尹锡悦政府在日本政府的压力下做出妥协，由韩国行政安全部下属"日帝强制动员受害者支援财团"代为支付 2018 年韩国大法院三起受害劳工索赔案判处日本企业支付的赔偿金和逾期利息，其财团的资金将通过民间自发捐献等方式筹集。[114] 日本政府和企业则均无需支付任何赔偿，该方案几乎是日本"单赢"的结果，日本政府的"对抗"取得较大成效。对此，外长林芳正发表谈话，对尹锡悦"单方面让步"的解决方案高度评价，[115] 日韩强征劳工问题得到暂时的缓解，两国政府间矛盾逐渐走向缓和。此后，日韩两国政府间会谈极力避开强征劳工问题，该问题在政府间层面逐渐淡出视野，其他议题成为两国政府讨论的要点。直至 12 月底，韩国大法院判决 5 起强征劳工案件，要求三菱重工、日本制铁、日立造船等企业向强征劳工受害者或其家属赔偿后，强征劳工问题再次受到日本政府的重视。受韩国大法院判决影响，日本外务省亚洲大洋洲局长鲐博行召见韩国驻日次席公使，援引《日韩请求权协定》和 2023 年 3 月 6 日韩国政府发表相关谈话，抗议韩国大法院的判决。[116]可见，日韩强征劳工问题虽然逐渐转入平静，但仍不时出现波动迹象。

通过对日韩强征劳工问题发展历程的梳理可知，日本政府在强征劳工问题上，主要通过质疑强征劳工受害者身份，向韩国施压，鼓动日企不服从判决等"对抗"方式，以此谋求摆脱历史问题对日本的限制，为彻底摆脱战后体制束缚的"去历史化"而准备。日本在推进强征劳工问题"去历史化"过程中，日韩强征劳工问题大致经历了 2013—2018 年的警告与沟通、2018—2019 年 5 月的对抗与协商、2019 年 5 月—2023 年 3 月的抗议与施压、2023 年 3 月至今的走向和缓等 4 个阶段。日本政府在摆脱战后体制束缚、实现国家"正常化"目标时，在强征劳工问题上的"去历史化"政策与其他历史问题上的"去历史化"政策明显不同，采取了相对高强度、持续性的"对抗性"的外交政策。日本政府先主张韩国应基于《日韩请求权协定》进行解决，此后则主张组成仲裁委员会以提交国际仲裁解决，在两种建议均未得到韩国有效回应的情况下，明确指出责任所在、要求韩国制定改善双边关系的政策，甚至向韩国施加经济压力以谋求韩国在历史问题上的妥协。自始至终，日本政府均保持着"对抗"的政策与姿态推动强征劳工问题的"去历史化"，直至韩国尹锡悦政府成立后，在强征劳工问题上对日做出重大让步，才使得该问题趋于平静。这既是尹锡悦政府让步的结果，也是日本政府持续"对抗"的结果。

（二）日本政府在强征劳工问题上"对抗"政策的根源

日本政府在日韩强征劳工问题上的外交政策具有明显的"对抗"色彩，据日本外务省相关人员透露，早在 2020 年 8 月时，日本政府就已经为强征劳工问题准备了约 40 个对抗措施预案。[117]在日韩历史问题上，日本政府的外交政策均受到日本国内新民族主义倾向加剧的右倾化趋势、各历史问题间交互作用以及主要政治家的历史价值观等因素影响，但这未必促使日本政府在强征劳工问题上采取有别于其他历史问题的政策。日本政府之所以在强征劳工问题上采取具有差异性的"对抗"政策进行"去历史化"，其根源主要在于以下几点。

1. 以国际法作为粉饰"去历史化"的手段

国际法是对国际政治行为体具有约束力的一组规则，其重要性在于国家经常从自己的利益考虑出发来看待和服从国际法。[118]甚至现实主义者也认为，不能不将国际法当作法律，它具有立法功能、司法功能、执法功能，[119]可见国际法对国家行为体的约束作用。日本政府在强征劳工问题上，在维护其国家利益的同时改善日本国际形象，进而谋求历史问题的"去历史化"。

虽然日韩两国在 1965 年《日韩请求权协定》的解释上存在重要分歧，而且同一国家在不同时间段的解释也有很大差异。但日本政府在强征劳工问题的处理上继承了 20 世纪 90 年代以来历届政府对该条约的解释，即坚持 1965 年《日韩请求权协定》签订时，日韩双方已经放弃外交保护权和个人请求权。因此 2013 年韩国首尔高等法院和釜山高等法院裁定新日铁和三菱重工分别向强征劳工受害者支付赔偿后，日本政府始终强调 1965 年《日韩请求权协定》签订时，包括个人请求权在内的请求权问题已经得到"完全且最终的解决"。当 2018 年 10 月，韩国大法院发布判决后，日本政府强硬表示该判决严重违反 1965 年《日韩请求权协定》、挑战日韩关系正常化的根本，强烈主张日韩两国以 1965 年《日韩请求权协定》为基础进行协商或提交国际仲裁，但文在寅政府并未予应答。日韩强征劳工问题的立场也被视为国际法优先与历史认识优先的对立，日本政府采取进攻态势。[120]有日本学者认为，从国际法的视角来看，强征劳工问题在对《日韩请求权协定》的适用性较慰安妇问题更强。[121]日本国内在强征劳工问题上普遍持强硬立场，据日本 NPO 2020 年舆论调查显示，仅有 1.4％的受访者认为日本企业应支付赔偿，而 29％的受访者认为该问题已经解决、8.7％的受访者认为可由韩国政府进行补偿、7.1％的受访者认为应诉诸司法程序等。[122]此外，据产经新闻和 FNN 2019 年 1 月舆论调查显示，84.5％的受访者支持日本政府的应对政策，76.8％的受访者认为日本政府应该采取相应的对抗措施。[123]日本国民对日本政府"对抗"政策的普遍支持，进一步加强了日本政府采取"对抗"政策的决心。日本政府强调强征劳工问题的责任归属，始终要求韩国政府制定解决该问题的政策措施，这使韩国政府左右为难,却又无可奈何。同时,由于强征劳工问题在日本法院曾被判原告败诉,因此该问题既是两国政府、两国民间的纠纷,也是两国司法问题的纠纷,日本政府以国际法进行"对抗"有助于获得国内民众从司法角度认知的支持,倘若日本政府在该问题上做出重大妥协,不仅可能激起日本跨国公司的反对,而且将面临国内法律的挑战。

在劳工像问题上,特别是韩国市民团体企图将劳工像设置到日本釜山领事馆前时,日本政府明确强调韩国的行为违反维也纳条约的内容,迫使韩国政府在市民团体准备设置劳工像时出动大批警察予以阻拦,不仅使劳工像未能按计划设置到釜山领事馆前的慰安妇像旁,而且将放置在领事馆附近的劳工像两次移至"国立日帝强制动员历史馆",以此避免日本政府在国际社会上向韩国政府施压,即便在革新派共同民主党的文在寅政府时期亦是如此。

罗伯特·帕特南(Robert D. Putnam)认为,让其他国家能够接受是外交行动的重要条件,[124] 这在国际法与国家利益逐渐形成共生共长、相互依赖[125]的当今社会更是如此。日本政府在强征劳工问题上以利用国际法粉饰其"去历史化"的目的,弱化了日本政府在历史问题上的道德缺失,甚至得到国际社会部分群体的谅解。

此外,鉴于日本往届政府关于历史问题谈话所具有的法律属性或约束力,这对日本政府在强征劳工问题上的外交政策也产生深远影响。历史教科书问题受到 1982 年宫泽官房长官关于历史教科书谈话的影响,靖国神社问题受到 1986 年后藤田官房长官关于靖国神社谈话的影响,慰安妇问题受到 1993 年河野官房长官关于慰安妇问题谈话的影响。[126]这些重要谈话是相关政府在历史问题上态度与立场的重要体现,是衡量相关政府历史认识的重要标尺,对日本现政府在相关历史问题上的行为起到重要的制约作用,成为制约日本右倾化的重要力量。而强征劳工问题近年才逐渐受到日韩两国关注,日本政府在该问题上受到往届政府历史问题谈话的约束较弱,对被批评为"历史倒退"的顾虑较轻,其"对抗"色彩也因之较浓。

2. 观众成本增强了"对抗"政策的韧性

观众成本是指政府领导人在公开承诺或威胁中退让而受到国内惩罚的可能,包括支持率降低、政策难以推行、选举失利甚至受到司法审判,这在民主体制国家表现得尤为明显。[127] 日本执政的自民党虽然暂时处于"一家独大"的状态,但日本在野党仍有较强影响力,对自民党政府的外交政策具有较明显制约。自民党政府出于对 2009 年政权更迭记忆的恐惧,日本政府在强征劳工问题上不得不重视国内观众成本因素的影响。同时,领导者也会通过宣传、展示观众成本,将本国强硬立场传递给对方,[128]这也是日本政府在强征劳工问题上对韩"去历史化"策略的一部分。

强征劳工问题涉及人数众多,与人数固定且相对有限的被认定为慰安妇受害者形成鲜明对比,这提高了日本政府在强征劳工问题上的观众成本。日本军国主义在二战时期为维护其统治,曾强行征调了大量东亚及东南亚战俘和平民充当劳工,据不完全统计,日本仅在 1943 年至 1945 年就"强征了 4 万余名中国劳工",[129]在韩国被认定为强征劳工的有 22 万人,[130]这尚不包括其他国家和地区的强征劳工以及其他被强制征用人员,强征劳工的真实数字或许更多,据不完全统计,涉及强征劳工问题的企业达 290 多家。[131]因此,日本经团联、日本商工会议所、经济同友会以及日韩经济协会等 4 个有重要影响力的团体早在 2013 年就对强征劳工判决表示忧虑,[132]对日本政府外交政策形成重要压力。截至韩国大法院 2018 年 10 月底对新日铁裁决时,在韩国已有 15 起关于强征劳工相关问题的诉讼,对象企业超过 70 家,[133]2021 年 5 月,韩国强征劳工与强征劳工遗属更是在首尔中央地方法院向 16 家日本企业发起要求赔偿的诉讼请求,[134]随着强征劳工问题的发展,将有更多强征劳工受害者在韩国通过诉讼申请赔偿,在韩国的 299 家日本跨国公司可能将随之败诉而受到损害。[135]日本政府担心,如果该问题处理不当,将可能激起包括其他国家在内的广大强征劳工根据韩国大法院的判决向日方提出索赔要求,[136]据时在东亚地区极可能出现向日方索赔的高潮。特别是强征劳工判决的重要依据是基于殖民统治"非法",韩国国民对日本的个人请求权内容可能将无限扩大。[137]由于强征劳工问题牵涉人数多、范围广,日本政府既受到国内观众成本因素的制约,又将国内观众成本因素反馈到韩国政府,向韩国政府施加压力。

此外,受 1995 年亚洲女性基金和 2015 年日韩慰安妇问题协议出现"逆转"的影响,特别是日韩两国政府在 2015 年底达成日韩慰安妇问题协议的情况下,韩国单方面解散了"和解·治愈财团",使日韩慰安妇问题的解决进程再次停滞。日本国内出现明显对韩不信任与"嫌韩"的情绪,使通过建立财团等经济方式解决强征劳工问题的观众成本进一步增加。

3. 实施楔子战略的环境为"对抗"政策降低损害

楔子战略是指国际社会行为体运用综合手段,阻止潜在敌对联盟形成或分化、破坏、瓦解既有敌对联盟的艺术与科学,以此减少敌对数量或力量,该战略实施的对象多为两个以上行为体。[138] 其实,有些国家行为体内部也并非铁板一块,这为其他国家对其开展楔子战略提供重要契机与环境。由于韩国国内在强征劳工问题认知上存在明显的分歧,严重弱化了韩国国内对其政府外交政策认知的一致性,这为日本政府借助于楔子战略开展对韩外交、降低"对抗"政策损害提供重要的外部环境。在日韩强征劳工问题上,韩国内部的分歧主要体现在政府与司法的分歧、司法内部的分歧、政府与国民的分歧等三方面。

(1) 政府与司法的分歧。韩国政府与韩国司法对《日韩请求权协定》涵盖范围的认知具有明显不同,韩国司法的"单独行动"与韩国政府的"已经外交解决"立场相反。[139] 在强征劳工向日企索赔过程中,韩国大法院对强征劳工的维权行动起到了重要的支撑作用,在 2018 年 10 月、11 月分别做出支持强征劳工的终审判决。但韩国政府曾认为《日韩请求权协定》已经使个人请求权问题得到最终解决,难以继续就该问题向日本提出赔偿要求。而韩国三权分立的政治体制又要求韩国政府不得不尊重韩国大法院关于强征劳工问题的判决,使韩国政府处于维护日韩关系与尊重司法判决的"夹板"之中。[140] 韩国政府必须在尊重韩国大法院判决与"国际法高于国内法"的国际规则之间选择,[141] 韩国司法系统与行政系统的"断层"加深,韩国外交具有明显的司法化特征。

(2) 司法系统内部的分歧。韩国地方法院和高等法院与韩国大法院对强征劳工问题的认知具有明显差异。韩国地方法院以及首尔高等法院、釜山高等法院对强征劳工问题的首次判决均驳回原告诉讼,直至 2012 年韩国大法院撤销首尔高等法院、釜山高等法院的判决,将案件分别发回首尔高等法院、釜山高等法院进行重审，才使该问题迎来转折点。而 2021 年 6 月，韩国首尔地方法院驳回强征劳工及其遗属的诉讼请求，这与 2018 年韩国大法院要求日本企业赔偿的判决完全不同，韩国司法更加混乱。[142] 同时，韩国大法院内部也存在分歧。以韩国大法院对新日铁上诉的判决为例，各大法官的分歧主要体现在原告主张的赔偿损害请求权是否包含在请求权协定之中，大法官李起宅等 4 人对上诉的第三点理由有不同意见，李起宅与其他三位大法官的观点也有不同。而大法官权纯一、赵载渊对判决则持反对意见，[143] 韩国大法院内部在强征劳工问题上至少有 4 种不同认识。

（3）政府与国民的分歧。政府与国民的分歧首先体现在强征劳工问题是由韩国国民长期推动的结果。关于日本对韩国补偿问题，"在韩国至今存在'日本什么都没有补偿'的认识，结果出现了韩国向日本'要求补偿'的事情"。[144] 韩国国民对日本的补偿了解不多，因此日韩强征劳工问题的主要推动力量来自韩国国民及其支援团体，具有明显的"民带官进"色彩。强征劳工问题诉讼前后持续近 30 年，历经日本 14 任内阁和韩国 10 任政府，整个过程几乎都由强征劳工受害者及其支援的市民团体在推动，韩国政府并未对强征劳工受害者提供支持，甚至有人质疑朴槿惠政府曾干扰大法院判决。[145] 在劳工像问题上更是如此，2018 年 5 月和 2019 年 3 月韩国市民团体曾两次尝试将劳工像设置到日本釜山领事馆前的慰安妇像旁边，均因韩国政府强力阻拦而未能实现，韩国政府与强征劳工支持团体间围绕劳工像多次发生激烈对抗，双方互不相让。

日本外交政策的制定与实施直接受到韩国国内政治、社会生态的深远影响，韩国国内的分歧降低了韩国外交团结性与一致性的程度，为日本政府开展楔子战略提供契机，坚定了日本政府"对抗"政策的实施。

综上所述，对日本政府来说，在日韩强征劳工问题上的"去历史化"政策之所以采取有别于其他历史问题的外交政策，不仅在于受到国内社会与政治家保守主义倾向等因素的影响，更在于日韩之间的相关协议提供了"对抗"手段、高观众成本增强了"对抗"韧性、楔子战略环境降低了"对抗"损害，这些因素成为日本政府采取"对抗"性"去历史化"政策之根本所在。从中可知,日本政府在历史问题上的政策具有鲜明的务实主义风格,希望借国际法治等价值观与舆论宣传掌握对韩外交主动权,循序渐进地摆脱战后体制的束缚。同时,日本政府在实施"对抗"政策时,也面临历史问题国际道义不足、韩国司法外交化压缩回旋余地、日韩各领域相互依赖程度深、东亚国家对日本历史修正主义的警觉、共同盟国美国对日韩历史分歧的管控等方面的制约,这也是日本政府的"对抗"政策具有相对性而非绝对性的重要根源。

(三) 日韩强征劳工问题前景分析

日韩强征劳工问题自 2018 年 10 月成为两国历史悬案的焦点以来,两国政府对此投入大量的外交精力与外交资源,目前虽然因尹锡悦政府在该问题做出重大让步而暂时和缓,但由于该问题牵扯范围广、认识分歧大,使得该问题距彻底解决仍有距离。日韩两国在强征劳工请求权是否根据《日韩请求权协定》得到完全且最终的解决、是否能进行法律救济等方面对立严重,所谓的"同床异梦"有增无减。[146]但目前两国政府均认为该问题关乎两国关系之根本、需保持有效沟通与交流、防止问题继续扩大化。

在未来一段时期,韩国司法系统可能继续就强征劳工问题做出相应判决,届时,日本政府仍将在强征劳工问题向韩国政府施加外交与舆论压力,即或以 1965 年《日韩请求权协定》为基础的协商/仲裁,或以请求权协定为依托,将责任推给韩国政府,向韩国政府施压。交流的保持与"对抗"政策的持续将会在两国间同步进行,日本政府将继续利用《日韩请求权协定》应对强征劳工问题。从形式上看,若韩国市民团体继续执行将劳工像设置到日本釜山领事馆的计划,或者韩国将保持扣押的日本企业资产现金化趋势,日本政府将继续就此向韩国施压。从本质上看,劳工像和扣押资产现金化不过是日韩强征劳工问题的象征性问题,随着韩国司法判决执行程序的发展,仅以"搁置"的方式或政府单方面和解并不能有效缓解,甚至解决强征劳工问题带来日韩两国关系的紧张。因此,真正需要两国认真应对的问题是如何解决强征劳工历史悬案、如何管控好日韩关系的趋冷的问题。

三、小　结

日本政府在日韩慰安妇问题和强征劳工问题上基本上采取"对抗"政策。在慰安妇问题上，即便在美国众议院通过关于慰安妇问题法案，也未使日本政府的"对抗"政策有明显收敛，特别是在 2015 年日韩慰安妇问题协议签订后，日本政府的"对抗"政策更加强烈。在强征劳工问题上，日本政府的"对抗"政策更加明显。

日本政府在慰安妇问题、强征劳工问题上采取"对抗"政策有着重要的国际法背景，1965 年《日韩请求权协定》中对国家及个人请求权的内容是日本政府采取"对抗"政策的重要依据，2015 年日韩慰安妇问题协定的签订，为日本政府利用国际法"对抗"韩国政府提供了新的依据。历史问题作为日本政府对外宣传的重要领域，日本政府希望以此获得国际社会的理解和支持。[147] 此外，在日本政府企图否定"河野谈话"时，也是从该谈话形成过程的合法性、吉田证言的虚伪性等方面入手。可见，日本政府"对抗"政策的重要依托在于"合法性"问题上。同时，经济效用也与日本政府在慰安妇问题和强征劳工问题上采取"对抗"的"去历史化"政策密切相关。日韩强征劳工问题几乎否定了 1965 年《日韩请求权协定》的合法性，其可能带来的"外溢"效果不容忽视，对日本政府的经济复苏与经济外交构成根本性的挑战，并进一步影响了日本政府的稳定性。因此，强征劳工问题对日本国际形象的影响以及受到美国的压力都较慰安妇问题更弱，日本政府在强征劳工问题上的"对抗"力度较慰安妇问题更强。而相对比，韩国国内对慰安妇问题、强征劳工问题认识与行动的"断裂"则为日本政府的"对抗"政策提供了契机。

注释

1. 『「慰安婦」問題と歴史修正主義いついての略年表』、http://www.dce.osaka-sandai.ac.jp/～funtak/databox/nenpyo.htm、2002 年 5 月 17 日。

2. 晋林波：《日韩"冷战"的原因与影响》，《国际问题研究》2015 年第 6 期，第 56 页。

3. 藤原夏人：「【韓国】従軍慰安婦及び原爆被害者に関する違憲決定」、『外国の立法』No. 249-1、2011 年 10 月、43 頁、https://dl.ndl.go.jp/view/download/digidepo_3050743_po_02490115.pdf?contentNo=1。

4.「J-ファイル　2012　自民党総合政策集」、41 頁、https://jimin.jp-east-2.storage.api.nifcloud.com/pdf/j_file2012.pdf♯search＝％272012＋自民党総合政策集％27。

5. 和田春樹等：『日韓歴史問題をどう解くか』、岩波書店 2013 年版、160 頁。

6.「第 183 回国会　衆議院　本会議　第 3 号　平成 25 年 1 月 31 日」、衆議院、https：//kokkai.ndl.go.jp/♯/detail?minId＝118305254X00320130131&current＝1、2013 年 1 月 31 日。

7.「日韓外相電話会談」、外務省、https://www.mofa.go.jp/mofaj/press/release/25/3/0314_08.html、2013 年 3 月 14 日。

8. 藤原夏人：「【韓国】北東アジア歴史歪曲対策特別委員会の設置」、『外国の立法』No.256-1、https://dl.ndl.go.jp/view/download/digidepo_8233308_po_02560114.pdf?contentNo＝1、2013 年 7 月。

9.「仏漫画祭の韓国企画展盛況　慰安婦問題の深刻さ伝える」、聯合ニュース、http://japanese.yonhapnews.co.kr/pgm/9810000000.html?cid＝AJP20140203000900882、2014 年 2 月 3 日。

10. 河野談話作成過程等に関する検討チーム：「慰安婦問題を巡る日韓間のやりとりの経緯」、外務省、https://www.mofa.go.jp/files/000042173.pdf♯search＝％27 河野談話＋検証％27、2014 年 6 月 20 日。菅義偉：「河野談話作成過程に関する検証作業について」、首相官邸、https://www.kantei.go.jp/jp/tyoukanpress/201406/20_p.html、2014 年 6 月 20 日。「第 186 回国会　衆議院　予算委員会　第 12 号　平成 26 年 2 月 20 日」、https://kokkai.ndl.go.jp/♯/detail?minId＝118605261X01220140220&current＝1、2014 年 2 月 20 日。

11.「河野談話検証を糾弾　韓国国会が決議」、『朝日新聞』（朝刊）、2014 年 7 月 1 日。藤原夏人：「【韓国】従軍慰安婦の追悼公園造成及び記念碑設置に関する決議」、『外国の立法』No.259-1、https://dl.ndl.go.jp/view/download/digidepo_8562418_po_02590117.pdf?contentNo＝1、2014 年 4 月。

12.「第 186 回国会　参議院　予算委員会　第 13 号　平成 26 年 3 月 14 日」、国会会議録検索システム、https://kokkai.ndl.go.jp/♯/detail?minId＝118615261X01320140314&current＝7、2014 年 3 月 14 日。

13.「伊原アジア大洋州局長の訪韓」、外務省、https://www.mofa.go.jp/mofaj/press/release/press4_000836.html、2014 年 4 月 13 日。

14.「河野談話維持、米国側が評価　慰安婦問題」、『朝日新聞』（夕刊）、2014 年 6 月 21 日。「河野談話検証『容認できない』　マイク・ホンダ氏ら米下院議員 18 人が非難の書簡、駐米大使に」、産経新聞、https://www.sankei.com/world/news/140701/wor1407010033-n1.html、2014 年 7 月 1 日。

15.「慰安婦問題を巡る日韓間のやりとりの経緯　河野談話作成からアジア女性基金まで(全文)」、『朝日新聞』（朝刊）、2014 年 6 月 21 日。

16.「日韓外相会談（概要）」、外務省、https://www.mofa.go.jp/mofaj/a_o/na/kr/page4_000628.html、2014 年 8 月 9 日。「日韓外相会談（概要）」、外務省、https://www.mofa.go.jp/mofaj/a_o/na/kr/page3_000936.html、2014 年 9 月 26 日。

17. 読売新聞編集局：『徹底検証　朝日『慰安婦』報道』、中公新書 2014 年版、166—170 頁。「歴史を偽造するものは誰か」、しんぶん赤旗、http://www.jcp.or.jp/akahata/aik14/2014-09-27/2014092704_01_0.html、2014 年 9 月 27 日。

18.「日韓外相会談」、外務省、https://www.mofa.go.jp/mofaj/a_o/na/kr/page4_001071.html、2015 年 3 月 23 日。「日韓外相会談」、外務省、https://www.mofa.go.jp/mofaj/a_o/na/kr/page4_001276.html、2015 年 6 月 21 日。「日韓外相会談」、外務省、

https：//www.mofa.go.jp/mofaj/a_o/na/kr/page4_001418.html、2015 年 10 月 1 日。「日韓外相会談」、外務省、https：//www.mofa.go.jp/mofaj/a_o/na/kr/page4_001499.html、2015 年 11 月 1 日。

19. 石源华、张弛：《韩国朴槿惠政府对日政策的调整》，《现代国际关系》2016 年第 1 期，第 36 页。

20.「日韓首脳会談」、外務省、https：//www.mofa.go.jp/mofaj/a_o/na/kr/page4_001505.html、2015 年 11 月 2 日。

21. 東郷和彦：『歴史認識を問い直す』、角川書店 2013 年版、160 頁。

22.「日韓外相会談」、外務省、https：//www.mofa.go.jp/mofaj/a_o/na/kr/page4_001667.html、2015 年 12 月 28 日。

23. 山内昌之、佐藤優：『新・地政学』、中央公論新社 2016 年版、199 頁。

24.「日韓首脳会談」、外務省、https：//www.mofa.go.jp/mofaj/a_o/na/kr/page4_001916.html、2016 年 4 月 1 日。

25.「日韓秘密軍事情報保護協定の署名」、外務省、https：//www.mofa.go.jp/mofaj/press/release/press4_003950.html、2016 年 11 月 23 日。

26.「GSOMIA、北朝鮮抑止に威力　日韓、協力を強化」、『朝日新聞』、2016 年 11 月 24 日。

27. 王高阳：《理解国际关系中的"和解"：一个概念性框架》，《世界经济与政治》2016 年第 2 期，第 104 页。

28.「第 190 回国会　参議院　予算委員会　第 3 号　平成 28 年 1 月 18 日」、国会会議録検査システム、https://kokkai.ndl.go.jp/#/detail?minId＝119015261X00320160118&current＝1、2016 年 1 月 18 日。

29. 菊池勇次：「【韓国】慰安婦問題合意後の動向」、『外国の立法』2016.5、No.267-2、https://dl.ndl.go.jp/view/download/digidepo_9974284_po_02670213.pdf?contentNo＝1、2016 年 5 月。

30.「在釜山日本国総領事館前の少女像設置に関する韓国側への申入れ」、外務省、https：//www.mofa.go.jp/mofaj/press/release/press4_004121.html、2016 年 12 月 30 日。

31.「日韓首脳会談」、外務省、https://www.mofa.go.jp/mofaj/a_o/na/kr/page3_001802.html、2016 年 4 月 1 日。

32. 菅義偉：「在釜山総領事館前の少女像設置を受けての我が国の当面の措置について」、首相官邸、https://www.kantei.go.jp/jp/tyoukanpress/201701/6_a.html、2017 年 1 月 6 日。

33.「『歴史認識問題研究会』設立で実証的研究を発信　『反日記憶』阻止に向け反論書提出へ　明星大特別教授・高橋史朗」、産経新聞、https://www.sankei.com/life/news/160831/lif1608310020-n1.html、2016 年 8 月 31 日。「『慰安婦』の登録、見送り方針歓迎　日本政府」、『朝日新聞』（朝刊）、2017 年 10 月 28 日。「ユネスコ『世界の記憶』年内改革を断念　韓国反対、作業部会で結論出ず」、産経新聞、https://www.sankei.com/world/news/190922/wor1909220013-n1.html、2019 年 9 月 22 日。

34. "文在寅对话安倍：韩国从情感上无法接受慰安妇协议"，新华网，http://www.xinhuanet.com/world/2017-05/13/c_129603991.htm，2017 年 5 月 13 日。

35. "联合国建议日韩修改慰安妇协议　日本发文反驳"，人民政协网，http://www.rmzxb.com.cn/c/2017-05-23/1551527.shtml，2017 年 5 月 23 日。

36.「日韓外相会談」、外務省、https://www.mofa.go.jp/mofaj/a_o/na/kr/page4_003177.html、2017 年 8 月 7 日。

37.「『慰安婦合意検討タスクフォース』の検討結果発表について（外務大臣談話）」、外務省、https：//www.mofa.go.jp/mofaj/press/danwa/page4_003587.html、2017年12月19日。

38.田中福太郎：「【韓国】慰安婦問題をめぐる韓国側の最近の動向」、『外国の立法』、No.277-2、第38頁、https：//dl.ndl.go.jp/view/download/digidepo_11179154_po_02770214.pdf?contentNo＝1、2018年11月。

39.「日韓首脳会談」、外務省、https：//www.mofa.go.jp/mofaj/a_o/na/kr/page4_003747.html、2018年2月9日。

40.《日本不应主张"慰安妇"问题已解决》，《人民日报》2018年3月2日，第21版。「韓国・釜山、慰安婦像の保護条例改正 破損なら市が修理」、朝日新聞、https：//www.asahi.com/articles/ASM1X5GG4M1XUHBI021.html、2019年1月28日。箱田哲也：「『文在寅の韓国』はどこへ行くのか」、『外交』Vol.43、2018年、69頁。

41.「日韓首脳会談」、外務省、https：//www.mofa.go.jp/mofaj/a_o/na/kr/page4_004357.html、2018年9月25日。

42.「宙に浮く日本の拠出金 慰安婦合意、形骸化加速も」、『日本経済新聞』、2018年9月27日、第4頁；「慰安婦財団の解散示唆 文氏 韓国側事情で また懸案」、『産経新聞』、2018年9月27日、第3頁。

43.「秋葉外務事務次官による李洙勲在京韓国大使の召致」、外務省、https：//www.mofa.go.jp/mofaj/press/release/press4_006750.html、2018年11月21日。

44.「元慰安婦等による韓国国内の訴訟等についての会見」、首相官邸、https：//www.kantei.go.jp/jp/99_suga/statement/2021/0108kaiken2.html、2021年1月8日。

45.「日韓外相電話会談」、外務省、https：//www.mofa.go.jp/mofaj/press/release/press1_000480.html、2021年1月9日。

46.「自民 外交部会長らが外相に決議文 慰安婦問題めぐる判決で」、NHK、https：//www3.nhk.or.jp/news/html/20210119/k10012822341000.html?utm_int＝news-politics_contents_list-items_049、2021年1月19日。

47.「元慰安婦等による大韓民国ソウル中央地方裁判所における訴訟に係る判決確定について（外務大臣談話）」、外務省、https：//www.mofa.go.jp/mofaj/press/danwa/page6_000519.html、2021年1月23日。

48.「韓国 慰安婦問題"普遍的人権問題での対処を" 国連人権理事会」、NHK、https：//www3.nhk.or.jp/news/html/20210224/k10012882521000.html?utm_int＝news-international_contents_list-items_063、2021年2月24日。

49.「日韓外相会談」、外務省、https：//www.mofa.go.jp/mofaj/a_o/na/kr/page1_000960.html、2021年5月5日。

50.「日韓首脳電話会談」、外務省、https：//www.mofa.go.jp/mofaj/a_o/na/kr/page4_005429.html、2021年10月15日。

51.「日韓外相会談」、外務省、https：//www.mofa.go.jp/mofaj/a_o/na/kr/page4_005508.html、2022年2月12日。

52.「安倍元首相 韓国代表団に慰安婦問題めぐる日韓合意履行求める」、NHK、https：//www.mofa.go.jp/mofaj/a_o/na/kr/page4_005508.html、2022年4月27日。

53.「元慰安婦等による大韓民国ソウル高等裁判所における訴訟に係る判決について（外務大臣談話）」、外務省、https：//www.mofa.go.jp/mofaj/press/danwa/page1_001923.html、2023年11月23日。「元慰安婦等による韓国国内の訴訟に係る我が国の立場の韓国政府への伝達」、外務省、https：//www.mofa.go.jp/mofaj/press/release/press1_001628.html、2023年11月23日。

54. ［日］山田朗：《日本如何面对历史》，李海译，人民出版社 2014 年版，第 20 页。

55.「第 187 回国会　衆議院　予算委員会　第 2 号　平成 26 年 10 月 3 日」，国会会議録検索システム、https：//kokkai.ndl.go.jp/♯/detail？minId＝118705261X0022014 1003&current＝1、2014 年 10 月 3 日。

56. Autor Esther Felden, "Freiburg und die Trostfrau," https：//www.dw.com/de/freiburg-und-die-trostfrau/a-19563885, 21.09.2016.

57. 李婷婷：《"慰安妇"问题与韩日关系：协议、争议与影响》，《韩国研究论丛》2020 年第 2 期，第 27 页。

58.「相手国の印象について日本世論では悪化した一方、韓国世論では改善の兆しも～第 5 回日韓共同世論調査結果～」、言论 NPO、https：//www. genron-npo. net/world/archives/6677-2.html、2017 年 7 月 21 日。

59. 菅義偉「在釜山総領事館前の少女像設置を受けての我が国の当面の措置について」、首相官邸、https：//www. kantei. go. jp/jp/tyoukanpress/201701/6_a. html、2017 年 1 月 6 日。

60. 菊池勇次：「【韓国】慰安婦問題合意後の動向」、『外国の立法』No. 267-2、https：//dl.ndl.go.jp/view/download/digidepo_9974284_po_02670213. pdf？contentNo＝1、2016 年 5 月。

61.「2021 문재인 대통령 신년 기자회견「위기에 강한나라 든든한 대한민국」」청와대、https：//www1.president.go.kr/articles/9785、2021.1.18.

62.「少女像設置を強行　釜山・日本総領事館前　すぐ強制撤去」、『朝日新聞』（朝刊）、2016 年 12 月 29 日。「少女像設置、一転容認　釜山の区側、撤去謝罪　日本総領事館前」、『朝日新聞』（朝刊）、2016 年 12 月 31 日。

63. 藤原夏人：「【韓国】慰安婦問題の交渉過程に係る文書の一部の公開を命じる判決」、『外国の立法』No. 271-1、https：//dl. ndl. go. jp/view/download/digidepo_10322304_po_02710116. pdf？contentNo＝1、2017 年 4 月。

64. 廣田美和：「【韓国】元慰安婦等が日本政府に対して提起した損害賠償請求訴訟に関する韓国地方法院判決 2 件についての日韓両政府の反応」、『外国の立法』No. 288-2、https：//dl. ndl. go. jp/view/download/digidepo_11708963_po_02880218. pdf？contentNo＝1、2021 年 8 月。

65. Thomas J. Ward, William D. Lay, "The Comfort Women Controversy：Not Over Yet," *East Asia*, Vol. 33, No. 4, 2016, p. 1. Rangsook Yoon, "Erecting the 'Comfort Women' Memorials：From Seoul to San Francisco," *de arte*, Vol. 53, No. 2—3, 2018, p. 70.

66. 金赢：《"慰安妇"问题：舆论正义和日本的"历史战"》，《当代世界》2017 年第 11 期，第 65 页。

67. 武貞秀士：『東アジア動乱』、KADOKAWA 2015 年版、105 頁。도시환，"Women Policy in East Asia-Focusing on 'Comfort Women' Policy of Japanese Government," *The Justice*, Vol. 158, No. 2, 2017, pp. 469—502.

68. 和田春樹等：『日韓歴史問題をどう解くか』、岩波書店 2013 年版、169—170 頁。

69. 梅田皓士：「二年目の文在寅政権：課題と展望」、『海外事情』2018 年 9・10 月号、124 頁。

70.「菅首相『韓国は国際法上の違反　是正措置を』韓国での判決受け」、NHK、https：//www3.nhk. or. jp/news/html/20210108/k10012804881000. html？utm_int＝news-politics_contents_list-items_017、2021 年 1 月 8 日。

71.「韓国　慰安婦裁判　原告側が控訴　訴え退けた判決で」、NHK、https：//

www3.nhk.or.jp/news/html/20210506/k10013015331000.html?utm_int＝news-international_contents_list-items_045、2021 年 5 月 6 日。

72. 大沼保昭：「『慰安婦』問題とは何だったのか」、中央公論新社 2007 年版、164 頁。

73. 남정규，"The New Government's Policy and Task Toward Japan," *Unification Stratrgy*，Vol.17，No.3，2017，p.45.

74. 安成日：《二战后韩国对日索赔要求的演变》，《日本学论坛》2005 年第 Z1 期，第 51—52 页。

75. 菊池勇次：「【韓国】戦時徴用工個人の賠償請求権に関する韓国大法院判決」、『外国の立法』No.252-1、https://dl.ndl.go.jp/view/download/digidepo_3507790_po_02520114.pdf?contentNo＝1、2012 年 7 月。

76. 池畑修平：『韓国　内なる分断』、平凡社 2019 年版、19 頁。

77. 「岸田外務大臣会見記録（平成 25 年 8 月 21 日（水曜日）14 時 32 分　於：本省会見室）」、外務省、https://www.mofa.go.jp/mofaj/press/kaiken/kaiken24_000024.html＃topic2、2013 年 8 月 21 日。

78. 「日韓外相会談（概要）」、外務省、https://www.mofa.go.jp/mofaj/kaidan/page4_000208.html、2013 年 9 月 27 日。

79. 「経済界『深く憂慮』　徴用工への賠償、韓国で相次ぐ判決」、『朝日新聞』（朝刊）、2013 年 11 月 7 日。

80. 「戦時徴用訴訟で韓国に警告　政府、敗訴確定なら『国際司法裁に提訴』」、産経新聞、https://www.sankei.com/politics/news/131125/plt1311250027-n1.html、2013 年 11 月 25 日。

81. 「日韓外相会談（概要）」、外務省、https://www.mofa.go.jp/mofaj/a_o/na/kr/page4_000628.html、2014 年 8 月 9 日。

82. 「日韓外相会談」、外務省、https://www.mofa.go.jp/mofaj/a_o/na/kr/page4_001071.html、2015 年 3 月 23 日。「日韓外相会談」、外務省、https://www.mofa.go.jp/mofaj/a_o/na/kr/page4_001418.html、2015 年 10 月 1 日。

83. 「『少女像』横に『徴用工像』計画　市民団体、在韓大使館近く」、『朝日新聞』（朝刊）、2017 年 4 月 28 日。

84. 「日韓首脳電話会談」、外務省、https://www.mofa.go.jp/mofaj/a_o/na/kr/page3_002202.html、2017 年 8 月 25 日。「日韓首脳会談」、外務省、https://www.mofa.go.jp/mofaj/a_o/na/kr/page3_002213.html、2017 年 9 月 7 日。

85. 「日韓外相朝食会」、外務省、https://www.mofa.go.jp/mofaj/a_o/na/kr/page11_000084.html、2018 年 1 月 16 日。

86. 「日韓首脳会談」、外務省、https://www.mofa.go.jp/mofaj/a_o/na/kr/page4_003747.html、2018 年 2 月 9 日。

87. 「大韓民国大法院による日本企業に対する判決確定について（外務大臣談話）」、外務省、https://www.mofa.go.jp/mofaj/press/danwa/page4_004458.html、2018 年 10 月 30 日。

88. 「元徴用工判決、仲裁求め決議　自民部会」、『朝日新聞』（夕刊）、2018 年 11 月 1 日。「第 197 回国会　衆議院　予算委員会　第 2 号　平成 30 年 11 月 1 日」、国会会議録システム、https://kokkai.ndl.go.jp/＃/detail?minId＝119705261X00220181101&current＝1。

89. 「河野外務大臣会見記録（平成 30 年 11 月 6 日（火曜日）14 時 50 分　於：本省会見室）」、外務省、https://www.mofa.go.jp/mofaj/press/kaiken/kaiken4_000770.html＃topic3、2018 年 11 月 6 日。

90.「大韓民国大法院による日本企業に対する判決確定について（外務大臣談話）」、外務省、https：//www.mofa.go.jp/mofaj/press/danwa/page4_004550.html、2018年11月29日。

91.「レーダー照射『漁船捜索で使用』 韓国政府が説明」、『朝日新聞』（朝刊）、2018年12月23日。

92.「旧朝鮮半島出身労働者問題に係る日韓請求権協定に基づく協議の要請」、外務省、https：//www.mofa.go.jp/mofaj/press/release/press4_006961.html、2019年1月9日。

93.「日韓外相会談」、外務省、https：//www.mofa.go.jp/mofaj/a_o/na1/page4_004672.html、2019年1月23日。

94.「旧朝鮮半島出身労働者問題に関する金杉アジア大洋州局長から金在京韓国大使館次席公使への申入れ」、外務省、https：//www.mofa.go.jp/mofaj/press/release/press1_000348.html、2019年5月1日。

95.「秋葉外務事務次官による南官杓駐日韓国大使の召致」、外務省、https：//www.mofa.go.jp/mofaj/press/release/press4_007433.html、2019年5月20日。

96.「大韓民国による日韓請求権協定に基づく仲裁に応じる義務の不履行について（外務大臣談話）」、外務省、https：//www.mofa.go.jp/mofaj/press/danwa/page4_005119.html、2019年7月19日。

97.「日韓外相会談」、外務省、https：//www.mofa.go.jp/mofaj/a_o/na/kr/page3_002817.html、2019年8月1日。

98.「河野外務大臣臨時会見記録」、外務省、https：//www.mofa.go.jp/mofaj/press/kaiken/kaiken4_000856.html、2019年8月21日；「河野外務大臣臨時会見記録」、外務省、https：//www.mofa.go.jp/mofaj/press/kaiken/kaiken1_000066.html、2019年8月20日。

99.「安倍総理大臣と李洛淵（イ・ナギョン）韓国国務総理との会談」、外務省、https：//www.mofa.go.jp/mofaj/a_o/na1/page4_005399.html、2019年10月24日。

100.「日韓外相会談」、外務省、https：//www.mofa.go.jp/mofaj/a_o/na1/page4_005489.html、2020年11月23日。

101.「日韓首脳会談」、外務省、https：//www.mofa.go.jp/mofaj/a_o/na1/page4_005531.html、2020年12月24日。

102.「茂木外務大臣会見記録（令和2年6月5日（金曜日）15時01分 於：本省会見室）」、外務省、https：//www.mofa.go.jp/mofaj/press/kaiken/kaiken4_000966.html＃topic5、2020年6月5日。

103.「菅氏、安倍路線を『継承』 総裁選立候補へ会見」、『朝日新聞』（朝刊）、2020年9月3日。

104.「日韓首脳電話会談」、外務省、https：//www.mofa.go.jp/mofaj/a_o/na/kr/page3_002876.html、2020年9月24日。

105.「日韓局長協議の開催について」、外務省、https：//www.mofa.go.jp/mofaj/press/release/press4_008911.html、2020年10月29日；「日中韓サミット、菅首相出席は困難 元徴用工問題めぐり」、朝日新聞、https：//www.asahi.com/articles/ASNBF72S6NBFUTFK00X.html、2020年10月13日。

106.「『徴用』めぐる問題 資産差し押さえに 三菱重工業が即時抗告」、NHK、https：//www3.nhk.or.jp/news/html/20210103/k10012795421000.html?utm_int＝news-international_contents_list-items_046、2021年1月3日。

107.「『徴用』問題で 三菱重工 再び手続き差し止め求める『再抗告』」、NHK、

https://www3.nhk.or.jp/news/html/20210510/k10013022351000.html?utm_int＝news-international_contents_list-items_067、2021 年 5 月 10 日。

108.「日韓外相会談」、外務省、https://www.mofa.go.jp/mofaj/a_o/na/kr/page1_000960.html、2021 年 5 月 5 日。「日韓外相会談」、外務省、https://www.mofa.go.jp/mofaj/a_o/na/kr/page1_001050.html、2021 年 9 月 23 日；「旧朝鮮半島出身労働者問題に関する船越アジア大洋州局長による金容吉在京韓国大使館次席公使の召致」、外務省、https://www.mofa.go.jp/mofaj/press/release/press3_000596.html、2021 年 9 月 28 日。

109.「日韓首脳電話会談」、外務省、https://www.mofa.go.jp/mofaj/a_o/na/kr/page4_005429.html、2021 年 10 月 15 日。

110.「日韓外相電話会談」、外務省、https://www.mofa.go.jp/mofaj/press/release/press1_000706.html、2022 年 2 月 3 日。「日韓外相会談」、外務省、https://www.mofa.go.jp/mofaj/a_o/na/kr/page4_005508.html、2022 年 2 月 12 日。

111.「韓国　三菱重工の資産の売却認める新たな決定　3 例目」、NHK、https://www3.nhk.or.jp/news/html/20220502/k10013608951000.html、2022 年 5 月 2 日。「林芳正外務大臣による尹錫悦韓国大統領への表敬」、外務省、https://www.mofa.go.jp/mofaj/a_o/na/kr/page1_001166.html、2021 年 10 月 15 日。「林芳正外務大臣と朴振（パク・チン）韓国外交部長官候補との会談（夕食会）」、外務省、https://www.mofa.go.jp/mofaj/a_o/na/kr/page1_001164.html、2022 年 5 月 9 日。

112.「日韓外相会談及びワーキングディナー」、外務省、https://www.mofa.go.jp/mofaj/press/release/press4_009428.html、2022 年 7 月 18 日。

113.「日韓外相会談」、外務省、https://www.mofa.go.jp/mofaj/a_o/na/kr/page1_001314.html、2022 年 9 月 19 日。

114.＂韩国公布强征劳工受害者赔偿方案遭多方抨击＂，新华网，http://www.news.cn/world/2023-03/06/c_1129416931.htm，2023 年 3 月 6 日。

115.「旧朝鮮半島出身労働者問題に関する韓国政府の発表を受けた林外務大臣によるコメント」、外務省、https://www.mofa.go.jp/mofaj/a_o/na/kr/page1_001524.html、2023 年 3 月 6 日。

116.「旧朝鮮半島出身労働者問題　韓国大法院判決に関する我が国の立場の韓国政府への伝達」、外務省、https://www.mofa.go.jp/mofaj/press/release/pressit_000001_00166.html、2023 年 12 月 28 日。

117.「韓国『賠償応じるなら穴埋めする』　元徴用工問題で」、朝日新聞、https://digital.asahi.com/articles/ASNC23K42NBZUHBI023.html?pn＝7、2020 年 11 月 4 日。

118.［英］赫德利・布尔：《无政府社会》，张小明译，世界知识出版社 2003 年版，第 101—111 页。

119.［美］汉斯・摩根索：《国家间政治》，徐昕、郝望、李保平译，北京大学出版社 2015 年版，第 311—341 页。［英］爱德华・卡尔：《20 年危机（1919—1939）》，秦亚青译，世界知识出版社 2005 年版，第 159 页。

120. 篠田英朗：「国際法の日本 VS 歴史認識の韓国」、『Voice』2019 年第 10 号、59—61 页。

121. 戸塚悦朗：『「徴用工問題」とは何か?』、明石書店 2019 年、100—101 页。

122.「韓国人の日本に対する印象が大幅に悪化　～第 8 回日韓共同世論調査結果を公表しました～」、言論 NPO：https://www.genron-npo.net/world/archives/9083-2.html、2020 年 10 月 15 日。

123. 小針進：「首脳会談へ進んだ米朝と『最悪』が長期化する日韓」、『東亜』2019 年

3 月、no.621、71 頁。

124. Robert D. Putnam, "Diplomacy and Domestic Politics: The Logic of Two-Level Games," *International Organization*, Summer 1988, Vol.42, pp.427—460.

125. 刘志云：《论国家利益与国际法的关系演变》，《世界经济与政治》2014 年第 5 期，第 33 页。

126.「『歴史教科書』に関する宮沢内閣官房長官談話」、外務省、https://www.mofa.go.jp/mofaj/area/taisen/miyazawa.html、1982 年 8 月 26 日。「内閣総理大臣その他の国務大臣による靖国神社公式参拝に関する後藤田内閣官房長官談話」、外務省、https://www.mofa.go.jp/mofaj/area/taisen/gotouda.html、1986 年 8 月 14 日。「慰安婦関係調査結果発表に関する河野内閣官房長官談話」、外務省、https://www.mofa.go.jp/mofaj/area/taisen/kono.html、1993 年 8 月 4 日。

127. Michael Tomz, "Domestic Audience Costs in International Relations: An Experimental Approach," *International Organization*, Vol.61, No.4, Fall 2007, pp.821—840. Heins Goemans, "Which Way Out? The Manner and Consequences of Losing Office," *Journal of Conflict Resolution*, Vol.52, No.6, 2008, pp.771—794.

128. James D. Fearon, "Signaling Foreign Policy Interests: Tying Hands versus Sinking Costs," *The Journal of Conflict Resolution*, Vol.41, No.1, 1997, pp.68—90.

129.《日本强掳中国劳工档案出版 34 282 位劳工名录首发布》，人民网，http://politics.people.com.cn/n/2014/0919/c70731-25694481.html，2014 年 9 月 19 日。

130. 峯岸博：『日韓の断層』、日本経済新聞出版社 2019 年版、20 頁。

131. 竹内康人：『韓国徴用工裁判とは何か』、岩波書店 2020 年版、80—85 頁。

132.「経済界『深く憂慮』 徴用工への賠償、韓国で相次ぐ判決」、『朝日新聞』、2013 年 11 月 7 日。

133.「徴用工訴訟、70 社超が対象に 訴状未着の企業多く」、日本経済新聞、https://www.nikkei.com/article/DGXMZO37131870Q8A031C1FF2000/、2018 年 10 月 30 日。

134.「韓国『徴用』めぐり日本企業 16 社に賠償求める集団訴訟 始まる」、NHK、https://www3.nhk.or.jp/news/html/20210528/k10013056661000.html?utm_int＝news-international_contents_list-items_052、2021 年 5 月 28 日。

135. 峯岸博：『日韓の断層』、日本経済新聞出版社 2019 年版、22—23 頁；「（時時刻刻）徴用工、日韓また火種 『解決済み』ひっくり返す 同様の訴訟への影響必至」、『朝日新聞』、2018 年 10 月 31 日。

136. 東郷和彦：『危機の外交』、角川新書 2015 年版、165 頁。

137. 小此木政夫：「日韓関係、どこで間違った?」、『アジア時報』2020 年 1・2 月号、43 頁。

138. 凌胜利：《楔子战略与联盟预阻》，《世界经济与政治》2015 年第 7 期，第 68 页。韩召颖、黄钊龙：《楔子战略的理论、历史及对中国外交的启示》，《厦门大学学报（哲学社会科学版）》2019 年第 6 期，第 62 页。钟振明：《楔子战略理论及国际政治中的制衡效能》，《国外社会科学》2012 年第 6 期，第 76 页。Timothy W. Crawford, "Preventing Enemy Coalitions: How Wedge Strategies Shape Power Politics," *International Security*, 2011, Vol.35, No.4, pp.155—189.

139. 小此木政夫：「日韓関係、どこで間違った?」、『アジア時報』、2020 年 1・2 月号、42 頁。東郷和彦：『危機の外交』、角川新書 2015 年版、165 頁。

140. 池畑修平：『韓国 内なる分断』、平凡社 2019 年版、253 頁。「徴用工、韓国政府板挟み 協定を順守・判決も尊重 日韓関係維持を模索」、『朝日新聞』（朝刊）、2018

年 11 月 1 日。「韓国『賠償応じるなら穴埋めする』 元徴用工問題で」、朝日新聞、https：//digital.asahi.com/articles/ASNC23K42NBZUHBI023.html?pn＝7、2020 年 11 月 4 日。

141. 牧野愛博：「韓国を支配する『空気』の研究」、文藝春秋 2020 年版、204 頁。

142.「徴用めぐり原告の訴え退ける判決　韓国の新聞の評価分かれる」、NHK、https：//www.nhk.or.jp/politics/articles/lastweek/61806.html、2021 年 6 月 7 日。

143.「新日鉄住金徴用工事件再上告審判決」、17 頁、29—30 頁、38 頁、http://justice.skr.jp/koreajudgements/12-5.pdf。

144. 黒田勝弘：「"日本離れ"できない韓国」、文藝春秋 2006 年版、136 頁。

145.「韓国　パク政権の意向で"徴用"判決に遅れ　当時の原告ら国提訴」、NHK、https：//www3.nhk.or.jp/news/html/20210527/k10013055081000.html?utm_int＝news-international_contents_list-items_070、2021 年 5 月 27 日。

146. 出石直：「戦後補償訴訟における元徴用工問題と日韓関係」、『現代韓国朝鮮研究』第 15 号、2015 年 11 月、30 頁、http://www.ackj.org/wp/wp-content/uploads/2017/12/現代韓国朝鮮研究 15_特集 41.pdf。

147. 黄大慧：《试析安倍政府的对外宣传战略》，《现代国际关系》2017 年第 6 期，第 25 页。

第三章

日本政府在日韩历史问题中的"妥协"政策

日本政府在日韩历史问题上受日本核心政治家历史观、新民族主义思想等因素影响，在慰安妇问题和强征劳工问题上呈现出明显的"对抗"色彩，但日本政府出于维持政权稳定性与改善外交环境等因素的考量，在日韩历史问题上并非总是采取"对抗"的政策"去历史化"，而是在部分日韩历史问题上以相对"妥协"的外交政策进行"去历史化"。日本政府在日韩历史问题中的靖国神社问题和历史教科书问题具有一定的"妥协"色彩。日本政府在靖国神社问题上的政策主要经历了 2012 年底至 2013 年底探视底线阶段、2014 年至 2017 年 4 月相对"妥协"阶段、2017 年 8 月至 2019 年 10 月深度"妥协"阶段以及 2019 年 10 月后恢复"常态"阶段。日本政府在历史教科书问题上的政策则主要经历了 2012—2019 年的教科书表述的"进步"与领土教育的加强阶段、2020 年以后的教科书审核的"妥协"与领土教育的继续阶段。日本政府在靖国神社问题和历史教科书问题上虽然都采取了相对"妥协"的政策进行"去历史化"，但由于国内法律影响程度、第三方因素影响程度等方面存在较大差异，日本国内在两种历史问题上态度和立场上分裂的程度随之产生，因此，日本政府在靖国神社问题和历史教科书问题上"妥协"的特征与程度也存在较大的差异性。

一、日本政府在靖国神社问题上的"妥协"政策

二战后，根据政教分离原则，靖国神社作为宗教法人得以保留，1975 年 11 月昭和天皇参拜靖国神社后，日本天皇不再参拜靖国神社。随着 1959 年春季合祀祭时将乙级、丙级战犯合祀在靖国神社后，1978

年 10 月靖国神社秘密将东条英机等 14 名甲级战犯供奉到靖国神社，靖国神社问题逐渐成为日韩两国关注的重要历史问题，到 1985 年时任首相中曾根康弘以公职身份参拜靖国神社，激起中韩等东亚国家的普遍谴责，日韩关系由此受到重大冲击。此后，日本现任首相一度暂停参拜靖国神社。进入 21 世纪以来，日本时任首相小泉纯一郎多次公然参拜靖国神社，使日韩关系几乎降至冰点，两国政治、经济等各方面往来均受到严重影响。

靖国神社成为日韩历史问题中的"问题"后，其关注点集中在：现任首相及其内阁大臣是否参拜供奉有甲级战犯的靖国神社以及参拜的时间、参拜的身份、参拜的方式、参拜的人数。在参拜时间方面主要在春季和秋季的两次例行大祭及 8 月 15 日；在参拜身份方面，主要指现任首相及其内阁大臣以公职身份参拜还是以个人身份参拜靖国神社，但由于两者之间涉及公车使用、祭品来源、个人声明等方面使其具体身份较难界定。此外，作为国会中超党派的"大家参拜靖国神社国会议员联盟"在靖国神社问题上有重要影响力，其参拜人数也是靖国神社问题的重要风向标之一。因此，本书关于日韩靖国神社问题的分析主要集中在日本首相及内阁大臣、超党派国会议员在春秋祭典及 8 月 15 日的参拜情况。目前，日韩两国围绕靖国神社问题争端的焦点集中在日本首相及内阁大臣是否参拜与如何参拜供奉甲级战犯的靖国神社问题上，韩国将其视为日本现任政府关于历史认识的重要标志。

(一) 日本政府靖国神社问题政策历程

2012 年底以来，日本政府的靖国神社政策稳中有变，具有显著的曲折性、波动性。从整体上看，日本政府在靖国神社问题上的政策主要经历了探视底线、相对"妥协"、深度"妥协"、恢复"常态"等 4 个阶段。

1. 探视底线：尝试首相直接参拜

安倍晋三在 2008—2012 年未担任首相期间，曾多次直接参拜靖国神社。在 2012 年自民党总裁选举时，安倍晋三公然表示对其上次担任首相期间未能直接参拜靖国神社表示悔恨，[1] 为靖国神社问题再次激化做舆论铺垫，也引发相关国家的担忧。

　　安倍政府再次成立后,在靖国神社问题上一改此前的谨慎政策。2013 年 4 月,安倍晋三在靖国神社春季祭典时向靖国神社供奉了"真榊"的同时,副首相麻生太郎等 3 名内阁大臣、超党派议员 168 人相继参拜了靖国神社,此次超党派议员参拜靖国神社是 1987 年以后参拜靖国神社人数最多的一次。[2] 面对国际社会的质疑与担忧,安倍晋三仍坚定支持内阁大臣与超党派议员参拜靖国神社的行为,他甚至表示,批判参拜靖国神社的英灵很"奇怪",强调维护国家利益、维护历史与传统上的自豪感是他的工作,[3] 这为日本政府采取进一步行动做了预演。2013 年 8 月 15 日,安倍晋三通过代理以自民党总裁身份向靖国神社供奉"玉串料"的同时,国家公安委员长古屋圭司等 3 人以内阁大臣身份直接参拜靖国神社并自费供奉"玉串料",并有 102 名超党派国会议员参拜了靖国神社。[4] 到靖国神社秋季祭典时,安倍首相再次通过代理以首相身份自费向靖国神社供奉了"真榊",新藤义孝、古屋圭司等 2 名内阁大臣以及 157 名超党派国会议员参拜靖国神社。[5]

　　日本政府经过一年的烘托与铺垫,安倍晋三在 2013 年 12 月 26 日借执政一年之机,不顾日本国内外反对,"闪电"参拜供奉有甲级战犯的靖国神社。虽然安倍晋三表示以私人身份参拜靖国神社,仅为向英灵传达安倍政府的执政历程和不再战争的决心,并参拜了供奉因战争牺牲而未合祭人员的镇灵社,以此表示不伤害中、韩两国的希望。[6] 并特意避开靖国神社的春季、秋季祭典以及 8 月 15 日等敏感时间,但无论其如何装点美化其参拜行为,作为时任首相参拜供奉有甲级战犯的靖国神社必然会受到中、韩等国的强烈谴责,[7] 其所谓的不伤害中、韩的说辞并不符合现实情况。

　　安倍晋三在其执政一周年之际,在靖国神社问题上由"间接参拜"向"直接参拜"转换,激起国际社会的普遍不满和抗议。虽然日本政府表示安倍晋三参拜靖国神社是其个人行为,并强调未参拜军国主义意识形态严重的游就馆,[8] 但日本政府受到的国际谴责并未因此而减少,这迫使日本政府不得不重新考量在靖国神社问题上的政策。

　　2. 相对"妥协"：首相间接参拜的回归

　　日本政府受日本国内外政治与舆论压力影响,不得不在靖国神社问题上做出策略性调整。2014 年 4 月,在靖国神社春季祭典时,安倍晋三仅以首相名义间接向靖国神社供奉了"真榊",而新藤义孝、古屋圭司等 2 名内阁大臣再次参拜靖国神社,超党派国会议员有 147 人参拜了靖国神社,[9]这被舆论认为是对奥巴马即将访日的考量。2014 年 8 月 15 日,新藤义孝、古屋圭司等 3 名内阁大臣直接参拜靖国神社,安倍晋三则通过代理以自民党总裁名义自费向靖国神社供奉"玉串料",另有超党派国会议员 84 人参拜靖国神社。[10]2014 年 10 月,靖国神社秋季祭典时,高市早苗等 3 名女性内阁大臣参拜靖国神社,超党派议员则有 111 人参拜靖国神社,安倍晋三仍以首相名义间接向靖国神社供奉"真榊"。[11]可见,受 2013 年底安倍晋三参拜靖国神社后的影响,国际社会对日本政府的担忧与批评仍然存在,在 2014 年仍有内阁大臣及超党派议员参拜靖国神社,但日本政府出于各种因素考虑,安倍晋三始终未直接参拜靖国神社,仅通过代理向靖国神社供奉祭品或祭钱,超党派议员参拜人数较 2013 年整体显著减少。这也标志着日本政府在现任首相是否参拜靖国神社问题上由 2013 年底的"直接参拜"向"间接参拜"的转移。

2015 年正值日韩邦交 50 周年,两国政府均希望借此机会集中精力解决日韩慰安妇问题,美国也积极调解日韩历史问题分歧,促使日本政府在靖国神社问题上更加谨慎。2015 年 4 月的靖国神社春季祭典时,高市早苗等 3 名内阁大臣参拜靖国神社,安倍晋三则继续通过代理以首相名义向靖国神社供奉"真榊",另有 106 名超党派国会议员参拜靖国神社。[12]8 月 15 日,高市早苗等 3 名内阁大臣参拜靖国神社,同时安倍晋三再次通过代理以自费形式向靖国神社供奉"玉串料",另有超党派议员 66 人参拜靖国神社。[13]10 月秋季祭典时,舆论认为日本政府出于对 11 月初的中日韩首脑会谈的考量,安倍晋三继续以首相名义通过代理向靖国神社供奉"真榊",岩城光英、高市早苗等内阁大臣参拜靖国神社并以自费供奉"玉串料",另有 71 名超党派国会议员参拜靖国神社。[14]随着中日、日韩关系的缓和以及日本政府对日本国内外舆论的顾虑,日本政府 2015 年在靖国神社问题上逐渐相对低调。在春秋祭典和 8 月 15 日,安倍晋三间接向靖国神社供奉祭品或祭钱,直接参拜的内阁大臣维持在 2—3 人左右,参拜的超党派国会议员人数也呈明显下降趋势。此后,自 2016 年靖国神社春季祭典至 2017 年春季祭典期间,安倍晋三在靖国神社春秋两个祭典时,均通过代理以首相名义自费向靖国神社供奉"真榊",在 8 月 15 日则通过代理以首相名义自费向靖国神社供奉"玉串料";在内阁大臣直接参拜靖国神社方面,人数维持在 1—2 人之间,超党派国会议员集体参拜靖国神社人数分别为 92 人、67 人、85 人、93 人。[15]

在 2013 年底安倍晋三参拜靖国神社后,中、韩等国际社会对日本进行了强烈的批评。日本政府出于对中韩等国的强烈反对以及国内因素的综合考量,在靖国神社问题上采取相对"妥协"的"去历史化"政策,即在靖国神社春季和秋季祭典时均通过代理以首相身份自费向靖国神社供奉"真榊",8 月 15 日则通过代理以自民党总裁身份自费向靖国神社供奉"玉串料",始终未迈过直接参拜靖国神社的"红线",以此平衡日本遗族会及其支持参拜群体与日本国内外反对参拜群体的压力。此外,虽然春秋祭典及 8 月 15 日均有 1—3 名内阁大臣自费向靖国神社供奉祭品,超党派国会议员也仍坚持集体参拜靖国神社,但现任内阁大臣的参拜人数呈下降趋势、政府职位呈非敏感性趋势,超党派国会议员参拜人数也明显下降,每年三次祭典中参拜总人数由 2013 年的 429 人下降到 2016 年的 244 人。可见,日本政府有意缓和靖国神社问题可能产生的历史问题冲突。

3. 深度"妥协":首相间接参拜与内阁大臣"零参拜"

2017 年,日本政府受中日关系逐渐改善、韩国革新派政党执政、日美关系、朝核问题变幻莫测等因素影响,日本政府在靖国神社问题上采取更为稳健的政策。2017 年 8 月 15 日,安倍晋三以自民党总裁身份间接向靖国神社供奉"玉串料",超党派议员 63 人参拜靖国神社,但内阁大臣罕见地无一人参拜靖国神社,这是 1980 年铃木善幸内阁以来自民党政权在 8 月 15 日首次没有内阁大臣参拜靖国神社,[16]也是日本政府在靖国神社问题上相对"妥协"的重要标志。10 月秋季祭典时,安倍晋三继续以首相名义间接向靖国神社供奉"真榊",[17]日本政府的内阁大臣仍无一人参拜。此外,靖国神社秋季祭典时正值众议院选举,因此将超党派议员集体参拜时间改到 12 月,当时共有 61 名国会议员参拜靖国神社[18]。受国际社会局势影响,日本政府在靖国神社问题上更加谨慎,做出的"妥协"进一步加大。虽然安倍晋三仍通过代理自费向靖国神社供奉祭品,但内阁大臣在敏感时间上基本实现现任内阁大臣"零参拜",超党派参拜人数也继续呈下降趋势。

由于朝韩关系的改善与朝核危机的转圜,日本政府出于改善中日关系与稳定日韩关系的考量。2018 年靖国神社春季祭典至 2019 年 8 月 15 日期间,内阁大臣始终未直接参拜靖国神社,安倍晋三继续以首相或自民党总裁名义通过代理自费向靖国神社供奉"真榊"或"玉串料",超党派国会议员与上一年同期相比,集体参拜靖国神社呈下降趋势,在五次祭典中,集体参拜靖国神社人数分别为 76 人、50 人、71 人、71 人、52 人。[19] 2018 年 8 月 15 日,参拜靖国神社的超党派国会议员下降到 50 人,这是 2012 年底至 2023 年底,除受新冠肺炎疫情影响取消集体参拜以外,国会议员集体参拜靖国神社人数最少的一次。

这段时期,日本政府出于中日、日韩等国际因素的考量,特别是为顺利举办二十国集团峰会,在靖国神社春秋季祭典及 8 月 15 日,日本首相虽继续通过代理向靖国神社供奉祭品,但超党派国会议员参拜数量呈明显降低趋势,由 2016 年的 244 人降到 2018 年的 197 人,内阁大臣更是始终未参拜靖国神社,使靖国神社问题的矛盾逐渐缓和。

4. 恢复"常态":首相间接参拜与内阁大臣参拜的恢复

2019 年春季祭典与 8 月 15 日,安倍晋三及内阁大臣均未直接参拜靖国神社,但到 10 月秋季祭典时,安倍晋三以首相名义通过代理自费向靖国神社供奉"真榊"的同时,内阁大臣卫藤晟一、高市早苗却相继参拜靖国神社,参拜靖国神社的超党派国会议员人数也明显增加,达98 人。[20] 这标志着内阁大臣"零参拜"状态被打破,日本政府在靖国神社问题上恢复到 2016 年时的"常态"。2020 年靖国神社春季祭典时,安倍首相仍以首相名义通过代理自费向靖国神社供奉"真榊",同时受新冠肺炎疫情影响,日本政府内阁大臣及超党派国会议员均未参拜靖国神社。[21] 2020 年 8 月 15 日,安倍首相虽仍通过代理自费向靖国神社供奉"玉串料",但小泉进次郎等 4 名内阁大臣参拜了靖国神社,[22] 这是日本政府内阁大臣时隔 4 年再次在 8 月 15 日参拜靖国神社,也是日本政府该时段内阁大臣参拜靖国神社人数最多的一次。

菅义伟政府成立后,菅政府继承了安倍政府在靖国神社问题上的政策。这一时期,受新冠肺炎疫情和政权刚成立等因素影响,在靖国神社春秋两次祭典时,菅义伟政府继承安倍政府模式,通过代理以首相身份向靖国神社供奉"真榊",内阁大臣也未直接参拜靖国神社;在 2020 年 8 月 15 日,菅义伟政府效仿安倍政府,通过代理自费向靖国神社供奉"玉串料",内阁大臣荻生田光一、小泉进次郎等 3 人参拜靖国神社。[23]超党派国会议员联盟在菅义伟政府时期,则受新冠肺炎疫情影响,始终未集体参拜靖国神社。可见,菅义伟政府在靖国神社问题上的政策,具有较强的安倍政府时期的影子。

2021 年 10 月,岸田政府成立后,很大程度上继承了安倍政府、菅义伟政府在靖国神社问题上的政策。受新冠肺炎疫情、政权成立时间较短、众议院大选等因素考量,岸田政府与菅义伟政府初期相似,岸田文雄通过代理向靖国神社供奉"真榊",内阁大臣亦未直接参拜。但超党派国会议员在众议院大选后的 12 月共 99 人集体参拜靖国神社,这是新冠肺炎疫情暴发后,时隔 2 年 2 个月,超党派国会议员首次集体参拜靖国神社。2022—2023 年期间,岸田文雄在靖国神社春秋两次祭典时,会通过代理以首相身份向靖国神社供奉"真榊",在 8 月 15 日,则会以自民党总裁身份间接向靖国神社供奉祭品。[24]在内阁大臣参拜方面,除 2022 年靖国神社春季祭典时,没有内阁大臣直接参拜靖国神社以外,其他几次祭典时,均有内阁大臣直接参拜,人数相对有限,在 1—2 人之间。[25]超党派国会议员集体参拜方面,受新冠肺炎疫情因素影响波动较大,2022 年春季祭典时,国会议员集体参拜人数分别为 103 人,是 2015 年春季祭典以后人数最多的一次,8 月 15 日则再次受到新冠肺炎疫情影响而未成行。随着新冠肺炎疫情渐入尾声,超党派国会议员集体参拜行动再次浮现,2022 年秋季至 2023 年期间,集体参拜靖国神社的国会议员人数分别为 90 人、87 人、67 人、96 人。[26]可见,在菅义伟政府、岸田政府时期,日本政府在靖国神社问题上的政策与安倍政府时期有较大的相似性,只是受新冠肺炎疫情等因素影响,内阁大臣与超党派国会议员集体参拜人数才会出现浮动。岸田政府并未突破 2012 年以来安倍政府、菅义伟政府在靖国神社问题上的政策,岸田政府一方面继承了安倍政府和菅义伟政府首相间接参拜靖国神社的传统。另一方面,超党派国会议员联盟大规模集体参拜与菅义伟、高市早苗等保守政治家参拜靖国神社将对岸田政府在靖国神社问题上的政策产生重要的政治与国内舆论压力。

　　综上所述,自 2012 年安倍政府成立后,日本右倾化显著加剧。在此背景下,日本政府在靖国神社问题上的政策历经探视底线、相对"妥协"、深度"妥协"、恢复"常态"等 4 个阶段。日本政府除 2013 年底现任首相直接参拜靖国神社以外,日本首相在靖国神社春季和秋季祭典时均通过代理以首相身份自费供奉"真榊",在 8 月 15 日则通过代理以自民党总裁身份自费供奉"玉串料"。在内阁大臣参拜靖国神社方面,2013 年至 2017 年 4 月期间有 1—4 名内阁大臣直接参拜靖国神社,2017 年 8 月至 2019 年 8 月 15 日时实现了现任内阁大臣"零参拜",但2019 年靖国神社秋季祭典后,再次出现内阁大臣参拜的情况,其中由起初的 8 月 15 日参拜,发展到 2023 年的春秋祭典和 8 月 15 日均参拜的情况。在超党派国会议员集体参拜靖国神社方面,参拜人数在 2013年以后整体上呈下降趋势,2020—2021 年受新冠肺炎疫情影响,未集体参拜,但 2022 年春季祭典以后,集体参拜再次呈现上升趋势。

　　无论是安倍晋三,还是菅义伟,在辞去首相职务后均在靖国神社重要祭典时积极直接参拜靖国神社,其对靖国神社背后军国主义精神有着较深的认同感。但在担任首相期间则通过代理对靖国神社进行间接参拜。通过上述分析可知,2012 年安倍政府成立后,除 2013 年底现任首相直接参拜了靖国神社以外,其余时间均通过代理向靖国神社供奉祭品而进行间接参拜,对内阁大臣参拜有所控制,整体上参拜人数有限,部分议员会尽量避开敏感日期,甚至 2017—2019 年期间一度实现"零参拜",超党派国会议员参拜人数起初整体呈下降趋势,经过新冠肺炎疫情后,近年又有提升势头。这相较于日本以往自民党内阁,甚至与非自民党内阁相比,日本政府在靖国神社问题上"妥协"程度相对较高。这既与安倍晋三、菅义伟、岸田文雄等政治家的个人保守主义思想存在"断层",与日本右倾化加剧的背景下日本政府积极谋求摆脱战后体制束缚的"去历史化"图谋似乎也存在一定的"错位",特别是同日本政府在日韩慰安妇问题、日韩强征劳工问题上的强硬立场存在显著不同,其"对抗性"相对降低、"妥协性"相对提高。但这并不意味着日本政府改变其"去历史化"的意愿,只是因其在靖国神社问题上不占据任何政治、社会、舆论优势,与慰安妇问题、强征劳工问题相比,只能被迫采取一种相对低烈度的"去历史化"政策。日本政府在靖国神社问题上的行为，有其深刻的现实根源。

（二）日本政府靖国神社政策的国内逻辑

日本国内关于靖国神社的历史观可明显分为"民族主义史观""进步主义史观"以及"温和派史观"三种，[27]日本国内各政党、媒体、宗教在首相是否参拜靖国神社问题上分歧严重，甚至同一政党的不同国会议员也存在明显分歧。日本政府在靖国神社问题上之所以采取相对妥协的政策有着深刻的国内逻辑。

1. 日本各政党间及政党内部存在明显的分歧

在日本国会中有名为"大家参拜靖国神社国会议员联盟"的超党派国会议员联盟，在日本全国及地方县市还有影响力较强的遗族会，遗族会的成员中就有很多内阁成员或国会议员，如现任会长参议院议员水落敏荣、前任会长有前首相桥本龙太郎、日本参议院议长尾辻秀久、自民党前干事长古贺诚等人，遗族会支持的政治团体还成立日本遗族政治联盟以提高影响力。"大家参拜靖国神社国会议员联盟"与遗族会存在千丝万缕的联系，它们常以抱团方式支持以现任首相为首的政治家参拜靖国神社，对日本自民党、立宪民主党等较大政党政治家的观念、政策产生重要影响，其影响力不容小觑。

另外，日本的公明党、日本共产党、社民党等政党在现任首相与内阁大臣参拜靖国神社问题上持明确的反对立场。2013 年底安倍晋三参拜靖国神社后，公明党党代表山口那津男在会见记者时表示，由于首相参拜靖国神社会引起政治问题和外交问题，为建设稳定的外交关系应避免参拜，并对因安倍晋三参拜靖国神社可能引发的问题表示担心和惋惜，从将引发的问题来看，并不赞同首相参拜靖国神社，他认为应从大局着眼谋求改善与反对参拜的国家间关系。[28]民主国家领导人经常会为维持"胜利联盟"而推出有利于巩固本身支持者阵营的政策，[29]作为执政党之一的公明党是日本政府"自民党-公明党联合政权"的重要组成部分，对维护日本政府内政外交政策的制定与施行有重要影响，日本政府不得不从维护政权稳定性等方面顾及公明党在靖国神社问题上的立场。日本首相参拜靖国神社后,自民党内部也出现了明显的分歧,根据日本经济新闻舆论调查,即便在自民党支持层中也有 34％的人认为安倍晋三不应该继续参拜靖国神社,[30]针对安倍晋三的参拜行为,2014 年更有 11 名支持安倍晋三的自民党国会议员签名反对首相及内阁大臣参拜靖国神社,[31]甚至曾任安倍内阁文部科学大臣的下村博文都认为,日本右翼团体与政治家一起参拜靖国神社给日本在国际社会上带来负面影响,[32]执政党内部的反对势力对日本政府继续参拜靖国神社的行为带来重要阻力。

与日本公明党相比,日本共产党、日本社民党在反对首相和内阁大臣参拜靖国神社问题上更加坚决彻底。早在小泉政府时期,日本共产党委员长志位和夫就在国会中要求小泉纯一郎停止参拜靖国神社,认为靖国神社美化战争的历史观与日本政府反省战争的历史观无法共存,首相参拜靖国神社导致日本与中韩等亚洲国家间的关系恶化。[33]针对 2013 年底安倍晋三参拜靖国神社的行为,日本共产党国会议员笠井亮在 2014 年 2 月众议院预算委员会中对安倍晋三参拜靖国神社表示强烈反对,他认为首相参拜供奉有甲级战犯的靖国神社是肯定靖国史观、否定东京审判和《旧金山和约》建立起的战后国际秩序的行为,造成日本与近邻诸国间外交关系的紧张,[34]重申了日本共产党在靖国神社问题上的立场。日本社民党对安倍晋三的参拜行为也进行了强烈的批判,时任社民党干事长又市征治认为靖国神社起到了美化战争的作用,安倍晋三的参拜行为不仅违反了"信教自由"和"政教分离"的宪法原则,而且损害了日本与韩国等近邻国家间的关系。[35]其实,不仅在野的日本共产党、社民党以及执政的公明党明确反对现任首相参拜靖国神社,就连执政的自民党、在野的立宪民主党(第一大在野党)、国民民主党中的很多国会议员对现任首相或内阁大臣参拜靖国神社也持反对立场,却没有明确支持现任首相或内阁大臣参拜靖国神社的日本政党。而执政党的反对势力与在野党的反对势力对日本政府在靖国神社问题上行为产生重要影响,与参拜靖国神社相比,日本政府更重视执政基础的稳定性。

2. 日本新闻媒体的分歧

在日本首相参拜靖国神社过程中,作为监督权力的新闻媒体具有议题设定的作用,担当着"保管过去共享立场"的作用。[36]日本新闻媒体有着较大的自由度与发行量,其影响力使日本历届政府不得不重视新闻媒体的报道和立场,尤其是《朝日新闻》《产经新闻》《读卖新闻》《每日新闻》《日本经济新闻》等全国性报纸影响力更加突出。不同的新闻媒体在首相参拜靖国神社问题上的立场持不同观点,既有产经新闻社的赞成派,也有朝日新闻社和读卖新闻社的反对派。针对安倍晋三参拜靖国神社的行为,舆论调查显示,41%赞成、46%反对(朝日新闻),43%赞成、47%反对(每日新闻),45%赞赏、47%批评(读卖新闻)。[37]《产经新闻》则希望安倍晋三继续参拜靖国神社,2020年初还发表社论指出,安倍晋三2013年底参拜靖国神社不应该是最后一次,要求安倍晋三以竹下登为榜样继续参拜靖国神社。[38]其实,早在2013年10月时,《产经新闻》与《朝日新闻》《每日新闻》《读卖新闻》之间就靖国神社问题发表过社论,《产经新闻》认为安倍晋三应尽早直接参拜靖国神社,而《朝日新闻》《每日新闻》则均认为首相不适合参拜靖国神社,《朝日新闻》甚至反对内阁大臣参拜靖国神社,而《读卖新闻》虽认为如何追悼战殁者属国内问题,但认为既然靖国神社已经成为外交问题,首相不参拜比较合适。[39]2016年12月时任防长稻田朋美参拜靖国神社,《朝日新闻》发表社论认为,以首相为首的领导人参拜靖国神社与遗族或一般人参拜意义不同,稻田防长的参拜行为将弱化安倍晋三访问珍珠港带来的日美和解进程。[40]2019年10月靖国神社秋季祭典时,针对总务大臣高市早苗等人参拜靖国神社的行为,《朝日新闻》发表社论指出靖国神社战前成为军国主义精神支柱的中心设施,政治领导人如果参拜的话容易被理解为日本忘记过去教训、正当化战前历史,且由于公私立场难以区分,有违反政教分离原则的嫌疑,即便是内阁大臣参拜靖国神社也应自重。[41]可见,从整体上看,只有《产经新闻》在现任首相参拜靖国神社持支持立场,《朝日新闻》《每日新闻》《读卖新闻》在现任首相参拜靖国神社问题上均持反对立场,新闻媒体的立场对日本政府的靖国神社政策起到重要影响。

3. 日本国内宪法的挑战

在日本国内,围绕首相参拜靖国神社的诉讼也能深刻体现出日本国内在首相参拜靖国神社问题上分歧的严重性。诉讼早在1985年时任中曾根康弘以公职身份参拜靖国神社就已经开始,1992年福冈和大阪仅将中曾根首相的参拜视为有违宪的嫌疑,直到2004年4月,福冈地方法院围绕时任首相小泉纯一郎参拜靖国神社的诉讼做出原告胜诉的裁决,该判决虽然驳回了遗族、宗教人士以及市民等二百余人的赔偿请求,但认定首相参拜靖国神社违反"政教分离"的原则,这是日本法院首次认定现任首相参拜靖国神社违反宪法。[42] 2005年9月,大阪高等法院也判决小泉首相参拜靖国神社违宪。2013年底,安倍晋三参拜靖国神社后,部分日本遗族群体向大阪地方法院提起违宪诉讼,但2016年1月和2月大阪地方法院和高等法院均驳回原告请求,类似的集体诉讼在东京地方法院和大阪地方法院多次被提起。[43] 日本各级法院虽然驳回了遗族等原告的诉讼请求,但这些诉讼在日本、甚至在国际社会上均受到普遍关注并产生重要的影响,对首相及内阁大臣参拜靖国神社问题上产生了较大的法律和舆论压力,使日本政府在参拜靖国神社问题上不得不考虑日本司法对其做出违宪判决的可能,该判决使其政权的合法性受到质疑。

日本部分宗教团体、国民团体以宪法中"政教分离"原则为依据,反对现任首相及内阁大臣参拜靖国神社。2013年8月,全日本佛教协会代表日本国内七万多寺院在向日本政府提交的请愿书中指出,由于首相及内阁大臣就职后就始终是代表国家的公职人员,根据"信教自由"和"政教分离"的原则,要求首相及内阁大臣控制对靖国神社的参拜,[44]该协会自1981年以来多次要求首相及内阁大臣中止参拜靖国神社并对首相及内阁大臣的参拜行为表示抗议和遗憾。日本基督教协会也采取反对首相及内阁大臣参拜靖国神社的立场,针对日本现任首相及内阁大臣向靖国神社供奉"真榊"的行为,该协会认为即使首相等人主张该行为是个人行为,但由于代表政府的人员在日本国内外发挥了公共的影响,因此很难说是个人行为,而且违反了宪法中的"政教分离"原则,因此该协会要求首相及内阁大臣停止参拜靖国神社或向靖国神社供奉祭品。[45]日本政府首相及内阁大臣供奉祭品尚且受到日本基督教协会的抗议,若现任首相及内阁大臣亲自参拜靖国神社必然受到更强烈的抗议与反对。真宗教团联盟、创价学会等宗教团体对首相及内阁大臣参拜靖国神社也持反对立场,针对首相及内阁大臣的参拜行为多次发表声明进行抗议并表示遗憾。2013 年底安倍晋三参拜靖国神社后,由真宗十派组成、拥有约 22 000 个寺院的真宗教团联盟发表抗议声明指出,"政教分离"原则要求保证宗教的中立性,禁止与特定宗教直接结合,首相参拜靖国神社明显违反宪法精神,对此表示遗憾并强烈抗议,要求今后停止参拜。[46]拥有约 380 万会员的创价学会也表示首相参拜靖国神社违反"政教分离"原则,对首相的参拜行为表示非常遗憾。[47]甚至有学者认为,首相参拜靖国神社不仅违反宪法,还违背《宗教法人法》的相关规定。[48]

4. 遗族群体的影响

一方面,日本遗族等支持群体的影响力降低。虽然日本遗族会仍是支持自民党的重要力量,但随着年代的推移,遗族人数显著降低、普通民众对靖国神社的认可减弱也是不争的事实。2015 年时任自民党干事长谷垣祯一会见记者时就指出,与战争中死亡者的同辈人已经进入高龄,大部分遗族都是战争中死亡者的后人,[49]那些远离战争的年轻人缺乏对战争的直接记忆,对靖国神社及其被供奉在靖国神社中的人的认可也会相应减弱。没去参拜过靖国神社甚至连靖国神社所在地都不知道的人在增多,很多日本人认为如果其他国家反对的话就不要参拜为好。[50]2013 年底,安倍晋三参拜靖国神社后,根据《日本经济新闻》舆论调查,虽有 45％的受访者认为应该参拜、43％认为不应参拜,但有 47％的受访者认为不应继续,认为应该继续的仅占 39％,其政权支持率也由 2013 年 2 月的 62％下降到 55％[51];而《产经新闻》与 FNN 联合舆论调查显示,53％的受访者不认可首相的参拜行为,仅有 38％的人对首相参拜表示支持。[52]支持首相参拜靖国神社人数的降低也限制了日本首相继续参拜靖国神社的想法。另外,遗族群体在首相是否参拜靖国神社问题上也存在分歧。

由于日本国内在现任首相及内阁大臣是否参拜靖国神社问题上存在重大分歧,如果首相仍坚持直接参拜靖国神社,反对势力将会对政权稳定性和合法性构成严重威胁,这是日本政府在靖国神社问题上相对"妥协"的重要原因。

（三）日本政府靖国神社政策的国际根源

在全球化时代，各国相对依赖程度显著加深，对能源资源匮乏的日本来说，国际环境对日本的影响更为深远。从整体上看，日本政府在靖国神社问题上相对"妥协"的"去历史化"有着深刻的国际根源，具体表现为历史问题上的道义弱势与国际社会认知一致性较强等方面。

1. 历史问题上的道义弱势

国际道义是衡量国家行为及其形象的重要标准，对国家行为有着重要影响，如果根据具体情况决定是否以道义原则指导行动可以避免危险陷阱，道义至少在如何获得国家利益方面影响决策者。[53]二战时，日本军国主义在东亚犯下了种种恶行，靖国神社在很长时间充当了日本军国主义的宣传工具，二战后，靖国神社不仅得以保留，到20世纪70年代时更是将甲级战犯合祀到靖国神社。受东京审判影响，日本政府在历史问题上，始终面临着强大的国际道义和国际舆论的压力。出于"政教分离"的原则，个人身份参拜靖国神社并不会引发日韩外交纠纷，甚至国会议员参拜靖国神社时也不会引起国际社会特别激烈的反对与谴责。但如果现任首相或内阁大臣参拜靖国神社的话，则会被韩国及国际社会视为日本政府欲使法西斯侵略战争正当化、妄图推翻战后国际秩序的象征。因此，日本现任首相或内阁大臣参拜靖国神社时，均会受到国际社会不同程度的谴责与反对。日本政府出于改善日本国际形象与国家声誉、提高日本软实力、降低中韩等国家谴责的目的，在靖国神社问题上尽可能采取谨慎、低调的行为，避免因历史问题受到国际社会批评。特别是在2013年底安倍晋三参拜靖国神社后受到强烈的道德与舆论谴责，直接促使安倍晋三在此后的几年间始终未敢直接参拜靖国神社，内阁大臣在参拜靖国神社问题上也相对谨慎，日本首相在靖国神社问题上未敢迈过直接参拜的"红线"一直持续至今。而且在日本首相间接参拜与内阁大臣直接参拜靖国神社时均通过自费形式进行，参拜后亦会强调该行为是个人行为，外务大臣与内阁官房长官在会见记者时同样会表示日本首相及内阁大臣参拜靖国神社的个人行为属性，希望以此规避外交对抗的风险和国际社会舆论的谴责。日本政府对相关政治家参拜属性的强调充分体现出政治家参拜靖国神社问题上国际道义的劣势。

同时,靖国神社问题在国际法方面与日韩慰安妇问题、日韩强征劳工问题等历史问题存在明显不同,1965 年《日韩请求权协定》与 2015年日韩慰安妇问题协定为日本政府在慰安妇问题和强征劳工问题上同韩国政府"对抗"提供了依据,两国之争更多体现在国际道义与国际法之争。而在靖国神社问题上,中日、日韩等国政府间始终未达成、也难以达成任何具有法律约束力的文件,日本政府受到 1986 年中曾根康弘政府发表后藤田谈话[54]影响,一定程度上限制了日本首相以公职身份参拜靖国神社的图谋,国际社会则可以据此向日本政府施压,日本政府在应对国内反对势力挑战的同时,还需向国际社会解释说明以弱化国际舆论的批评与指责。

2. 韩国国内认识相对统一

与日本国内在靖国神社问题上意见明显不同,韩国国内立法、行政、学界、民众在靖国神社问题上的认知和立场相对统一。受安倍晋三参拜靖国神社影响,日本言论 NPO 与东亚研究院 2014 年联合舆论调查显示,韩国对日本首脑持负面印象达 75.9%,持正面印象仅为 1.8%,有 66.5% 的受访人认为公私都不应参拜,认为参拜也没事的仅占3.1%。[55]韩国外交部针对 2013 年 4 月麻生副首相等 3 名内阁大臣参拜靖国神社、安倍晋三供奉祭品表示深深的忧虑与遗憾,韩国政府要求日本政府中断忘记历史的错误行为,强烈要求日本政府采取基于正确历史认识的有责任的行动。[56]到 2013 年底安倍晋三参拜靖国神社后,韩国政府对此进行了更强烈的批判,对安倍晋三参拜美化支配殖民地与侵略战争、合祀战犯的靖国神社表示痛心和愤怒,认为这是从根本上对韩日关系及东北亚的稳定与合作造成损害的错误的时代行为,并表示若日本希望对国际合作做出积极贡献的话,就应该远离错误的历史认识、正视历史、对遭受侵略与殖民地支配苦难的邻国及其国民彻底的反省和谢罪。[57]韩国政府就靖国神社问题对日本政府的批判远高于批判安倍晋三向靖国神社供奉祭品或内阁大臣参拜靖国神社的程度。此后在安倍晋三向靖国神社供奉祭品或内阁大臣参拜靖国神社时,韩国政府对日本政府的批判力度与 2013 年底相比虽有所缓和,但均会不同程度地表达对日本政府的不满和抗议。

与此同时,韩国执政党与在野党异口同声地对安倍晋三的参拜行为进行谴责,2013年12月31日,韩国国会通过"弹劾日本安倍晋三首相参拜靖国神社的决议",决议案对安倍晋三的参拜行为进行了强烈的谴责,要求韩国政府对安倍晋三的错误行为和复活军国主义企图采取坚决的外交措施,纠正日本政府否定侵略历史的行为。[58]针对日本政府的参拜行为,韩国朴槿惠政府进行了强烈反击,其支持率由2013年12月的48％上升到2014年1月的53％。[59]而安倍晋三参拜靖国神社后,据2014年日本言论NPO和东亚研究院第2回日韩共同舆论调查结果显示,韩国有66.5％的受访者表示无论是个人身份还是公职身份都不应参拜靖国神社,另有21.8％的受访者表示以个人身份参拜是可以的,[60]同时有89.9％受访者认为会受媒体影响,其中63.6％受媒体影响很大。[61]韩国《中央日报》《东亚日报》《韩国日报》以及《朝鲜日报》等媒体对日本政府首相或内阁大臣的参拜行为均持批判立场,在安倍晋三通过代理向靖国神社供奉祭品进行间接参拜靖国神社时,韩国《中央日报》发文指出"安倍晋三参拜靖国神社是外交挑衅",在安倍晋三直接参拜靖国神社后,韩国《中央日报》则进一步发文指出,安倍晋三强行参拜靖国神社是违逆时代的丑闻,终将因自己的行为引火上身,积极和平主义的虚伪性也不攻自破。[62]媒体和国民反对参拜靖国神社由此即可窥见。可见,韩国政府对日本首相的参拜行为进行了强烈指责,韩国国会、媒体、学界、国民都以不同的形式对日本政府施加压力并表示抗议,对日本政府可能继续参拜靖国神社的行为起到了强烈的威慑效果。

韩国国内在靖国神社问题上占据较强的舆论制高点和道义制高点,其立场具有较强统一性和一致性,在靖国神社问题上对日发声能起到较强的威慑力,给日本政府带来较强的影响。

3. 国际社会认知一致性较强

在日本政府的日韩历史问题上,深受美国、联合国等第三方因素影响,下文将对此进行较为集中深入的论述,在此仅讨论靖国神社问题中第三方直接介入的美国和联合国方面的因素。由于靖国神社问题是日本政府对历史认识的重要象征,对美国亚太战略布局有重要影响,因此在日韩靖国神社问题之争上,美国的介入程度尤为深刻。

第二届安倍政府初期,不仅日本政府重要内阁大臣参拜靖国神社,参拜靖国神社的国会议员数量也明显增强，美国议会调查局在 2013 年 8 月初的日美关系报告书中既已表达出对安倍晋三及内阁大臣参拜靖国神社引起日本与周边国家关系紧张的担忧，认为这将损害美国的国家利益。[63]安倍晋三在 2013 年底直接参拜靖国神社，由原来的"间接参拜"转向"直接参拜"，遭到中、韩等东亚各国更加强烈的反对。针对安倍晋三的直接参拜行为，不仅美国媒体、政府官员、国会议员对此大加鞭挞。美国国务院、驻日使馆更是发表谴责性声明，对安倍晋三参拜靖国神社引发日本与邻国关系的紧张而感到"失望"，[64]向日本政府施加外交压力。与美国议会在慰安妇问题上向日本政府施压存在差异，在慰安妇问题上，对日本政府施压的主要来自美国众议院以及美国媒体，对日美两国政府间外交往来构成影响相对是间接性的；而在靖国神社问题上，在美国众议院及美国媒体批评和反对日本首相参拜靖国神社的基础上，美国政府亦对日本政府的参拜行为提出强烈的批评，美国作为日韩靖国神社历史争端的第三方，对日本政府在靖国神社问题上影响的效果更直接、更明显。如美国议会调查局所言，日本政府无视美国建议，突然参拜靖国神社可能伤害政府间相互信任，[65]日本政府也正是出于强化日美同盟关系的目的，在靖国神社问题上采取相对妥协的政策。随着日本政府从"直接参拜"转向"间接参拜"，日韩靖国神社历史问题争端相对进入平静期，日美两国政治互信也得到进一步提升，促使安倍晋三 2015 年在美国联邦议会发表演说，2016 年日美两国首脑分别对珍珠港和广岛的访问，象征着日美两国历史问题的和解，标志日美关系的新发展。[66]

此外，朝鲜、菲律宾、印度尼西亚、澳大利亚、俄罗斯、欧盟等国家或地区也对日本首相参拜靖国神社进行批评。[67]联合国对日本首相的参拜行为也进行了批评，时任联合国秘书长潘基文对安倍晋三参拜靖国神社表示"非常遗憾"，潘基文认为关注对方感情特别是牺牲者的记忆对建立信赖的伙伴关系特别重要，领导人对此有特别责任。[68]一旦外部环境发生变化，国家行为也会随之变化，[69]国际道义的缺失与国际社会对日本首相等政治家参拜靖国神社问题上立场一致性较强，对日本政府外交环境产生重要影响。

(四) 日韩靖国神社问题争端前景分析

虽然安倍晋三、菅义伟等人受自身历史认识和日本国内支持参拜靖国神社势力影响,希望直接参拜靖国神社,但由于日本国内支持首相直接参拜靖国神社的势力与反对首相直接参拜靖国神社的势力势均力敌,都有较为固定的支持群体,无论参拜与否都会失去部分群体的支持,进而影响政权的长期性与稳定性。

日本政府在靖国神社问题上所采取的"妥协"政策,既非村山富市等非自民党首相的拒绝参拜靖国神社,亦非小泉纯一郎等自民党首相不顾日本国内外反对公然参拜靖国神社,而是采取选择性"妥协"的间接参拜路线这一稍显隐蔽的"去历史化"政策。虽然极端支持首相参拜靖国神社势力与极端反对首相参拜靖国神社势力对此均表示遗憾或反对,但日本遗族会以及日本部分中间势力对此表现出理解的立场,国际社会的反对声音维持在可控范围,不会对政权稳定性造成损害。

目前来看,日本国内处于自民党"一家独大"的政治局面短期内难以改变,日本政府在靖国神社问题上的政策对今后靖国神社问题走向将产生深远影响,自民党政权或将继承日本政府当前的"间接参拜"路径,内阁大臣参拜则可能呈现出一定的浮动。但倘若日本政府在面临国民支持率长期低迷局面或现任政府首相即将卸任之时,不排除通过直接参拜靖国神社以期获得赞成首相参拜靖国神社势力支持的可能。因此,相对比来说,日本政局相对稳定时,现任政府首相及内阁大臣在是否参拜靖国神社问题上更可能采取谨慎的政策措施,避免激化日本国内矛盾及国际反对。在韩国方面,由于韩国国内在日本首相、内阁大臣以及国会议员直接/间接参拜靖国神社问题上均持反对立场和批评态度,仅是反对与批评程度存在一定差异。因此,日本无论任何政党执政,在靖国神社问题上都难以达到韩国方面的标准,特别是国会议员是否参拜靖国神社并非现任政府所能控制,韩国国内在靖国神社问题上向日本政府的抗议或将持续更长时间。

二、日本政府在历史教科书问题上的"妥协"政策

历史教科书问题既与其他历史问题存在千丝万缕的联系,又具有

其自身的独特性。因此,分析日本政府在日韩历史教科书问题上的立场对探究日本政府在日韩历史问题上的差异性外交政策仍有重要意义与价值。

日本历史教科书问题是日韩另一重要历史问题悬案,日本历史教科书问题主要是由日本文部省对日本中学、小学历史教科书内容的审定而引发的。二战后,日本在美国占领当局的指导下制定《教育基本法》《学校教育法》等法律,日本从小学到高中的历史教科书由"国定"过渡到社会编写后文部省"审定"。[70]战后初期,日本尚能基本尊重史实,日本历史教科书问题没有成为日韩外交关注内容。随着日本右翼势力的兴起,历史教科书中相关记述出现变动,逐渐减少日本军国主义侵略历史的记述,出现美化战争的倾向,由此引发日本历史教科书问题。1982年6月,因日本文部省审定通过的教科书多处美化侵略,由此引发中、韩等国抗议的外交问题,此即第一次历史教科书问题,最终中曾根政府发表宫泽喜一官房长官关于历史教科书问题的谈话,其中所谓的"近邻条款"尤为重要。1986年,文部省审定的《新编日本史》仍有多处美化或正当化战争的论述,激起中、韩等国的反对与抗议。此后,历史教科书问题时而引发日韩两国外交争执。2001年,文部省通过扶桑社出版的《新历史教科书》,该书对慰安妇问题等内容进行大幅删减,正当化殖民地统治与侵略战争,再次激起韩国等国的强烈不满,历史教科书问题一直持续,至今仍未得到有效解决。

(一) 日本政府在历史教科书问题上的政策历程

2012年底以来,日韩历史教科书问题虽然整体相对稳定,未使两国历史矛盾过度激化,但也存在明显的变化。

1. 教科书表述的"进步"与领土教育的持续

2013年3月26日,日本政府发布高中教科书审定结果,被审定通过的教科书中不仅对慰安妇问题进行了普遍的删减,而且强调日本对争议岛屿的主权。韩国政府对此强烈抗议,要求日本政府从根本上纠正错误的历史记述,并强调"未基于对真实历史的反省将培养后代错误的历史观,使其背负历史的包袱"。[71]5月28日,研讨修订《教科书检定

《基准》的自民党部会听取了东京书局、实教出版等三家出版社的编辑方针,据闻备受关注的"近邻条款"的废除也在讨论之列,[72]由此引发日本国内外的担忧与批判。

2014 年 1 月,日本政府修订《义务教育学校教科书检定基准》和《高中教科书检定基准》,在《义务教育检定基准》中的"社会科(除地图)"和《高中教科书检定基准》中的"地理历史科(除地图)"中增加了"在近现代的事件中,在记述关于没有一般见解的数字等事项时,需在明确表示未有一般见解的同时,不使儿童或学生容易误解"以及"通过阁议决定及其他方式表示的政府统一见解或存在最高法院判例的情况下,需基于此进行表述"。[73]这一定程度上提高了日本政府对教科书内容的影响力,增加了"领土教育",弱化了日本军国主义侵略造成的实际损害,为日本教育的右倾化奠定法律基础,激起韩国政府和国民的担忧与批判,但该检定基准的制定并未对"近邻条款"构成根本性影响。文部省大臣下村博文直言,作为独立国家,将自己国家领土告诉孩子与向近邻各国耐心说明是两回事。[74]基于该检定基准,2015 年 4 月 6 日,日本文部省发布中学教科书检定结果,在关于慰安妇、东京审判等问题中加入政府的见解。"学习舍"在慰安妇问题上记述"河野谈话"的同时,也被要求追加 2007 年阁议中"未发现直接表示军队强制带走的资料"等其他见解。不过这也是日本文部省时隔十年在中学教科书中再次记述慰安妇问题;在右翼出版社"自由社"中对东京审判的记述由否定意见改为"接受审判、没有异议"的政府立场。日本政府在教科书中对慰安妇、东京审判等历史问题逐渐持认可立场的同时,也加强了对领土问题的教育,被审定通过的 20 本教科书中均明确记述了日本对争议岛屿的领有权问题,而 2010 年时 20 本教科书中仅 13 本教科书明确标记了"竹岛"。[75]这意味着日本政府在历史教科书问题中的非领土问题上具有某种"妥协",即便这种"妥协"是不彻底的。同时,2016 年 3 月,日本出台新的教科书审定制度,如果判定教科书内容缺陷多为每页 1、2 处以上,或者基本构成存在重大缺陷的话,该教科书不能在本年度内再次申请审核,这对部分日本右翼势力在历史教科书中过分淡化、美化历史具有一定的牵制作用。

2017 年 2 月 14 日,日本政府在《中小学学习指导要领》修改草案中再次明确将争议岛屿认定为日本固有领土,韩国政府对此要求日本政府撤回该草案。[76]但并未对日本政府起到抑制作用,文部省最终于2017年3月发布《小学学习指导纲要》和《中学学习指导纲要》,其中均明确将争议岛屿确定为日本固有领土。[77]6月21日公布《中小学学习指导要领》解说书,对争议岛屿等相关问题做了进一步的说明。同时,2017年3月24日,日本政府通过了新的高中教科书审定,这些被审定通过的高中教科书再次将争议岛屿视为日本领土,韩国政府对此再次向日本政府进行了强烈的抗议。[78]出于对中日、日韩双边关系的考虑,2017年8月,日本文部省公布最新《义务教育学校教科书检定基准》,在"社会科(除地图)"中保留了"近邻条款"的内容。[79]

2018年2月14日,日本政府发布新的《高中学习指导要领》修订草案,该草案仍将日韩争议岛屿确定为日本固有领土,韩国政府对此表示深深的遗憾并要求日本政府做出修正。[80]但日本政府文部科学省在3月公布的《高中学习指导纲要》中仍坚持将争议岛屿列为日本固有领土,并指出日本拥有该岛屿的历史背景。[81]同时,日本政府在7月时发布日本《高中学习指导要领》解说书,保持对岛屿问题的记述。同样出于对中、韩等国抗议的担忧,2018年9月18日,日本文部省公布最新的《高中教科书检定基准》时,在"地理历史科(除地图)"中继续保留了此前存疑的"近邻条款",[82]日本政府在历史教科书问题上并未采取激进措施。2019年3月26日,日本政府通过新的小学教科书审定,被审核通过的教科书中保持着对日本领有争议岛屿主权的记述,激起韩国的强烈不满和反对。[83]

这一时期,日本政府一方面保留了"近邻条款",增加慰安妇等历史问题的相关表述,相较以往有缓慢的"进步"与"妥协";另一方面继续保持领土教育的方针,使其在历史教科书问题上的"妥协"具有不彻底性。

2. 教科书审核的"妥协"与领土教育的继续

2020年2月,"创造新历史教科书会"系的自由社编写的中学历史教科书被文部省检定不合格,过去被检定合格的教科书被检定不合格在日本是极端案例,"新历史教科书"曾在2008年、2010年以及2014年被文部省检定合格。[84]由于"创造新历史教科书会"曾是引发日本与中、韩等国历史教科书问题争端的重要当事者,其教科书内容具有明显美化战争、弱化侵略的倾向,日本政府检定该出版社历史教科书不合格意在弱化日韩两国在历史教科书问题上的矛盾,在历史教科书问题上采取一定的"妥协"。此外,在此次被审核通过的教科书中,关于日韩合并的记述,仅作为"创造新历史教科书会"流派的育鹏社在教科书中未使用"殖民地"这个词,其他几家出版社均使用了"殖民地"的表述。因此,2020 年 3 月 24 日,日本政府通过新的中学教科书审定后,韩国政府虽认为被审定通过的教科书存在明显的歪曲、矮化、删减侵略的历史事实,并将日韩争议岛屿视为日本"固有领土"而进行抗议,要求日本政府立足"河野谈话"和"宫泽谈话"的精神、正视历史教训,[85]但日韩两国均未将此视为重要问题,两国历史问题的较量仍集中在强征劳工问题上。

　　值得注意的是,2020 年 3 月 24 日,日本文部省公布从 2021 年度开始在中学使用的教科书的检定结果,其中"创造新历史教科书会"系的自由社的历史等 3 份教材首次适用 2016 年通过的最新审查制度,被认为不合格且 2020 年度不允许其再次申请审核。[86]此后,菅义伟政府虽然通过了"创造新历史教科书会"自由社编纂的中学历史教科书,但该教科书是在修改 83 处后才予以通过,这也是韩国政府虽然对日本文部省教科书检定结果发表谴责声明却并未引发两国矛盾激化的重要原因。[87]对此,也引发日本右翼出版社的不满,"创造新历史教科书会"因对东京书局约有 1 200 处错误而被最终判定为合格、自由社有 405 处审定意见被判定为不合格极为不满,会长高池胜彦在 2023 年 2 月 27日,向文部省提交公开质询信。[88]从中亦可窥见日本政府不愿激化历史教科书矛盾意图。另一方面,2021 年,菅义伟政府将此前的"从军慰安妇""所谓从军慰安妇"称谓统一为"慰安妇",并计划在历史教科书中对相关称谓进行修改,[89]可见日本"妥协"具有很强的局限性。即便如此,文部省 2022 年 3 月公布 2023 年度开始使用的小学教科书、高中教科书的审查结果,通过审核的教科书中,一方面继续将日韩争端岛屿称为所谓"固有领土",淡化强征劳工问题,激起韩国国内的强烈不满和反对;另一方面,日本政府在慰安妇问题上仍有顾虑,通过审核的很多高中教科书在记述"慰安妇"时,仍沿用"强行带走""从军慰安妇"等用语。[90]

　　通过对日本政府在历史教科书问题政策历程的分析可知,自第二届安倍政府成立后，日本政府通过对义务教育和高中教育教科书检定基准的修改，制定了不同教学阶段的《学习指导要领》及其学习细则，增强了对教科书内容检定的影响和把控以推动"去历史化"进程。在被审核通过的教科书中，日本政府一方面强化"领土教育"，在《学习指导要领》中明确日本对争议岛屿的领有权，被通过审核的教科书中均明确将争议岛屿记述为日本固有领土；另一方面为避免日韩两国因历史教科书问题陷入困境，不仅在教科书学习指导要领中保留"近邻条款"等内容，而且在慰安妇、东京审判等历史认识问题上逐渐持默许或认可的立场，关于慰安妇记述的比重逐渐增多，时隔十年在中学教科书中再次出现关于慰安妇的记述。特别是审定"创造新历史教科书会"分支的自由社修订其编写的历史教科书为"不合格"极具有标志性。可见，日本政府在历史教科书问题上采取具有平衡性的相对"妥协"政策，其"去历史化"政策具有一定的相对性、缓慢性、隐蔽性，尽量使历史教科书问题不至成为日韩两国关系发展的重要障碍。

（二）日本政府在历史教科书问题上"妥协"的特点及原因

通过对日本政府在历史教科书问题上政策历程的分析可知，从整体上看，日本政府在历史教科书问题上基本采取具有一定平衡性、相对性的"妥协"政策。由于日韩岛屿问题争端具有明显的历史问题属性，因此日本政府在历史教科书问题上的"妥协"政策具有明显的平衡性、相对性色彩，即在历史教科书内容的叙述中坚持强化"领土教育"的同时，在其他日韩争议的历史问题上相对"妥协"，不仅保留了"近邻条款"，还增加了慰安妇等历史事件的叙述。日本政府在日韩历史教科书问题上之所以采取这种"妥协"方式，主要受以下几方面原因影响。

1. "近邻条款"的制约

"近邻条款"是 20 世纪 80 年代中曾根政府时期历史教科书问题争端的重要产物，该条款最先根据宫泽内阁官房长官谈话形成，经教科书审定调查审议会讨论而变更教科书审定基准。宫泽谈话中指出，为促进与亚洲各邻国的亲善友好，日本将充分听取关于教科书记述的批评并进行更正,在教科书审定时顾及与近邻各国的亲善友好。[91]"近邻条款"的制定使日本与韩国等国的历史教科书问题争端暂时缓和,也为此后韩国在历史教科书问题上向日本政府施加压力提供重要手段,提高了抑制日本历史教科书中"靖国史观""皇国史观"等正当化侵略战争叙事的工具与力度。同时,也需要特别指出,日本政府在教科书审定基准中的"近邻条款"仍具有明显的不彻底性,在《中小学义务教育学校教科书检定基准》中的"社会科"与《高中教科书检定基准》中的"地理历史科"中均将地图的内容与其他内容分列,即在日本政府看来,"近邻条款"指涉的范围并不包括领土问题。因此,日本政府在制定教科书检定基准以及审定教科书过程中,不得不考虑亚洲各邻国对检定基准以及被审定通过的教科书中对相关历史问题叙述的立场,如日本政府在东京审判、日韩合并、殖民统治、慰安妇等韩国较为关注的事件上均相对谨慎,避免日韩历史教科书问题激化而陷入被动,于是采取相对"妥协"的政策,进行缓慢的"去历史化"。与此相对,日本政府在教科书检定基准以及被审定通过的历史教科书中则强调对日韩争议岛屿拥有主权,即便韩国政府及其国民对日本政府强化"领土教育"进行不同层级的抗议与照会,均未能从根本上影响日本政府在历史教科书中对"领土教育"的坚持。可见,"近邻条款"的内容和范围对日本政府在历史教科书问题上的立场、政策产生了重要影响。

2. 日本国内意见分歧严重

目前,日本各中小学学校在教科书使用问题上具有一定的自主性,各学校可从经过文部省审核的书单中选择相关教科书,其中公立学校由各自治体的教育委员会选择,国立学校和私立学校则由各学校校长选择。在历史教科书问题上,日本国内意见并不统一,甚至左翼与右翼之间存在明显的裂痕与分歧。在制定检定基准与审核教科书过程中,左派学者在教科书问题上有重要影响力。一些日本人和日本民间组织站在加害者的立场研究日本的战争责任,积极对抗日本右翼势力的错误言论,捍卫史实和客观记忆,对日本历史教科书的检定、采用产生重要影响。[92]虽然以育鹏社、自由社为代表的日本右翼出版社编纂的教科书的内容更符合日本自民党政府的价值理念,但日本政府不得不顾及日本国民的反对意见。如2020年夏天,日本学界就育鹏社历史教科书问题产生严重分歧,右翼学者认为该书避免了"自虐史观",左翼学者则认为书中对日本不利的地方就容易"闭上眼睛"。[93] 2020 年 8 月,由于横滨市市民对育鹏社版的教科书所记述的内容强烈反对,迫使横滨市教育委员会停止使用 2012 年开始持续使用的育鹏社版历史教科书,改为使用帝国书院版历史教科书。使育鹏社版历史教科书的占有率(6.4%)受到重大打击,[94] 目前曾使用育鹏社版教科书的东京都、香川县、爱媛县、福冈县、横滨市、藤泽市、大阪市等 18 个地区均改用其他出版社的历史教科书,仅下关市新使用育鹏社版教科书。[95] 从中可明显看出右翼教科书在日本中小学教育中的不受欢迎程度和使用率下降的趋势,这也是日本政府在审核历史教科书中不得不考量的重要内容。

同时,关于教科书问题的诉讼也是此起彼伏,支持者与反对者之间激烈对抗。2013 年今治市市民 7 人控告今治市教育委员根据个人喜好选择教科书。2020 年 6 月,围绕育鹏社版历史教科书问题,约 2 100 名律师组成自由法律团体,列举该版教科书"违反《教育基本法》和《学习指导纲领》的宗旨"等问题并发表报告书,有识者之会和市民团体也发表反对的呼吁,进行签名等活动。[96] 日本国民对右翼历史教科书的反对,特别是市民团体等利益集团从法律层面的抵制与抗议,使文部省在审核历史教科书过程中不得不小心谨慎,在历史教科书的内容及叙事方式上采取平衡性的"妥协"政策。

3. 历史教科书涉及历史问题及国家相对广泛

自明治维新以后,特别是自 1875 年江华岛事件后,日本逐渐走上对外侵略扩张的道路,待日本军国主义法西斯在亚太地区发动侵略战争后,日本军国主义进一步疯狂的侵略中、韩等亚太地区国家,给各国带来重大的历史创伤和痛苦的记忆,其侵略历史在明治维新后至少有 70 年。在日本逐渐扩大对东亚国家侵略扩张的过程中,日本制定了各种各样的殖民侵略政策,双边或多边间出现过对抗更是不胜枚举,其间涉及的历史问题或历史事件不仅数量多,其内容包括慰安妇问题、南京大屠杀问题、靖国神社问题、强征劳工问题、侵犯主权问题、"皇民化"问题、侵略性质问题、烧杀劫掠问题、东京审判问题,等等。而且涉及国家广,被侵略的不仅包括东亚、东南亚和大洋洲的中国、朝鲜、韩国、澳大利亚等国,还与曾在亚太地区拥有殖民地或势力范围的美国、英国、法国、德国、荷兰等国发生过激烈冲突。历史教科书所涉时间、国家、议题之间相互交织,呈现网络化状态,极易牵动国际社会的普遍反对。

基于以上原因,日本政府在历史教科书中出现美化侵略战争、弱化侵略历史等相关叙事的企图时,不仅东亚各国会不约而同地抗议或抵制,甚至欧美等国政府也会向日本抗议或谴责。尤其是在战争性质、殖民统治、慰安妇、东京审判等相关事件的叙述方式上更是如此。而在历史教科书中坚持对日韩争议岛屿的领有权时,非当事国大多持中立立场或采取置身事外的政策,而且在领土问题上,日本主要与中国、韩国、俄罗斯三国存在领土争端。在教科书中对强化有关争议岛屿的"领土教育"不会激起其他国家的联合抗议或抵制,各相关国家仅会对本国关心的问题进行交涉。因此,日本政府除了在兼具领土属性与历史属性的岛屿问题以外,为避免日本与大多数国家间的历史教科书问题矛盾被激化,在其他问题上基本采取了相对"妥协"的政策。

综上所述,由于日本政府在历史教科书问题上受到"近邻条款"制约的同时、出于对国内意见分歧与司法挑战的制衡、对历史教科书涉及历史问题及国家广泛的顾及,在历史教科书问题上对韩国整体上采取了平衡性的"妥协"的"去历史化"政策。这种"妥协"的"去历史化"政策具有很强的不彻底性、平衡性、隐蔽性,日本政府并非真正在该问题上"妥协",只是受日本国内外条件限制,被迫采取的"缓兵之计"而已。日本在历史教科书中,除强化对争议岛屿主权的宣传外,不仅保留了"近邻条款",还在被审核通过的历史教科书中对战争性质、殖民统治、慰安妇、东京审判等问题的叙述方式及叙述内容都较此前有明显改善,审定右翼出版社教科书"不合格",对右翼出版社的历史教科书的内容进行更有力的制约,使日本政府在历史教科书问题上的"去历史化"政策采取相对隐蔽、低调的方式,以免激起日本国内的反对而影响政局稳定。

(三) 日韩历史教科书问题争端前景分析

日本政府在历史教科书问题上对韩国的"妥协"政策具有明显的平衡性与不彻底性,这也是"去历史化"政策的另一种表现形式。一方面对右翼势力在历史教科书中叙述的内容、方式进行一定的管控,增加关于侵略战争、殖民统治、慰安妇等问题的叙述,虽然叙述的内容、程度尚难以达到受害国满意的程度。另一方面通过增强"领土教育"以提高对争议岛屿主权的宣传、教育。因此,虽然日韩两国围绕历史教科书问题的矛盾与争端并未彻底消除,但日韩两国在历史教科书问题上的矛盾与争端并未像小泉政府时期那般激烈、尖锐,日韩两国在历史教科书问题上的矛盾相对平静、可控,这与日本政府在历史教科书问题上的平衡性"妥协"密切相关。

由于日本政府修订了《教育基本法》和《教科书检定基准》,在《教育基本法》中增加了关于"热爱我国与乡土"等内容,在《教科书检定基准》中增加了"在近现代的事件中,在记述关于没有一般见解的数字等事项时,需在明确表示未有一般见解的同时不使儿童或学生容易误解""通过阁议决定及其他方式表示的政府统一见解或存在最高法院判例的情况下,需基于此进行表述"等条款,同时也保留了"近邻条款"。因此,在未来一段时期,日本政府或将出于政权稳定性、日韩关系稳定性等方面的考虑,将会灵活运用政府对历史教科书内容的把控,从整体上继承目前在历史教科书问题上对韩国的平衡性"妥协"政策。

三、小　结

日本政府在日韩靖国神社问题和历史教科书问题上采取了"妥协"的外交政策,这种"妥协"是一种"相对性""有节制"的"妥协"。

日本政府虽然未彻底实现现任首相与内阁大臣"零参拜"靖国神社,也未在历史教科书问题上采取绝对的让步,但在整体上,日本政府在靖国神社问题和历史教科书问题上均采取了具有相对"妥协"性质的政策。在靖国神社问题上,日本首相仅在2013年底参拜靖国神社,在其他时间则多向靖国神社供奉祭品进行"间接参拜",直接参拜靖国神社的内阁大臣数量相对可控,从2017年8月15日到2019年8月15日的两年时间,甚至实现了内阁大臣"零参拜"。日本政府在靖国神社问题上之所以采取相对"妥协"政策,其根源在于日本政府在历史问题上的道义劣势、日本内部分歧严重、反对势力较强、韩国国内认识与立场相对统一以及第三方介入程度较深等方面。日本政府通过"间接参拜"靖国神社并控制内阁大臣参拜人数的方式,使日韩两国围绕靖国神社问题的争端保持在可控的范围,也使日本国内各势力围绕靖国神社问题产生的裂痕得到缓解,对今后日本政府在靖国神社问题上的政策产生重要影响。

在历史教科书问题上,日本政府虽然通过修订《教育基本法》的方式强调领土教育,在一定程度上加强在岛屿问题上的宣传、教育。但另一方面,日本政府不仅在《教科书检定基准》中继续保留了"近邻条款"的相关表述,而且在历史教科书中逐渐增加了慰安妇、东京审判、殖民地等相关历史问题的表述,特别是将"创造新历史教科书会"分支的自由社所编纂的历史教科书审定为"不合格",在慰安妇问题的记述中,多数历史教科书保留了"强行带走""从军慰安妇"等用语,使日韩两国在历史教科书问题上的争端保持在较低强度。日本政府之所以在历史教科书问题上采取相对"妥协"的政策,其根源在于"近邻条款"的制约、日本国内意见对立严重以及历史教科书问题涉及历史问题与牵涉国家相对广泛。因此,日本政府在历史教科书中除加强对岛屿问题的宣传,在其他具体问题上整体采取了"妥协"的政策,这种倾向在今后或将得到继承和发展。

虽然日本政府在靖国神社问题和历史教科书问题上采取表面上的"妥协",但这并非日本政府情愿如此,而是在日本右倾化加剧背景下,日本国内外和平主义势力和坚持正确历史观的势力仍有较大的权力,保守的日本政府为维持其政权稳定性,采取的权宜的、缓慢的、低烈度的"去历史化"策略,只是拉长"去历史化"的时间、降低了"去历史化"的对抗程度而已,日本保守主义政府并未改变其"去历史化"的最终目标。

注释

1.「首相、靖国参拝に意欲　第 1 次政権で見送り『痛恨』」、日本経済新聞、https://www.nikkei.com/article/DGXNASFS1901W_Z11C13A0PE8000/、2013 年 10 月 19 日。

2.「麻生副総理ら靖国参拝　安倍首相は『真榊』奉納」、『朝日新聞』(朝刊)、2013 年 4 月 22 日。「靖国、168 議員が集団参拝」、『朝日新聞』(夕刊)、2013 年 4 月 23 日。

3.「第 183 回国会　参議院　予算委員会　第 11 号　平成 25 年 4 月 24 日」、国会会議録検索システム、https://kokkai.ndl.go.jp/#/detail?minId=118315261X0112013

0424&current＝7、2013 年 4 月 24 日。

4.「3 閣僚が靖国神社参拝　終戦の日」、『朝日新聞』（朝刊）、2013 年 8 月 16 日。

5.「古屋氏が靖国参拝　安倍首相は真榊奉納　秋季例大祭」、『朝日新聞』（朝刊）、2013 年 10 月 21 日。「新藤総務相が靖国参拝　秋季例大祭、超党派 157 議員も」、『朝日新聞』（夕刊）、2013 年 10 月 18 日。

6.「安倍内閣総理大臣の談話〜恒久平和への誓い〜」、首相官邸、http：//www.kantei.go.jp/jp/96_abe/discource/20131226danwa.html、2013 年 12 月 26 日。

7.「突然の参拝、外交に影　安倍首相、靖国へ」、『朝日新聞』（朝刊）、2013 年 12 月 27 日。

8.「第 186 回国会　参議院　予算委員会　第 2 号　平成 26 年 1 月 31 日」、国会会議録検索システム、https：//kokkai.ndl.go.jp/#/detail？minId＝118605261X0022014 0131&current＝803、2014 年 1 月 31 日。「岸田外務大臣会見記録（平成 26 年 4 月 22 日（火曜日）8 時 42 分　於：官邸エントランスホール）」、外務省、https：//www.mofa.go.jp/mofaj/press/kaiken/kaiken4_000075.html#topic1、2014 年 4 月 22 日。

9.「総務相、再び靖国参拝　衆参 150 議員も　春季例大祭」、『朝日新聞』（夕刊）、2014 年 4 月 22 日。「古屋拉致問題相、靖国神社に参拝」、『朝日新聞』（朝刊）、2014 年 4 月 21 日。

10.「終戦の日、靖国参拝は 3 閣僚　新藤・古屋・稲田氏」、『朝日新聞』（朝刊）、2014 年 8 月 16 日。「靖国参拝は 3 閣僚　超党派議員は 84 人が参加」、日本経済新聞、https：//www.nikkei.com/article/DGXLASFS15H14_V10C14A8PP8000/、2014 年 8 月 15 日。

11.「閣僚 3 人が靖国参拝　有村氏・高市氏・山谷氏」、『朝日新聞』（朝刊）、2014 年 10 月 19 日。「首相、靖国に真榊奉納　参拝は見送りへ　秋季例大祭」、『朝日新聞』（夕刊）、2014 年 10 月 17 日。

12.「3 閣僚が靖国参拝　高市・山谷・有村氏」、『朝日新聞』（朝刊）、2015 年 4 月 24 日。「首相、真榊を奉納　靖国例大祭、参拝は見送り」、『朝日新聞』（夕刊）、2015 年 4 月 21 日。「4 党の議員ら靖国参拝」、『朝日新聞』（朝刊）、2015 年 4 月 23 日。

13.「3 閣僚、靖国参拝　有村・高市・山谷氏」、『朝日新聞』（朝刊）、2015 年 8 月 16 日。「2 閣僚、靖国神社参拝　首相は私費で玉串料」、『朝日新聞』（夕刊）、2015 年 8 月 15 日。

14.「2 閣僚、靖国参拝　岩城法相と高市総務相」、『朝日新聞』（朝刊）、2015 年 10 月 19 日。「1 億活躍相が靖国参拝」、『朝日新聞』（朝刊）、2015 年 10 月 21 日。「衆参 71 議員が靖国参拝」、『朝日新聞』（夕刊）、2015 年 10 月 20 日。

15.「首相、真榊を奉納　参拝せず　靖国例大祭」、『朝日新聞』（夕刊）、2016 年 4 月 21 日。「高市総務相が靖国参拝　超党派の衆参 92 議員も」、『朝日新聞』（夕刊）、2016 年 4 月 22 日。「岩城法相も靖国に参拝」、『朝日新聞』、2016 年 4 月 23 日。「首相、靖国に玉串料奉納　萩生田副長官ら参拝」、『朝日新聞』（夕刊）、2016 年 8 月 15 日。「首相が靖国神社に玉串料　総務相・五輪担当相が参拝　国会議員の会が集団参拝」、しんぶん赤旗、https：//www.jcp.or.jp/akahata/aik16/2016-08-16/2016081601_04_1.html、2016 年 8 月 16 日。「首相、靖国に真榊奉納」、『朝日新聞』（夕刊）、2016 年 10 月 17 日。「高市総務相ら靖国参拝」、『朝日新聞』（朝刊）、2016 年 10 月 20 日。「衆参 85 議員が靖国参拝」、『朝日新聞』（夕刊）、2016 年 10 月 18 日。「高市総務相、靖国に参拝　首相は真榊奉納」、『朝日新聞』（夕刊）、2017 年 4 月 21 日。

16.「首相が靖国に玉串料奉納　稲田元防衛相らが参拝」、『朝日新聞』（夕刊）、2017 年 8 月 15 日。「終戦の日　靖国参拝、閣僚ゼロ　自民政権で80 年以降初」、毎日新聞、

https：//mainichi.jp/articles/20170816/ddm/002/010/058000c、2017 年 8 月 16 日。

17.「靖国秋季例大祭、閣僚の参拝ゼロに　第 2 次安倍政権以降で初」、『朝日新聞』（朝刊）、2017 年 10 月 22 日。

18.「衆参 61 議員が靖国参拝」、『朝日新聞』（夕刊）、2017 年 12 月 5 日。

19.「衆参議員 76 人、靖国参拝」、『朝日新聞』（夕刊）、2018 年 4 月 20 日。「靖国神社に真榊、安倍首相が奉納」、『朝日新聞』（夕刊）、2018 年 4 月 21 日。「首相が靖国に玉串料奉納」、『朝日新聞』（夕刊）、2018 年 8 月 15 日。「靖国、閣僚参拝なし　超党派議員 50 人は参拝　終戦の日」、『朝日新聞』（朝刊）、2018 年 8 月 16 日。「靖国神社に真榊、安倍首相が奉納　参拝は見送り」、『朝日新聞』（夕刊）、2018 年 10 月 17 日。「衆参議員 71 人、靖国神社参拝　自民・加藤総務会長ら」、『朝日新聞』（夕刊）、2018 年 10 月 18 日。「閣僚の靖国参拝なし」、『朝日新聞』（朝刊）、2019 年 4 月 24 日。「首相、靖国に玉串料　超党派議員が集団参拝」、『朝日新聞』（夕刊）、2019 年 8 月 15 日。「閣僚の靖国参拝なし、3 年連続　中国などに配慮」、日本経済新聞、https：//www.nikkei.com/article/DGXMZO48597060V10C19A8PP8000/、2019 年 8 月 15 日。

20.「衛藤沖北相、靖国参拝　閣僚参拝は 2 年半ぶり」、『朝日新聞』（朝刊）、2019 年 10 月 18 日。「高市総務相も靖国参拝」、『朝日新聞』（朝刊）、2019 年 10 月 19 日。「高市総務相が靖国神社を参拝　閣僚では 2 人目　秋季例大祭」、毎日新聞、https：//mainichi.jp/articles/20191018/k00/00m/010/204000c、2019 年 10 月 18 日。

21.「靖国参拝、閣僚見送り」、『朝日新聞』（朝刊）、2020 年 4 月 22 日。「超党派議員団、新型コロナで靖国参拝見送り　春季例大祭」、日本経済新聞、https：//www.nikkei.com/article/DGXMZO58313800R20C20A4PP8000/、2019 年 10 月 17 日。

22.「小泉氏ら 4 閣僚、靖国参拝　終戦の日、現職 4 年ぶり　首相は見送り」、『朝日新聞』（夕刊）、2020 年 8 月 15 日。

23.「閣僚 3 人　終戦の日に靖国神社参拝　菅首相は私費で玉串料納める」、NHK、https：//www3.nhk.or.jp/news/html/20210815/k10013203461000.html、2021 年 8 月 15 日。「菅首相、靖国神社に真榊を奉納　参拝はしない見通し」、朝日新聞、https：//www.asahi.com/articles/ASNBK2T71NBKUTFK003.html、2020 年 10 月 17 日。「全閣僚、靖国参拝せず　秋季例大祭」、日本経済新聞、https：//www.nikkei.com/article/DGXMZO65152630Y0A011C2PE8000/、2020 年 10 月 18 日。「菅首相、靖国神社に真榊を奉納　春季例大祭にあわせ」、朝日新聞、https：//www.asahi.com/articles/ASP4P32YZP4PUTFK003.html、2021 年 4 月 21 日。

24.「岸田首相、靖国神社に真榊を奉納　自民・高市政調会長は参拝」、朝日新聞、https：//www.asahi.com/articles/ASQ4P3F4SQ4PUTFK002.html、2022 年 4 月 21 日。「岸田首相、靖国神社に真榊を奉納　参拝は見送り　秋季例大祭」、朝日新聞、https：//www.asahi.com/articles/ASQBK33W9QBKUTFK005.html、2022 年 10 月 17 日。「岸田首相、靖国神社に玉串料奉納　参拝はせず」、産経新聞、https：//www.sankei.com/article/20230815-3FVOHGHBCFPXZMDH35TXRWRNAQ/、2023 年 8 月 15 日。「岸田首相、靖国神社に真榊奉納　秋の例大祭、参拝は見送り」、産経新聞、https：//www.sankei.com/article/20231017-4CA7NUQDIJLGXAK2BWMNFDF6K4/、2023 年 10 月 17 日。

25.「終戦の日　閣僚 2 人が靖国神社参拝　岸田首相は私費で玉串料奉納」、NHK、https：//www.nhk.or.jp/politics/articles/lastweek/87733.html、2022 年 8 月 15 日。「高市早苗経済安全保障担当相、靖国神社を参拝」、産経新聞、https：//www.sankei.com/article/20221017-EEZRKM4MH5MGDEQFYWGRLRADOI/、2022 年 10 月 17 日。

26.「靖国神社　春の例大祭　超党派議連 103 人が参拝」、NHK、https：//www3.nhk.or.jp/news/html/20220422/k10013593661000.html、2022 年 4 月 22 日。「超党派議

連、異例の靖国参拝見送り　副会長がコロナ感染」、産経新聞、https：//www. sankei. com/article/20220815-GHVTIVTED5NHTJ5LWBZK6GVPAQ/、2022 年 8 月 15 日。「超党派議連が一斉参拝　靖国神社、首相は真榊奉納」、産経新聞、https：//www. sankei. com/article/20230421-SKEQFNZ3QNKM3EYCP4XGQK6RCU/、2023 年 4 月 21 日。「超党派の議員連盟メンバー　90 人がそろって靖国神社を参拝」、NHK、https：//www3. nhk. or. jp/news/html/20221018/k10013862521000. html、2022 年 10 月 18 日。「『首相も靖国へ』終戦の日　超党派議連 4 年ぶり一斉参拝」、産経新聞、https：//www. sankei. com/article/20230815-7WDWV5TFNFLFZBPKPYA2SN37CQ/、2023 年 8 月 15 日。「超党派議連の96 人、靖国神社に参拝　秋季例大祭で」、日本経済新聞、https：//www. nikkei. com/article/DGXZQOUA181PM0Y3A011C2000000/、2023 年 10 月 18 日。

27. 佐藤史郎等：『日本外交の論点』、法律文化社 2018 年版、86—87 頁。

28. 「首相の靖国参拝は残念」、公明党、https：//www. komei. or. jp/news/detail/20131227_12968、2013 年 12 月 27 日。

29. Bruce Bueno de Mesquita et al.，*The Logic of Political Survival*，Cambridge，MA：MIT Press，2003，pp.7—15.

30. 「歓迎と批判、与党交錯　野党、政権との距離反映　安倍首相の靖国参拝」、『朝日新聞』（朝刊）、2013 年 12 月 27 日。「首相の靖国参拝、賛否割れる　本社世論調査」、日本経済新聞、https：//www. nikkei. com/article/DGXNASFS26023_W4A120C1PE8000/、2014 年 1 月 26 日。

31. 「安倍首相支える自民議員 11 人が『靖国参拝反対』に署名してた」、livedoor NEWS、https：//news. livedoor. com/article/detail/8850860/、2014 年 5 月 20 日。

32. 蒋丰：《日本国会议员谈中国》，东方出版社 2013 年版，第 46 页。

33. 「第 162 回国会　衆議院　予算委員会　第 22 号　平成 17 年 6 月 2 日」、第 25—26 頁、2005 年 6 月 2 日、国会会議録検索システム、https：//kokkai.ndl.go.jp/＃/detail?minId＝116205261X02220050602&current＝1。

34. 「第 162 回国会　衆議院　予算委員会　第 22 号　平成 17 年 6 月 2 日」、第 36—38 頁、2014 年 2 月 12 日、国会会議録検索システム、https：//kokkai.ndl. go. jp/＃/detailPDF?minId＝118605261X00620140212&page＝38&spkNum＝251&current＝1。

35. 「安倍首相の靖国神社参拝に強く抗議する（談話）」、社民党、http：//www5. sdp. or.jp/comment/2013/12/26/安倍首相の靖国神社参拝に強く抗議する（談話）/、2013 年 12 月 26 日。

36. 福田朋実：『現役首相による靖国神社参拝問題にみる社説の役割：新聞社説の内容分析を用いた考察』、『現代社会研究』2014 年第 12 号、173 頁。

37. 宮城大蔵：『現代日本外交史』、中央公論新社 2016 年版、243 頁。

38. 「【社説検証】年頭の社説　朝毎ここでも『1 強批判』　産経は靖国参拝を求める」、産経新聞、https：//www. sankei. com/column/news/200108/clm2001080003-n2. html、2020 年 1 月 8 日。

39. 「首相靖国参拝　産経だけ『首相参拝』求める　朝日『見送り妥当な判断』」、産経新聞、https：//www. sankei. com/politics/news/131023/plt1310230033-n1. html、2013 年 10 月 23 日。

40. 「（社説）靖国参拝　『真珠湾』は何だったか」、『朝日新聞』（朝刊）、2016 年 12 月 30 日。

41. 「（社説）靖国神社参拝　閣僚は自重すべきだ」、『朝日新聞』（朝刊）、2019 年 10 月 19 日。

42. 「小泉首相の靖国参拝　違憲　政教分離に反する　福岡地裁　『4 回も。政治

的意図』　賠償請求は廃却」、日本共産党、https://www.jcp.or.jp/akahata/aik3/2004-04-08/01_02.html、2004 年 4 月 8 日。

43.「首相の靖国参拝訴訟、二審も憲法判断せず廃却　大阪高裁」、朝日新聞、https://www.asahi.com/articles/ASK2W6JZ2K2WPTIL023.html、2017 年 2 月 28 日。「首相の靖国参拝、憲法判断示さず　東京地裁、訴え退ける」、『朝日新聞』(朝刊)、2017 年 4 月 29 日。「首相靖国参拝訴訟、二審棄却」、『朝日新聞』(朝刊)、2018 年 10 月 26 日。

44.「首相及び閣僚の靖国神社公式参拝中止についての要請」、全日本仏教会、http://www.jbf.ne.jp/assets/files/pdf/548yasukuniyousei/20130805yousei.pdf、2013 年 8 月 5 日。

45.「靖国神社春季例大祭での首相の真榊奉納に抗議します」、日本キリスト教協議会、https://ncc-j.org/wp-content/uploads/2020/04/8cfbae8147a1c66fbfa6228d34dc19b8.pdf、2020 年 4 月 29 日。

46.「安倍首相の靖国神社参拝に対する抗議文」、真宗教団連合、https://www.shin.gr.jp/activity/offer/doc/20131226.html、2013 年 12 月 26 日。

47.「神社本庁、新宗連、幸福の科学など首相の靖国参拝への見解紹介」、NEWSポストセブン、https://www.news-postseven.com/archives/20140227_243022.html?DE-TAIL、2014 年 2 月 27 日。

48. 董璠輿:《"国宪"不可违　首相应带头——评日本首相参拜靖国神社》,《比较法研究》2015 年第 1 期,第 146 页。

49.「谷垣禎一幹事長記者会見(役員連絡会後)」、自民党、https://www.jimin.jp/news/press/128504.html、2015 年 8 月 4 日。

50. 上坂冬子:「戦争を知らない人のための靖国問題」、文藝春秋 2006 年版、11 頁。

51.「首相の靖国参拝、賛否割れる　本社世論調査」、日本経済新聞、https://www.nikkei.com/article/DGXNASFS26023_W4A120C1PE8000/、2014 年 1 月 26 日。

52.「首相の靖国参拝、20〜30 代は『評価』の声が多数」、産経新聞、https://www.sankei.com/politics/news/140106/plt1401060008-n1.html、2014 年 1 月 6 日。

53. Morgenthau, Hans J. *Politics among Nations：The Struggle for Power and Peace*, ed. Kenneth W. Thompson and W. David Clinton, 7th ed. Boston：McGraw-Hill Higher Education，2005，p.19.阎学通:《大国领导力》,李佩芝译,中信出版社 2020 年版,第 10 页。

54.「内閣総理大臣その他の国務大臣による靖国神社公式参拝に関する後藤田内閣官房長官談話」、外務省、https://www.mofa.go.jp/mofaj/area/taisen/gotouda.html、1986 年 8 月 14 日。

55.「国民感情や日韓関係に関する認識は依然として悪いが、両国民はこうした現状を強く懸念している〜第 2 回日韓共同世論調査結果〜」、言論 NPO、https://www.genron-npo.net/world/archives/5246-2.html、2014 年 7 月 8 日。

56.「日本の総理大臣の靖国神社への供物奉納および閣僚の参拝と関連した外交部報道官の論評」、駐日本大韓民国大使館、http://overseas.mofa.go.kr/jp-ja/brd/m_1055/view.do? seq ＝ 696549&srchFr ＝ &amp；srchTo ＝ &amp；srchWord ＝ &amp；srchTp＝&amp；multi_itm_seq＝0&amp；itm_seq_1＝0&amp；itm_seq_2＝0&amp；company_cd＝&amp；company_nm＝&page＝16、2013 年 5 月 6 日。

57.「安倍総理の靖国神社参拝に対する韓国政府の報道官声明」、駐日本国大韓民国大使館、http://overseas.mofa.go.kr/jp-ja/brd/m_1055/view.do?seq＝703757&srchFr＝&srchTo＝&srchWord＝&srchTp＝&multi_itm_seq＝0&itm_seq_1＝0&itm_seq_2＝0&company_cd＝&company_nm＝&page＝12、2013 年 12 月 26 日。

58. 菊池勇次：「【韓国】安倍総理の靖国参拝糾弾決議の採択」、『外国の立法』2014年2月、https://dl.ndl.go.jp/view/download/digidepo_8423379_po_02580215.pdf?contentNo=1&alternativeNo=。

59. 「韓日関係が悪ければ韓国大統領の支持率があがり、良ければ下がった」、中央日報、https://japanese.joins.com/JArticle/255848、2019年7月24日。

60. 言論NPO、東アジア研究院：『第2回日韓共同世論調査　日韓世論比較結果』、2014年7月、16—17頁。

61. 言論NPO、東アジア研究院：『第2回日韓共同世論調査　日韓世論比較結果』、2014年7月、25頁。

62.《安倍晋三参拝靖国神社是外交挑衅》，中央日报，http://chinese.joins.com/news/articleView.html?idxno=50856，2013年4月23日。《安倍参拝靖国神社是违逆时代的丑闻》，中央日报，http://chinese.joins.com/news/articleView.html?idxno=56140，2013年12月27日。

63. 「『靖国参拝なら緊張高まる』　日中韓めぐり米議会報告書」、『朝日新聞』（夕刊）、2013年8月3日。

64. 「安部首相の靖国神社参拝（12月26日）についての声明」、在日米国大使館・領事館、https://jp.usembassy.gov/ja/statement-prime-minister-abes-december-26-visit-yasukuni-shrine-ja/、2013年12月26日。

65. 「『靖国参拝、信頼関係損ねた』　米議会調査局、可能性を指摘」、『朝日新聞』（夕刊）、2014年2月26日。

66. 于海龙：《安倍内阁打造"日美澳印"四国联盟：构想与实践》，《印度洋经济体研究》2020年第1期，第50页。

67. 内田雅敏：『靖国参拝の何が問題か』、平凡社2014年版、18—19頁。

68. 「国連総長声明「緊張は遺憾」　安倍首相靖国参拝」、『朝日新聞』（朝刊）、2013年12月29日。

69. ［美］罗伯特・杰维斯：《国际政治中的知觉与错误知觉》，秦亚青译，世界知识出版社2003年版，第7页。

70. 史桂芳：《日本历史教科书关于中日战争的书写及评析》，《社会科学辑刊》2018年第1期，第141—142页。

71. 「日本の高校教科書の検定結果に対する外交部報道官の声明」、駐日本国大韓民国大使館、http://overseas.mofa.go.kr/jp-ja/brd/m_1055/view.do?seq=696545&srchFr=&srchTo=&srchWord=&srchTp=&multi_itm_seq=0&itm_seq_1=0&itm_seq_2=0&company_cd=&company_nm=&page=17、2013年4月1日。

72. 「自民、教科書会社を聴取　検定見直しへ慰安婦記述など問題視　『圧力かける意図ない』」、『朝日新聞』（朝刊）、2013年5月30日。

73. 「義務教育諸学校教科用図書検定基準及び高等学校教科用図書検定基準の一部を改正する告示」、文部科学省、https://warp.ndl.go.jp/info:ndljp/pid/11293659/www.mext.go.jp/b_menu/hakusho/nc/1343450.htm、2014年1月17日。

74. 「強まる『領土教育』　教科書指針に『尖閣・竹島は領土』」、『朝日新聞』（朝刊）、2014年1月29日。

75. 「教科書に政府見解加筆　慰安婦や東京裁判、意見6件　中学検定結果」、『朝日新聞』（朝刊）、2015年4月7日。

76. 「日本小・中学校学習指導要領の改訂草案に対する外交部報道官の論評」、駐日本国大韓民国大使館、http://overseas.mofa.go.kr/jp-ja/brd/m_1055/view.do?seq=

748701&srchFr＝&amp；srchTo＝&amp；srchWord＝&amp；srchTp＝&amp；multi_
itm_seq＝0&amp；itm_seq_1＝0&amp；itm_seq_2＝0&amp；company_cd＝&amp；com-
pany_nm＝&page＝10、2017 年 2 月 15 日。

77.「小学校学習指導要領」、文部科学省、https://www.nier.go.jp/guideline/h28e/
chap2-2.htm、2017 年 3 月 31 日。「中学校学習指導要領」、文部科学省、https://www.
nier.go.jp/guideline/h28j/chap2-2.htm、2017 年 3 月 31 日。

78.「日本の高校の教科書検定の結果についての外交部報道官の声明」、駐日本国
大韓民国大使館、http://overseas.mofa.go.kr/jp-ja/brd/m_1055/view.do? seq＝
751615&srchFr＝&amp；srchTo＝&amp；srchWord＝&amp；srchTp＝&amp；multi_
itm_seq＝0&amp；itm_seq_1＝0&amp；itm_seq_2＝0&amp；company_cd＝&amp；com-
pany_nm＝&page＝9、2017 年 4 月 24 日。

79.「義務教育諸学校教科用図書検定基準(平成 29 年 8 月 10 日文部科学省告示第
105 号)」、文部科学省、https://www.mext.go.jp/a_menu/shotou/kyoukasho/kentei/
1411168.htm。

80.「日本高等学校学習指導要領の改訂草案に対する外交部報道官の論評」、駐日
本国大韓民国大使館、http://overseas.mofa.go.kr/jp-ja/brd/m_1055/view.do? seq＝
757297&srchFr＝&amp；srchTo＝&amp；srchWord＝&amp；srchTp＝&amp；multi_
itm_seq＝0&amp；itm_seq_1＝0&amp；itm_seq_2＝0&amp；company_cd＝&amp；com-
pany_nm＝&page＝7、2018 年 2 月 19 日。

81.「高等学校学習指導要領」、文部科学省、https://www.nier.go.jp/guideline/
h29h/chap2-2.htm、2018 年 3 月。

82.「高等学校教科用図書検定基準(平成 30 年 9 月 18 日文部科学省告示第 174
号)」、文部科学省、https://www.mext.go.jp/a_menu/shotou/kyoukasho/kentei/
1411471.htm。

83.「日本小学校の教科書検定結果に関する外交部報道官の声明」、駐日本国大韓
民国大使館、http://overseas.mofa.go.kr/jp-ja/brd/m_1055/view.do? seq＝
757329&srchFr＝&amp；srchTo＝&amp；srchWord＝&amp；srchTp＝&amp；multi_
itm_seq＝0&amp；itm_seq_1＝0&amp；itm_seq_2＝0&amp；company_cd＝&amp；com-
pany_nm＝&page＝4、2019 年 3 月 26 日。

84.「『新しい歴史教科書』不合格　過去に合格、異例の判断　文科省」、『朝日新聞』
(朝刊)、2020 年 2 月 22 日。

85.「日本の中学校教科書検定結果に関する　外交部報道官声明」、駐日本国大韓
民国大使館、http://overseas.mofa.go.kr/jp-ja/brd/m_1055/view.do? seq＝
757356&srchFr＝&amp；srchTo＝&amp；srchWord＝&amp；srchTp＝&amp；multi_
itm_seq＝0&amp；itm_seq_1＝0&amp；itm_seq_2＝0&amp；company_cd＝&amp；com-
pany_nm＝&page＝1、2020 年 3 月 24 日。

86.「学びの過程、丁寧に解説　中学校教科書、検定結果公表」、『朝日新聞』(朝刊)、
2020 年 3 月 25 日。

87.「中学『新しい歴史教科書』が検定合格　指摘 83 カ所修正」、朝日新聞、https://
www.asahi.com/articles/ASP3Z61MVP3YUTIL02P.html、2021 年 3 月 30 日。「日本の
教科書検定結果に関する外交部報道官声明」、駐日本国大韓民国大使館、https://over-
seas.mofa.go.kr/jp-ja/brd/m_1055/view.do? seq＝757381&srchFr＝&amp；srchTo＝
&amp；srchWord＝&amp；srchTp＝&amp；multi_itm_seq＝0&amp；itm_seq_1＝
0&amp；itm_seq_2＝0&amp；company_cd＝&amp；company_nm＝&page＝1、2021 年 3
月 30 日。

88.「教科書検定『不公正』 つくる会、文科相に公開質問状」、産経新聞、https://www.sankei.com/article/20230227-A4GPYYSXGJK6RPTQTRMCBLFDJQ/、2023 年 2 月 27 日。

89.「『従軍慰安婦』教科書の用語 扱いは文科省が対応 首相」、NHK、https://www.nhk.or.jp/politics/articles/statement/59908.html、2021 年 5 月 10 日。

90.「北方領土、竹島、尖閣『固有の領土』明記定着 小学校教科書検定」、産経新聞、https://www. sankei. com/article/20230328-37YB6YUPR5NOLCGLTJXP2QTNHI/、2023 年 3 月 28 日。「高校教科書検定、『固有の領土』徹底されず 『従軍慰安婦』『強制連行』使用も」、産経新聞、https://www. sankei. com/article/20220329-4B4NLMZGE5JTBG43RCKZV2KVRM/、2023 年 3 月 29 日。

91.「『歴史教科書』に関する宮沢内閣官房長官談話」、外務省、https://www.mofa.go.jp/mofaj/area/taisen/miyazawa.html、1982 年 8 月 26 日。

92. 胡澎：《日本人战争记忆的选择、建构——兼谈中日如何共享战争记忆》，《东北亚学刊》2016 年第 3 期，第 56—57 页。

93.「（教科書採択 2020）専門家に聞く 育鵬社版・歴史編 /神奈川県」、『朝日新聞』（朝刊）、2020 年 7 月 11 日。

94.「育鵬社版、横浜市継続せず 中学歴史・公民教科書 全国最大地区」、『朝日新聞』（朝刊）、2020 年 8 月 5 日。

95.「歴史・公民、育鵬社版が激減 中学教科書、前回採択の半数以上が他社版に切り替え」、『朝日新聞』（朝刊）、2020 年 10 月 11 日。

96.「（教科書採択 2020）育鵬社版が焦点 21～24 年度の中学用 横浜で展示会/神奈川県」、『朝日新聞』（朝刊）、2020 年 6 月 24 日。

第四章

日本政府在日韩历史问题中的"僵持"政策

日韩两国在岛屿问题上均谋求通过有利于本国的历史证据或法律文献证明拥有争议岛屿主权的正当性,甚至同一文献存在不同解说,[1]双方在领土主权问题上的行为、认知相互对立、拒不妥协。日韩两国围绕岛屿问题的争端主要在于历史依据、日本编入效力以及《开罗宣言》等条约的解释三方面。[2]因此,日韩岛屿问题既是两国的领土问题,也是两国的历史问题。日韩岛屿问题对两国国民情感、经济发展、地缘政治具有重要影响,日韩两国岛屿之争可追溯至古代安龙福事件。近代以来,随着向东亚大陆扩张的加快,日本在日俄战争时以内阁决议方式占据争议岛屿。二战后,岛屿之争再次浮出水面,日韩两国在岛屿问题上各执一词,美国在日韩岛屿问题上采取暧昧政策,为日韩岛屿之争埋下伏笔。1952年1月,时任韩国总统李承晚划定韩国领海线,将争议岛屿划归韩国一侧,日本对此提出抗议并在1953年5月趁朝鲜战争之机出兵占据该岛,7月时韩国义勇队再次取得该岛的实际控制权,1956年韩国海上警备队进行接管后逐渐加强对该岛的控制力度,如今岛上仍常驻警备人员且建有主权标识等设备。另外,1954年以来,日本每年均会就岛屿问题向韩国递交抗议文书,使该岛在国际上成为争议岛屿,为重新占据该岛做准备,并分别在1954年、1962年、2012年三次向韩国提议将岛屿问题递交国际法院裁决,2005年日本岛根县议会还通过决议,将每年的2月22日设定为"竹岛日"进行纪念,并积极争取将纪念活动由县级[3]向国家级提升。

一、日本政府对日韩岛屿问题的政策历程

目前,日韩两国对争议岛屿的具体位置均有明确标记,根据日本数

据，竹岛位于隐岐诸岛西北约 158 公里，在北纬 37 度 14 分，东经 131 度 52 分，总面积约 0.2 平方公里，是由东岛（女岛）和西岛（男岛）以及周边几十个小岛组成的群岛，归岛根县隐岐町管辖。[4] 根据韩国数据，独岛位于东经 131 度 52 分与 131 度 53 分、北纬 37 度 14 分与 37 度 14 分 15 秒之间，由东岛和西岛两个主岛和 36 个小岩礁组成，总面积约为 18.62 万平方米，隶属庆尚北道郁陵郡管辖。[5]

厘清日本政府对日韩岛屿问题政策历程是正确认识日本政府对日韩岛屿问题政策特点的基础，对有效控制岛屿问题扩大化、探寻历史与领土问题争端的解决机制有着重要的借鉴意义。

（一）日韩岛屿问题争端紧张状态的延续与缓和

分析 2012 年底以来日本政府在日韩岛屿问题的政策发展历程，首先应注意第二届安倍政府成立前韩国李明博政府在岛屿问题上的行动。2012 年 8 月 10 日，时任韩国总统李明博登上日韩争议岛屿，这是首位韩国现任总统登上该岛，该事件使日韩岛屿问题瞬间激化。在李明博登岛后，8 月 19 日，韩国时任行政安全部长官孟亨奎、国会副议长李秉锡登岛；10 月 23 日，韩国国会国防委员长刘承旼及其他国防委员 14 人登岛。李明博及韩国国会人员的密集登岛激起日本政府激烈的反对，使日韩岛屿问题争端深刻化，更对日韩岛屿争端及日韩关系的走向产生重要影响。

受时任韩国总统李明博及相关政府人员、国会议员等人员登岛惯性影响，在朴槿惠政府初期，仍有不少国会议员较密集地登岛宣示主权。2013 年 4 月，日本政府《外交蓝皮书》中将日韩争议岛屿标记为日本领土。与此相对，韩国海洋水产省为强化对争议岛屿的警备和实际控制，在郁陵岛新设"海洋警察署"；[6] 6 月，新国家党国会议员韩善教登上争议岛屿；8 月中旬，韩国在野党民主党代表等 12 名国会议员、新国家党国会议员金乙东等 2 名议员带领新国家党党中央女性委员会委员 40 人左右相继登岛。[7] 日本政府向韩国方面进行了强烈抗议。同时，2013 年 7 月，日本政府在 2013 年版《防卫白皮书》中将争议岛屿记述为未解决的领土问题，[8] 以示对争议岛屿的主权声明。

　　基于此,2013 年 9 月,日韩外长会谈时,日韩双方外长再次就岛屿问题进行了对话,[9]日本政府对岛屿问题保持关注,此后一段时期韩国国会议员未再登岛,但韩国军队在争议岛屿地区的防御训练等相关军事活动仍在进行。10 月 25 日,韩军在争议岛屿进行防备外国人登岛的防御训练,日本政府对此进行抗议,强调无论参照历史还是国际法,日本都对争议岛屿拥有主权。[10]此后,日本政府在其外务省官网上发布关于日本争议岛屿的视频与宣传册,并可用多种语言浏览相关内容,以此向国际社会宣传对争议岛屿的主权。2014 年 1 月,韩国庆尚北道知事登岛,引发日本政府向韩国进行了强烈抗议。6 月 20 日,韩军在争议岛屿周边海域进行海上射击训练,其场地在争议岛屿西南约 22 公里,处在日本主张的领海地区,对日本政府对韩军的射击训练向韩方表示遗憾的立场,并强烈要求结束此次训练,[11]而韩国朴槿惠政府有意避免日韩两国岛屿问题再次激化,坚持声称此次射击训练的场地并非议岛屿附近。[12]11 月 24 日,韩国再次在争议岛屿周边海域实施未登陆的军事训练,日本政府向韩国表示极为遗憾立场,并对韩国的军事训练进行了强烈抗议。[13]2014 年韩国一方面延续着在争议岛屿地区的训练,另一方面或声称军事训练在非争议岛屿附近,或将军事训练缩短为一天,在一定程度上弱化了日韩岛屿问题的争端。日本政府则继续奉行"僵持"政策,无论是韩国国会议员登岛还是岛屿军事训练,均会向韩国提出抗议,特别是在 2014 年 1 月修订教科书指导要领解说书中明确标记"竹岛"为日本"固有领土",[14]以示对岛屿问题的关注以及对该争端存在的说明,在"僵持"中坚持"去历史化"政策。

　　随着日韩两国政府为通过两国邦交正常化 50 周年之机谋求解决两国慰安妇问题,双方尽量避免岛屿问题争端的激化,韩国在岛屿问题上的行动亦有所缓和。虽然 2015 年 1 月,日本驻韩大使馆将写有"竹岛是日本领土"的 2014 年韩文版的《防卫白皮书》移交给韩国国防部,[15]但并未因此引起太大的外交风波。2015 年 5 月 14 日开始,韩军在争议岛屿地区进行为期两天的军事训练,为避免刺激日本,此次军事训练采取非公开的形式,日本驻韩公使金杉宪治向韩国外交部发表抗议声明,对韩国在争议岛屿地区的军事训练表示极为遗憾。[16]同时,原计划在 11 月 5 日进行的争议岛屿防御训练也未实施。因此,在 9 月底和 11 月初,日韩外长两次会谈时,岸田外长虽均会提及岛屿问题,但并未就岛屿问题进行外长级抗议,[17] 日本政府仅希望以此说明对该问题的关注,而不希望因岛屿问题影响两国大局的发展。

自第二届安倍政府成立到 2015 年这一阶段,由于受 2012 年 8 月时任韩国总统李明博登岛事件的惯性影响,日本政府对韩国既在争议岛屿地区进行军事训练、又有国会议员频繁登岛的活动保持高度警惕。随着日韩关系的逐渐缓和,2014 年韩国不仅将每次在争议岛屿地区的军事训练缩短为一天,甚至声称军事训练在非争议岛屿地区进行,特别是韩国国会议员未再登岛。日韩岛屿问题争端到 2015 年时进一步缓和,韩国国会议员不仅仍未登岛,而且在岛屿地区仅举行一次非公开性的军事训练,在很大程度上缓和了日韩岛屿问题争端。同时,日本政府对韩国在岛屿地区军事训练或国会议员的抗议也相应得到逐步缓解,对岛屿问题争端的抗议主要由内阁官房或日本驻韩公使发出,在外长会谈中仅偶尔提及该问题,而不会进行外长级的抗议或反对,首脑会谈时更是尽力规避该问题,日本政府在岛屿问题上"既不对抗、又不妥协"的以"僵持"政策去"去历史化"一以贯之。

(二)韩国宣示争议岛屿主权的加强与日本政府抗议的升级

进入 2016 年以后,日韩争议岛屿问题争端有所升级,2016 年 4 月,韩国政府与社会发起为强化争议岛屿教育的合作委员会。6 月 8 日,韩军在争议岛屿地区进行防御训练。同年 8 月,日韩外长电话会谈时,岸田文雄谈及共同民主党前代表文在寅 7 月登岛事件,再次表达出对日韩岛屿问题的关注,[18] 而文在寅在 2017 年 5 月当选韩国总统。在此基础上,韩国 10 名超党派国会议员在韩国光复节(8 月 15 日)按预定计划登岛,该访问团团长主张应重新审视韩国政府在争议岛屿问题上的"静默外交"。[19] 为此 8 月 24 日,日韩外长再次举行会谈,针对韩国多位国会议员登岛事件,岸田外长就此事向韩国表示遗憾和抗议,[20] 这是 2012 年自民党政府成立后,日本政府首次就岛屿问题在外长会谈时表示抗议,标志着日韩争议岛屿问题争端进入了新阶段。

2016 年 12 月，韩国再次在争议岛屿进行防御训练，日本政府就此表示极为遗憾，强烈要求韩国中止此次训练，日本外务省亚洲大洋洲局长金杉宪治、驻韩次席公使铃木秀生分别向韩国驻日次席公使李熙燮、韩国外交部东北亚局长郑炳元进行了强烈抗议。[21] 可见，进入 2016 年以后，韩国不仅恢复了每年两次在争议岛屿进行军事训练，而且国会议员登岛频率、人数都有所提升，特别是共同民主党前代表文在寅登岛具有较强的象征意义，争议岛屿问题争端的"静默外交"出现更加明显的松动迹象。与之相对，日本政府的抗议由日本驻韩公使的抗议上升到驻韩公使与外务省亚洲大洋洲局长同时发出抗议，而且在外长会谈时也向韩国发出抗议声明。

受 2016 年日韩岛屿问题争端重新升级与 2017 年 1 月韩国庆尚北道知事金宽容登陆争议岛屿等事件影响，2017 年 2 月，日韩外长会谈时，岸田文雄再次就登岛事件表示强烈反对与抗议。[22] 3 月，日本文部省《中小学学习指导要领》将"竹岛"标记为日本"固有领土"。2017 年 6 月 15 日、12 月 28 日，韩国军队仍按计划在争议岛屿进行了两次军事训练（防御训练），日本政府对韩国仍在争议岛屿进行军事训练表示强烈抗议和遗憾，日本外务省亚洲大洋洲局长、日本驻韩次席公使分别向韩国政府相关人员强烈抗议，日方重申关于争议岛屿领有权的立场，强烈要求韩国防止此类事件再度发生。[23] 10 月 19 日，韩国国会国防委员会发布报告称，韩国将在 2018 年到 2020 年间创建竹岛海军防卫部队，[24] 以强化仅有武警常驻争议岛屿的防卫，进一步加强对争议岛屿的实际控制。从日方对韩抗议主体身份与抗议措辞的变化可知，日本政府加强了对韩军在争议岛屿演习进行抗议的力度，但日本政府仍有意弱化争议岛屿问题，将交涉与抗议限定公使或次席公使级，在日韩外长间的多次会谈中对争议岛屿问题鲜有提及，仅在 2017 年初韩国国会议员登岛时，时任外长岸田文雄才向韩国外长进行了抗议，而在日韩首脑会谈时双方为稳定日韩关系大局均尽可能规避该问题。韩国在 2017 年虽然没有国会议员登岛，但是两次争议岛屿训练均按计划进行，其中 12 月的防御训练更是持续两天之久。

针对韩国在争议岛屿持续进行军事训练与庆尚北道知事的登岛行动，2018 年 1 月的日韩外长早餐会时，时任外长河野太郎再次提及岛屿问题,[25]以示日本政府的关注。同月,日本"领土主权展示馆"开馆,系统向日本国内宣介对争议岛屿的"主权"领有。3月,日本文部省修订《高中学习指导要领》,将"竹岛"标记为日本"固有领土"。4月,日韩外长会谈时,针对韩国国会议员登岛的计划,河野太郎向韩国进行了外交抗议,要求韩方中止登陆计划。[26]但2018年韩国国会议员并未中止登岛行动,5月,韩国共同民主党国会议员沈载权登岛,这是时隔一年半多以来韩国国会议员再次登岛。受此影响,自民党领土特命委员会通过"要求阻止及中止对日本领土、主权挑衅行为的决议",该委员会委员长新藤义孝议员向时任外长河野太郎递交该决议案,要求外务省在与韩国等国就领土、主权问题进行交涉之际能倾听国会的声音,[27]这对日本政府在处理日韩岛屿问题时带来了一定的政治压力。但该决议对韩国并未构成较大影响,同年"独岛日"前的10月22日,韩国国会教育委员会所属的13名国会议员登岛宣示主权。11月底,韩国又有8名国会议员登岛。日本政府针对韩国国会议员的登岛行动,每次均进行了强烈抗议,外务省亚洲大洋洲局长、日本驻韩公使分别向韩国相关人员表示遗憾、进行抗议。[28]同时,在2018年6月、12月,韩国军队再次在争议岛屿实施为期4天的防御训练,日本政府重申日方在岛屿问题上的立场并对韩军的岛屿防御训练表示极为遗憾,通过外务省亚洲大洋洲局长、驻韩公使分别向韩国政府相关人员进行强烈抗议。[29]2018年,针对韩国在岛屿问题上的行为,日本政府外务省亚洲大洋洲局长、驻韩公使分别向韩国提出强烈抗议,外长会谈时也就岛屿问题向韩国抗议,执政的自民党甚至通过相关领土问题决议以应对韩国在岛屿问题上的行为。

在这一时期,韩国军队在争议岛屿防御训练均按计划进行且训练时间相对延长,韩国国会议员登岛渐呈常态化、密集化趋势,并成立强化争议岛屿教育合作委员会,加强对争议岛屿的控制力度和宣示主权行为。日本政府针对韩国国会议员及韩军的争议岛屿防御训练均通过外务省亚洲大洋洲局长、驻韩公使分别向韩国相关部门强烈抗议,由前一时期的驻韩公使单独抗议发展到外务省亚洲大洋洲局长与驻韩公使同时抗议,甚至多次出现外长级会谈时日方发起的反对与抗议,日本政府以不同的抗议手段与形式同韩国就争议岛屿问题上采取"僵持"策略,并在教科书中加强领土教育,提高日本学生对日本"领土"的认同感,确保岛屿问题的争议属性以及对韩国的压力。同时,自民党领土特命委员会的决议亦逐渐发挥影响,但受国际局势和可用手段等因素的影响和限制,日本政府的抗议与交涉层级得到一定的控制,其影响范围相对有限,始终未成为双方首脑会谈的重要议程,日韩外长会谈时亦少有涉及争议岛屿,保持着"僵持"政策。

(三)韩国对争议岛屿控制的扩展与日本政府抗议的持续

2019 年 8 月 25 日开始,韩国在争议岛屿地区进行为期两天的"守护东海领土训练",[30]此次训练规模无论从舰艇、飞机还是参加人数均为往年的 2 倍,更有韩国当时最大最强的宙斯盾驱逐舰"世宗大王"号参加训练,并进行 2016 年底以来的首次公开登陆训练,为此日本亚洲大洋洲局长、驻韩大使馆公使分别向韩国驻日次席公使、韩国外交部亚洲太平洋审议官进行强烈抗议,强调争议岛屿无论是历史上还是国际法上都是日本固有领土,对韩国的训练极为遗憾,强烈要求中止训练。[31]8 月底,韩国有 6 名国会议员登岛,并就日本对韩输出限制进行抗议,而日本政府则对韩国国会议员的登岛行为进行抗议,其抗议人员的级别与抗议措辞与韩国历次国会议员登岛时极为相近,要求韩国防止类似事件再次发生。[32]

此后,韩国在 2019 年 12 月、2020 年 6 月、2020 年 12 月、2021 年 6 月分别在争议岛屿进行防御训练,但韩国政府考虑日韩关系的紧张、新冠肺炎疫情的扩散等原因,与 2019 年 8 月的防御训练相比,防御训练规模回到 2019 年以前水平。其中 2020 年 6 月的防御训练未登岛,2020 年 12 月与 2021 年 6 月的防御训练则未公开实施。日本政府依旧通过外务省亚洲大洋洲局长、驻韩公使再次向韩国政府提出抗议,强调对争议岛屿领有权的历史合法性与国际合法性。[33]同时,针对韩国国会议员洪硕唆在 2021 年 8 月登岛行为,日本政府向韩国方面进行了强烈的抗议。[34]此外,2021 年 8 月,韩国海洋水产部官网实时公开争议岛屿的影像资料,以增强韩国国内对争议岛屿的认同度与国际社会对争议岛屿的认知度。针对韩国在争议岛屿问题上的最新行动,日本外务省亚洲大洋洲局长、日本驻韩次席公使分别向韩国相关机构人员进行强烈抗议，2021 年 9 月日韩局长级会谈时，日本政府再次就争议岛屿问题向韩国抗议。[35] 可见，日本政府在争议岛屿问题上的对韩抗议保持着一定的稳定性，在抗议过程中会提及国际法上的"正当性"，相关做法在菅义伟政府时期与安倍政府时期的变化不大。

岸田政府成立后，无论是针对韩国在争议岛屿地区的例行防御演习，还是针对韩国国会议员等政治家的登岛行动，均会就此向韩国相关机构人员表达抗议。2021 年 12 月、2022 年 7 月和 12 月、2023 年 7 月和 12 月，韩国均按惯例在争议岛屿地区进行防御训练，日本政府对此也依旧按惯例由亚洲大洋洲局长、日本驻韩次席公使分别向韩国相关机构人员提出强烈抗议，声称依据历史事实和国际法，争议岛屿均是日本"固有领土"，"无法接受韩国的训练"。[36] 2023 年 5 月，韩国在野党议员田溶冀登岛，日本亚洲大洋洲局长、日本驻韩次席公使向韩国相关机构人员发出抗议，其说辞与抗议韩国争议岛屿地区防御训练时相近。[37] 韩国警察厅长官金昌龙 2021 年 11 月登上争议岛屿，此次警察厅长官登岛行为时隔 12 年，具有较强的象征意义，日本政府向韩国方面进行了强烈的抗议，在 2021 年 11 月的日韩事务次官级会谈、日韩局长级会谈期间，日本政府多次向韩国再次传达了日本在争议岛屿问题上的政策立场。[38] 此外，韩国加强在争议岛屿地区的海洋调查行动，韩国在2022 年的 5 月在争议岛屿地区进行了海洋调查，日本亚洲大洋洲局长、日本驻韩次席公使向韩国相关机构人员进行强烈抗议，内阁官房长官在会见记者时也表达不满，而且自民党外交部会与领土特别委员会举行联席会议，出席议员要求日本政府在争议岛屿地区也进行海洋调查等新的对抗措施，对日本政府进行施压。[39] 在 6 月的日韩局长级会谈时，日本政府再次就韩国在争议岛屿地区的海洋调查进行抗议。[40] 但韩国并未理会，而是在 2022 年的 7 月、8 月、10 月再次进行多轮海洋调查活动，7 月，韩国 3 艘海洋调查船在争议岛屿地区进行调查，3 艘海洋调查船在一周内（7 月下旬）进行密集海洋调查较为罕见，[41] 10 月的海洋调查活动则首次将起航地设在巨济地区，这也是韩国首次使用研究船在争议岛屿地区进行调查活动，此前均使用民间渔船进行调查。[42] 日本政府对此依旧进行强烈抗议，但抗议级别与此前几乎相同，可见韩国意欲加强对争议岛屿的实际控制,向外界传递在争议岛屿问题上的明确信号,而日本政府则不愿争议岛屿问题被激化。

自 2019 年 8 月以来,韩国方面不仅继续有国会议员不定期的登岛行为,知事、警察厅长官也相继登岛,而且韩国相对加强了在争议岛屿地区的海洋调查活动以及对在争议岛屿地区进行防御训练的重视,特别是 2019 年 8 月的军事训练,不仅训练规模、装备显著提升,而且将训练名称由以争议岛屿为名称的军事训练上升为"守护东海领土训练",其覆盖范围更加广泛。而日本政府的抗议则变化不大,继续通过外务省亚洲大洋洲局长和驻韩公使分别向韩国相关部门人员提出抗议,当韩国在争议岛屿上采取非惯例性行动时,日本政府会在日韩局长级会谈时向韩国表明立场并提出抗议,同时持续加强领土教育,在教科书中坚持将争议岛屿称为日本"固有领土"。但日本政府受日韩悬案较多等因素的影响,在外长及以上级别会谈时,会尽量避开争议岛屿问题,在官网通稿中鲜有提及争议岛屿问题。

通过对日本政府在日韩争议岛屿问题上政策历程的分析可知,日韩争议岛屿问题大致经历了 2012 年底到 2015 年的过渡与缓和阶段、2016 年到 2018 年的日韩岛屿问题争端的升级、2019 年至 2023 年的岛屿问题争端的深化与扩展等三个阶段。从整体上看,无论是韩国国会议员或政府人员的登岛,还是争议岛屿相关机构的设立或军事训练的实施,日本政府均会根据不同情况向韩国提出不同程度的反对与抗议以实行"僵持"政策,并逐渐由驻韩公使抗议向外务省亚洲大洋洲局长与驻韩公使分别抗议同时进行,当韩国在争议岛屿问题上采取罕见行动时,日本政府大多会在局长级会谈中向韩国政府重申日本在争议岛屿问题上的立场,向韩国提出强烈抗议,甚至在个别时期的外长会谈时会向韩国提出抗议,并且在教科书中加强领土教育,提高日本学生对"领土"的认同,更侧重于国内宣传与认知建设。但双方均希望将岛屿问题争端控制在一定范围内,日本政府尽量回避岛根县将"竹岛日"由县级纪念活动上升到国家级纪念活动的诉求,其内阁大臣也自 2013 年连续 11 年未参加岛根县的"竹岛日"纪念活动,[43] 其目的意在避免过分刺激韩国民族主义情绪。另外,日本政府在日韩岛屿问题争端上,受国际局势与对争议岛屿实际控制情况等因素影响,其可利用的手段主要局限在向韩国提出不同程度的反对与抗议,以及在历年的《外交蓝皮书》《防卫白皮书》以及中小学教科书中保持对争议岛屿领有权的声明,在"竹岛日"时常选派政务官出席相关活动,以示对该活动的支持,在强化对日本国民"领土教育"的同时使该问题保持争议状态,为该问题的解决提供一定的舆论与思想准备。这在日本看来,外务省手册和文部省《学习指导要领》解说的记述,并未包含新的内容,关于岛屿问题,仅是最低程度的行动而已。[44] 因此,从整体来看,对争议岛屿领有权声明的"僵持"战略是日本政府在日韩岛屿问题争端中利用国际法的相对理性选择,既降低争议岛屿问题的历史属性,避免历史问题上的道义缺失;也加强日本国内对岛屿问题的认知,为日后处理该问题做好铺垫;还确保将岛屿问题争端限定在一定范围内,避免将矛盾激化而影响其他问题的解决。

二、日本政府在日韩岛屿问题上政策的根源

通过对日本政府在日韩岛屿问题上的政策历程分析可知,日本政府在岛屿问题上长期以"僵持"策略进行"去历史化"。随着韩国逐渐加强对争议岛屿的控制,国会议员登岛渐成常态化、争议岛屿军事训练规模亦有所增强,日本政府所采取的"僵持"策略亦在稳定中不断提升。日本政府在实施"僵持"政策过程中,在日韩岛屿问题争端中相对克制,很大程度上使该问题得到一定的管控,因此岛屿问题并未成为影响日韩关系发展的重要障碍。日本政府在岛屿问题争端上既未选择"对抗"政策,亦未采取"妥协"政策,而是实施了有克制的"僵持"政策,这主要取决于以下原因。

(一)岛屿问题具有深刻的国际法属性与历史属性

国际法方面不具有优势性。关于争议岛屿的归属问题,日韩两国均从历史与国际法两方面寻求对本国有利的证据作为支撑,双方在岛屿问题上的争议点主要包括历史文献中的权益、1905年编入争议岛屿的有效性以及二战后的调停等三方面,双方在归属问题上各执一词、互

不相让,若从国际法的视角来看,很难说日方更具国际法优势。[45]而且韩国掌握着争议岛屿的实际控制权,坚持主张不存在岛屿领土主权的争端,至今分别在 1954 年、1962 年以及 2012 年三次拒绝日方提出的通过国际法院裁决争议岛屿归属权的提议。[46]日本政府几次希望诉诸国际法院进行裁决是一种稳赚不输的政策,该政策很难得到韩国政府的积极应答。同时,由于日本政府担心将岛屿问题提交国际仲裁会引发中国将中日钓鱼岛问题提交国际仲裁,因此选择国际法院而非国际仲裁法院。特别是中菲黄岩岛仲裁协议后,仲裁法院甚至无视事实,将南海地区最大的岛屿太平岛视为"岛礁",若日本政府强行单方面将岛屿问题提交国际仲裁,不仅会使日韩关系受到严重冲击,更易使争议岛屿的"岛屿"属性遭受冲击,届时,争议岛屿在国际法上的属性由"岛屿"变为"岛礁",将直接影响日韩两国的地缘政治利益与经济利益,是一种典型的"杀敌一千,自损八百"的非理智行为,甚至可能危及冲之鸟礁(日本称"冲之鸟岛")的国际法属性。[47]

历史属性导致的资源投入意愿具有不对称性。领土争端不仅体现在领土身份的象征意义上,还涉及政权合法性和民族自尊心等许多议题。[48]1904 年 2 月,日韩签订日韩议定书,1905 年 1 月争议岛屿并入日本领土,1910 年 8 月《日韩合并条约》签订,韩国被日本吞并。对于这段历史,韩国国内认为吞并争议岛屿是日本帝国主义入侵韩国的第一步,韩国国内对争议岛屿有着强烈的民族认同,日本对争议岛屿领土的诉求在韩国则被视为日本军国主义复辟的迹象。同时,争议岛屿也是能够激发韩国民族主义的重要场所,韩国政府因岛屿争端而倾尽全国之力的非理性行为并不足为奇,甚至会"死守独岛",这也是韩国历届政府逐步加强对争议岛屿的控制、国会议员等政治家经常访问争议岛屿的重要国内因素。与此相对,日本政府在涉及历史问题时,由于受到二战后国际秩序和国内和平宪法限制,不具有国际道义与国际舆论优势,因此对抗的底气相对不足。日韩两国对争议岛屿投入更多资源的意愿存在鲜明的差距。[49]而且岛屿问题对日本政府来说,更多体现在领土所具有的地缘利益与经济利益方面,日本国内在岛屿问题上的民族主义因素相对较弱,处理岛屿问题相对被动,甚至会对岛根县的激进行为进行抑制,日本政府当前尚不愿因岛屿问题争端而倾尽日本全国之力与韩国对抗,以"僵持"进行"去历史化"随之成为其重要选项。

综合而言,日本政府在日韩岛屿问题争端中不具有国际法优势与资源利用优势,[50]因此在岛屿问题上并未对韩国采取"对抗"的政策。但随着日本新民族主义的逐渐兴起,任何政府都难以承受"割地求和"带来的政治与舆论压力,特别是面对主张拥有争议岛屿领有权的岛根县时,将承受更强的压力,若处理不好将会使日本政府及其自民党彻底失去岛根县民众以及支持争议岛屿领有权国民的支持。因此,对日本政府来说,在岛屿问题上,通过既非"对抗"、亦非"妥协"的"僵持"政策、宣传对本国有利的证据占据舆论主动以及以外交抗议使争议岛屿维持国际法中的争议领土的法律属性是目前较合理的战略选择。

(二)韩国长期且稳固拥有争议岛屿的实际控制权

自 1953 年 7 月韩国实际控制争议岛屿以来,韩国逐步加强对争议岛屿地区的控制力度,并在国际社会中宣扬对争议岛屿拥有主权的历史性与国际法依据,主张岛屿的非争议性。由于韩国对争议岛屿的实际控制权较为牢固,在岛屿问题上可采取更多更具实际性的政策和措施,包括加强争议岛屿防御军事训练、巩固岛上军事与民用设备设施、政治人员及国民登岛活动、以侵略受害者身份的国际国内舆论宣传等方面,在岛屿问题上掌握着牢固的主动权。[51]如今,经过韩国对争议岛屿 70 余年的实际控制,无论是韩国国民还是日本多数国民,在争议岛屿的实际控制权方面已经能够适应既定事实。而且,自 1993 年以来,韩国几乎每年均会举行两次争议岛屿军事训练,该训练主要以维护韩国对争议岛屿的实际控制为目的,以此遏制外国人员"非法"登岛或外国武装"非法"入侵。

武力夺岛几乎不可能。韩国将争议岛屿视为韩国的灵魂和被日本侵略的"处女地",对争议岛屿有着强烈的"独岛憧憬主义"情感,甚至超过了单纯的历史问题,日本如果真的想夺回争议岛屿的话,只能通过武力方式实现,但日本国民几乎不会支持。[52]而且与收益和优势相比,国家对损失和不利条件则更为敏感,[53]即韩国政府对争议岛屿的得失较日本政府更为敏感,这进一步遏制了日本政府武力夺岛的可能性。此外,从单纯的日韩两国军事实力对比来看,日本政府在夺岛问题上并不具备压倒性优势,在夺岛及守岛问题上没有十足把握,贸然行动必然遭到韩国的猛烈反击,不仅难以夺取争议岛屿,甚至将直接导致日韩战争的爆发。特别是受到日韩两国共同盟友美国的限制与日本国内和平宪法的制约,还会在非安全领域付出高昂代价,[54]武力夺岛将使日本政府的国际、国内处境异常艰难,通过武力改变岛屿控制权绝非日本政府的理性选项。因此,虽然日韩岛屿问题与历史的主权问题、近现代史等方面相结合,但日韩两国因岛屿问题引发武力冲突的可能性很小。[55]

综合以上因素,日本政府在既无法实现武装夺取争议岛屿以改变领土归属的可能,更无法通过国际法宣传使韩国主动放弃争议岛屿的领有权,面对韩国逐步加强在争议岛屿地区的主权宣示与军事存在,最现实的选择只能是韩国政府在岛屿问题上采取行动时,通过不同程度的外交抗议与国际舆论宣传的"僵持"政策来维持争议岛屿在国际法上的争议属性。

(三)岛屿问题并非日本政府外交重点

对韩外交并非日本政府的外交重点。日本政府外交政策有着明确的战略布局。日美同盟作为日本外交战略的重要基轴是日本政府对外战略的核心,"自由而开放的"印太战略是日本政府外交战略的重点,印度和澳大利亚是重要对象,东盟是重要伙伴,[56]而且"日美澳印"四国联盟作为日本政府大国外交的新形态,同这些国家和地区的合作在日本政府外交战略实施中占有更重要的位置。[57]虽然中国、韩国、朝鲜、俄罗斯作为日本的重要邻国,对日本外交战略的实施有着重要的影响,但由于受日韩历史问题周而复始、朝核问题举步维艰、俄日南千岛群岛(日本称北方四岛)问题破局难解等因素影响,日本政府更重视同印太地区各国之间的发展,与"北向"外交政策相比,"南向"外交政策的发展难度更小、空间更大、基础更稳,争议岛屿的地缘政治属性、经济属性的重要性相对降低。因此,日本政府在不愿放弃对争议岛屿主权主张的同时,亦不愿因岛屿问题引发日韩对抗而影响其外交战略的全球性布局,"僵持"政策是日本政府面对国际复杂局势的必然选择。

  岛屿问题并非日本政府对韩外交的重点。对韩外交虽非日本政府外交战略的重点方向,但并不代表日本政府不重视日韩关系。韩国对国际社会的经济格局、科技合作有重要影响,也是美国印太战略的实施、东北亚局势的稳定的重要影响因素。日韩两国都是二十国集团、东盟-中日韩(10+3)、亚太经济合作组织(APEC)重要成员国,两国在经济合作、人员往来等方面十分密切,对国际社会的发展有着重要的影响。发展日韩关系对巩固美日韩合作、中日韩合作以及"中日韩+"等多边合作有重要影响,特别是日本政府在应对朝核问题及绑架问题等方面,需要韩国政府在国际社会上的支持与合作。在美国的协调下,日韩、美日韩合作的程度更加紧密,对东北亚地区格局产生深远影响。可见,对韩外交以及"日韩+"多边合作对日本政府外交战略的实施会产生重要影响。日本政府在发展对韩外交时,历史问题对两国关系的挑战主要在慰安妇和强征劳工问题上,受岛屿问题的争议属性与影响范围影响,岛屿问题既非日韩历史问题的焦点,亦非日本政府对韩外交的中心议题,日本政府并不希望因岛屿问题而影响日韩关系的大局,因此在岛屿问题上采取"僵持"的政策措施。

  总之,日本政府在不放弃对争议岛屿主权声索的同时,既不希望因岛屿问题影响其全球性外交战略的实施,更不希望因岛屿问题影响日韩关系的大局稳定,在此情况下,采取"不进不退"的"僵持"外交政策,使其不会成为日本政府"去历史化"过程中的"阻碍",以此坚持维护争议岛屿的现状是较合理的策略选择。

  日本国内对拥有争议岛屿主权问题上的认知相对统一,特别是岛根县对拥有争议岛屿主权问题上的意志尤为强烈,积极主张将"竹岛日"由县级纪念日上升到"国家级"纪念日。加之争议岛屿所具有的地缘、经济等价值,使日本政府不敢冒政治风险在岛屿问题上对韩国实行"妥协"政策,尤其是这种"妥协"极易被韩国视为理所当然的外交行为时更是如此。日本政府在岛屿问题上,既不占有历史性的优势、亦不占有国际法的优势,更是受到国际局势限制与国内宪法的制约,可采取的"对抗"政策极为有限,特别是韩国受民族主义、历史记忆等因素影响,对拥有争议岛屿主权、强化争议岛屿控制的意志十分强硬,通过对话解决也不太可能。[58] 面对韩国对争议岛屿的实际控制,采取"对抗"政策并不符合岛屿问题的实际情况。日本政府基于以上因素,在日韩岛屿问题争端中采取了既非"对抗"又非"妥协"的"僵持"政策,这或许是日本政府相对明智的对策,这样既回应了国内对争议岛屿主权主张的呼声,巩固了日本国民对其政府的支持,亦避免了过分刺激韩国民族主义情绪,进而引发日韩关系激烈对立的风险。

三、日韩争议岛屿问题前景分析

日韩岛屿问题争端已久,两国在对岛屿问题的认知、解决方式等方面存在根本不同。由于争议岛屿实际控制权长期而牢固地掌握在韩国手中,受国际局势与日本国内现实情况影响,日本政府无力亦无意以武力改变这种控制现状。在未来一段时期,韩国政府将继续加强对争议岛屿的实际控制与国际宣传,韩国在争议岛屿军事训练将在制度化基础上逐渐增加规模,国会议员等政治家为争取韩国民众支持,其登岛行为人数与频率将呈上升趋势,争议岛屿上相关基础设施建设将更加完备,韩国国民登岛旅行等社会性活动亦将继续增加。但韩国不得不顾及日韩关系的发展,韩国总统亲自登岛的行为或将有所克制,庆尚北道以外地区的地方领导人登岛动力有限,韩国在增加对争议岛屿的实际控制方面也将采取循序渐进的策略。

与此相对,由于韩国牢固地控制着争议岛屿地区,日本在岛屿问题上可采取的应对政策相对有限,相对处在被动应对的状态。因此,若在国际局势基本稳定的情况下,针对韩国在岛屿问题上的行动,日本政府将继续保持"僵持"政策以缓慢地"去历史化"。出于对日韩关系的考量,若岛屿问题未找到能让双方都接受的条件,在日韩首脑会谈时关于岛屿问题的讨论将较少出现。

从某种意义上说,日韩岛屿问题争端是否激化一方面取决于东亚地区政治、安全局势的发展演变,另一方面取决于韩国政府是否会为得到国民支持而采取通过岛屿问题调动民族主义情绪,日本政府如何应对相关变局,这两方面都可能使岛屿问题激化,进而影响日韩关系的发展进程。

四、小　结

日本政府对日韩岛屿问题政策历程大致经历 2012 年底到 2015 年的持续紧张与缓和期、2016 年到 2019 年 8 月的韩国加强主权宣示与日本政府抗议升级期、2019 年到 2023 年的韩国扩展对争议岛屿控制与日本政府持续抗议期三个时期。日本政府在日韩岛屿问题上，无论是韩国在争议岛屿附近的军事训练，还是国会议员、知事或政治家登岛，抑或是韩国加强争议岛屿基础设施建设、海洋调查互动，日本政府均通过外交途径向韩国进行了反对与抗议，并随着韩国在岛屿问题上行动的加强，反对与抗议力度亦随之加强。面对韩国逐渐加强争议岛屿控制的趋势，日本政府向韩国的抗议由日本驻韩人员的单途径抗议向日本驻韩人员与日本外务省人员分别向韩国相关部门人员进行的双途径抗议转化，在外长级会谈中谈及岛屿问题的频率亦有所增加，以此向国际社会宣示争议岛屿的"主权"与"地位未定"，但外长级、首脑级抗议、施压被尽量控制，避免日韩关系僵化。

在岛屿问题上，日本政府的"去历史化"政策之所以未采取"对抗"政策进行的主要原因在于岛屿问题兼具有国际法属性与历史属性，韩国长期实际控制争议岛屿地区。日韩两国始终未签署解决岛屿问题的条约或文件，1953 年以来长期争议岛屿由韩国实际控制。有关该岛归属的根据，日韩双方各执一词，在国际社会中均宣传于己有利的历史性与国际法方面的证据，日本政府在国际法与实际控制权方面，并不占据明显的优势。岛屿问题被韩国视为日本侵略的遗留问题，具有强烈的历史问题属性，对韩国民族主义情绪有重要的影响，韩国国内在韩国拥有争议岛屿主权问题上认知一致性很强。与此相对，日本政府之所以未在岛屿问题上采取"妥协"的"去历史化"政策，是因为日本国内在岛屿问题上的认知亦较为统一，对日本政府在岛屿问题上的政策产生一定的压力。而且争议岛屿问题兼具历史问题属性与领土争端属性，因主权具有不可分割性，在韩国占据争议岛屿的情况下，日本政府如果让步，将促使韩国完全占据争议岛屿而不必面对国际法的任何调整，日本极可能失去争夺争议岛屿的权力。因此，日本政府出于政权团结性与稳定性等因素考虑,不敢轻易让渡争议岛屿主权。在这种情况下,日本政府既要坚持对争议岛屿主权的声明,以维护日本国家利益,又得在有限的外交行为中相对克制,以免激化日韩历史矛盾;既要有效回应日本国内新民族主义在岛屿问题上的呼声,以此强化政权的稳定性,又得合理抑制国内强硬势力的影响,以此促进其外交战略的有效推进。基于以上原因的考虑,日本政府在日韩岛屿问题上采取了既非慰安妇问题、强征劳工问题上的"对抗"政策,亦非靖国神社问题、历史教科书问题上的"妥协"政策,而是实行了相对稳妥的"一事一议"的"僵持"政策,主要针对韩国在岛屿问题上的行动进行不同程度的抗议进行国际宣传,使岛屿问题在国际法问题上维持争议属性,同时强化日本国民对岛屿问题的认知,在对外宣传中找寻对自己有利的证据,加强国际社会对日本的支持。基于对日本政府采取"僵持"政策根源的分析,日本政府短期内的政策不会发生根本性转变。今后,日本政府或将继续维持"僵持"政策进行"去历史化"的努力,使该问题在低烈度中进行交涉。

注释

1. 包括是否确有安龙福其人、安龙福的地位、安龙福在日本的言行、大韩《敕令第四十一号:改称郁陵岛为郁岛、改称岛监为郡守》的内容指涉、《开罗宣言》和《波茨坦公告》的适用范围、《旧金山和约》的适用范围等等。具体可参见:下條正男:『竹島は日韓どちらのものか』,文藝春秋 2005 年版。

2. 坂本茂樹:『日本の海洋政策と海洋法』,信山社 2018 年版,330—331 頁。兼原敦子:「日韓海洋科学調査問題への国際法に基づく日本の対応」,『ジュリスト』2006 年 1321 号,59 頁。

3. 日本的县级相当于中国的省级。

4.「日本の領土をめぐる情勢」,外務省,https://www.mofa.go.jp/mofaj/a_o/na/takeshima/page1w_000021.html,2017 年 4 月 12 日。

5. 金学俊:『独島/竹島　韓国の論理』,Hosaka Yuji 訳,論創社 2004 年版,18—21 頁。

6.「(地球 24 時)韓国が外交青書の竹島記述に抗議」,『朝日新聞』(朝刊),2013 年 4 月 6 日。「(地球 24 時)竹島問題で韓国が『海洋警察署』新設」,『朝日新聞』(朝刊),2013 年 4 月 20 日。

7.「韓国野党代表らが竹島上陸」,日本経済新聞,https://www.nikkei.com/article/DGXNASFK1301E_T10C13A8000000/,2013 年 8 月 13 日。

8. 防衛省:『防衛白書』,2015 年版,3 頁。

9.「日韓外相会談(概要)」,外務省,https://www.mofa.go.jp/mofaj/kaidan/page4_

000208.html、2013 年 9 月 27 日。

10.「韓国が竹島で訓練、日本政府は抗議」、日テレ NEWS24、https：//www.news24.jp/articles/2013/10/26/04239081.html、2013 年 10 月 26 日。

11.「韓国『竹島沖で射撃訓練』 きょう実施、日本政府は中止要請」、『朝日新聞』（朝刊）、2014 年 6 月 20 日。外務省：「岸田外務大臣会見記録（平成 26 年 6 月 20 日（金曜日）9 時 08 分 於：本省会見室）」、https：//www.mofa.go.jp/mofaj/press/kaiken/kaiken4_000094.html＃topic4、2014 年 6 月 20 日。

12.「韓国、竹島周辺で射撃訓練を強行 要請無視、日本の領海含む海域」、産経新聞、https：//www.sankei.com/world/news/140620/wor1406200029-n1.html、2014 年 6 月 20 日。

13.「韓国軍、竹島の防衛訓練 上陸はせず」、『朝日新聞』（朝刊）、2014 年 11 月 25 日。「岸田外務大臣会見記録（平成 26 年 11 月 25 日（火曜日）10 時 44 分 於：官邸エントランスホール）」、外務省、https：//www.mofa.go.jp/mofaj/press/kaiken/kaiken4_000151.html＃topic4、2014 年 11 月 25 日。

14.「竹島・尖閣諸島を明記 『我が国固有の領土』 学習指導要領案」、日本経済新聞、https：//www.nikkei.com/article/DGXLZO12920630U7A210C1CR8000/、2017 年 2 月 15 日。

15.「韓国、防衛白書の韓国語に抗議 竹島の記載で」、日本経済新聞、https：//www.nikkei.com/article/DGXLASGM21H83_R20C15A1FF2000/、2015 年 1 月 21 日。

16.「韓国の竹島軍事訓練に在韓日本公使が抗議」、日テレ NEWS24、https：//www.news24.jp/articles/2015/05/15/10275162.html、2015 年 5 月 15 日。

17.「日韓外相会談」、外務省、https：//www.mofa.go.jp/mofaj/a_o/na/kr/page4_001418.html、2015 年 10 月 1 日。「日韓外相会談」、外務省、https：//www.mofa.go.jp/mofaj/a_o/na/kr/page4_001499.html、2015 年 11 月 1 日。

18.「日韓外相電話会談」、外務省、https：//www.mofa.go.jp/mofaj/a_o/na/kr/page4_002234.html、2016 年 8 月 12 日。

19.「韓国の国会議員、10 人が竹島上陸」、『朝日新聞』（夕刊）、2016 年 8 月 15 日。「韓国与野党議員 10 人、きょう独島訪問」、中央日報（日本語）、https：//japanese.joins.com/JArticle/219379、2016 年 8 月 15 日。

20.「日韓外相会談」、外務省、https：//www.mofa.go.jp/mofaj/a_o/na/kr/page4_002249.html、2016 年 8 月 24 日。

21.「韓国軍による竹島防御訓練に対する抗議」、外務省、2016 年 12 月 21 日、https：//www.mofa.go.jp/mofaj/press/release/press3_000241.html。

22.「日韓外相会談」、外務省、https：//www.mofa.go.jp/mofaj/a_o/na/kr/page4_002802.html、2017 年 2 月 17 日。

23.「韓国軍による竹島軍事訓練（防御訓練）に対する抗議」、外務省、https：//www.mofa.go.jp/mofaj/press/release/press4_004721.html、2017 年 6 月 15 日。「韓国軍による竹島防御訓練に対する抗議」、外務省、https：//www.mofa.go.jp/mofaj/press/release/press4_005483.html、2017 年 12 月 28 日。

24.「韓国海兵隊、竹島防衛部隊の創設計画を公表 『先制的な対応策を講じている』」、産経新聞、https：//www.sankei.com/politics/news/171019/plt1710190069-n1.html、2017 年 10 月 19 日。

25.「日韓外相朝食会」、外務省、https：//www.mofa.go.jp/mofaj/a_o/na/kr/page11_000084.html、2018 年 1 月 16 日。

26.「日韓外相会談」、外務省、https：//www.mofa.go.jp/mofaj/a_o/na/kr/page4_

003915.html、2018 年 4 月 11 日。

27.「自由民主党領土に関する特命委員会による河野外務大臣への申入れ」、外務省、https://www.mofa.go.jp/mofaj/press/release/press4_006580.html、2018 年 10 月 17 日。

28.「韓国国会議員が竹島上陸　日本政府が抗議」、産経新聞、https://www.sankei.com/politics/news/180528/plt1805280034-n1.html、2018 年 5 月 28 日。韓国議員が竹島上陸」、『朝日新聞』(朝刊)、2018 年 10 月 23 日。「韓国国会議員が竹島上陸　菅長官『到底受け入れられず』」、朝日新聞、https://www.asahi.com/articles/ASLBQ5519LBQUHBI01L.html、2018 年 10 月 22 日。「韓国国会議員団による竹島上陸に対する抗議」、外務省、https://www.mofa.go.jp/mofaj/press/release/press4_006775.html、2018 年 11 月 26 日。

29.「韓国軍による竹島防御訓練に対する抗議」、外務省、https://www.mofa.go.jp/mofaj/press/release/press4_006873.html、2018 年 12 月 13 日。

30. 韩国将日本海称为东海。

31.「先送り竹島訓練、韓国軍が始める　輸出規制に対抗か　日本抗議」、『朝日新聞』(朝刊)、2019 年 8 月 26 日。「韓国軍による竹島における軍事訓練に対する抗議」、外務省、https://www.mofa.go.jp/mofaj/press/release/press4_007737.html、2019 年 8 月 25 日。「韓国軍、独島防御訓練にイージス艦・特戦司を初めて投入」、中央日報(日本語版)、https://japanese.joins.com/JArticle/256909、2019 年 8 月 26 日。

32.「韓国の国会議員 6 人竹島上陸　政府『極めて遺憾』と抗議」、朝日新聞、https://www.asahi.com/articles/ASM803TNXM80UHBI00P.html、2019 年 8 月 31 日。

33.「韓国軍による竹島に関する軍事訓練に対する抗議」、外務省、https://www.mofa.go.jp/mofaj/press/release/press4_008467.html、2020 年 6 月 5 日。「韓国軍による竹島に関する軍事訓練に対する抗議」、外務省、https://www.mofa.go.jp/mofaj/press/release/press4_008206.html、2019 年 12 月 27 日。「韓国軍が竹島『防衛』訓練、非公開で実施　日本への刺激抑制か」、産経新聞、https://www.sankei.com/article/20201225-TFAMRGMTYZKRJEOJW4OZLOTG3Q/、2020 年 12 月 25 日。「韓国軍、竹島上陸訓練は見送り　周辺で訓練実施」、産経新聞、https://www.sankei.com/article/20210615-UEIKH5SCUFJINBBRHJLWWBZP2M/、2021 年 6 月 15 日。「韓国の竹島軍事演習加藤長官、強い抗議と中止要請」、産経新聞、https://www.sankei.com/article/20210614-6JI3OBUDQFPLFDBBQ55XB6DHCU/、2021 年 6 月 14 日。

34.「韓国国会議員による竹島上陸に対する抗議」、外務省、https://www.mofa.go.jp/mofaj/press/release/press3_000561.html、2021 年 8 月 17 日。「日韓局長協議の開催(結果)」、外務省、https://www.mofa.go.jp/mofaj/press/release/press6_000913.html、2021 年 9 月 16 日。

35.「韓国海洋水産部による竹島のリアルタイム映像公開に対する抗議」、外務省、https://www.mofa.go.jp/mofaj/press/release/press4_009108.html、2021 年 8 月 6 日。

36. 参照日本外務省、https://www.mofa.go.jp/mofaj/area/korea/index.html、2024 年 1 月 9 日。

37.「韓国国会議員による竹島上陸に対する抗議」、外務省、https://www.mofa.go.jp/mofaj/press/release/press1_001463.html、2023 年 5 月 2 日。

38.「韓国警察庁長官が竹島上陸　12 年ぶり、日本強く抗議」、産経新聞、https://www.sankei.com/article/20211116-DQYSN6ZYYJJ5XPCHZQTIJFCDLA/、2021 年 11 月 16 日。「森健良外務事務次官と崔鍾建(チェ・ジョンゴン)韓国外交部第 1 次官との協議」、外務省、https://www.mofa.go.jp/mofaj/press/release/press3_000638.html、

2021 年 11 月 18 日。「日韓局長協議の開催（結果）」、外務省、https：//www. mofa. go. jp/mofaj/press/release/press6_000989.html、2021 年 11 月 22 日。

39.「韓国、竹島の日本 EEZ 内で調査　日本抗議」、産経新聞、https：//www. sankei. com/article/20220529-QY66TJNHN5MZZBHIPBH7OH5BVE/、2022 年 5 月 29 日。「自民部会『韓国に対抗措置を』　竹島 EEZ 調査船」、産経新聞、https：//www. sankei. com/article/20220531-2KPXYLXNBNLXVENR7G26GJXPOE/、2022 年 5 月 31 日。

40.「日韓局長協議の開催（結果）」、外務省、https：//www. mofa. go. jp/mofaj/press/release/press1_000902.html、2022 年 6 月 2 日。

41.「韓国海洋調査船 3 隻、竹島周辺で領海侵入　7 月下旬に異例の複数投入」、産経新聞、https：//www. sankei. com/article/20220731-BSDFZQIFRJLPPNG7JL3C45MVNE/、2022 年 6 月 2 日。「韓国、竹島 EEZ で調査、外務省『即時中止すべき』と抗議」、産経新聞、https：//www. sankei. com/article/20220819-IURZRAP4HJJEPIHVSGVG6U3QSI/、2022 年 8 月 19 日。

42.「韓国　竹島専用研究船が初出航、日本側の反発も」、産経新聞、https：//www. sankei.com/article/20221009-754QT5JIZ5JS5CKZRD5BXKNFR4/、2022 年 10 月 9 日。

43.「〈独自〉『竹島の日』式典、11 年連続で政務官派遣へ　今年も閣僚は出席せず」、産経新聞、https：//www. sankei. com/article/20230216-SQWUSK6NUVO4BI2RFNLBZI2JC4/、2023 年 2 月 16 日。

44. 東郷和彦：『歴史と外交』、講談社 2008 年版、148—149 頁。

45. 保坂正康：『歴史でたどる領土問題の真実』、朝日新聞出版 2011 年版、168—169 頁。下條正男：『竹島は日韓どちらのものか』、文藝春秋 2005 年版。李峰、郑先武、宋文志：《历史性权利、国际法与主权诉求——韩国学者论独岛/竹岛争端》，《和平与发展》2015 年第 4 期。王海龙：《论独岛领有权问题》，《当代韩国》2013 年第 3 期，第 15 页。Park Pae-Keun, "A Review on the Studies of Dokdo Issue by Third Party Scholars," THE JOURNAL OF DOKDO, Vol.20, 2016, pp.143—164.

46.「日本は国際司法裁判所への付託を提案、韓国は拒否」、内閣官房、https：//www.cas.go.jp/jp/ryodo/taiou/takeshima/takeshima02-07.html。

47. 坂本茂樹：『日本の海洋政策と海洋法』、信山社 2018 年版、514—517 頁。

48. 余潇枫、周冉：《安全镶嵌：构建中国周边信任的新视角》，《浙江大学学报（人文社会科学版）》2017 年 1 月，第 153 页。

49. 下條正男：「竹島問題の解決を阻むもの」、『海外事情』2017 年 6 月号、73—77 頁。

50. 金香兰、王鸿生：《韩日独岛之争探析》，《太平洋学报》2013 年第 8 期，第 57—62 页。李峰、郑先武、宋文志：《历史性权利、国际法与主权诉求——韩国学者论独岛/竹岛争端》，《和平与发展》2015 年第 4 期，第 42—61 页。

51. 桂静、于耀东：《韩国强化无人岛管理的做法及对中国的启示》，《当代韩国》2013 年第 1 期，第 101—108 页。

52. 保阪正康、東郷和彦：『日本の領土問題　北方四島、竹島、尖閣諸島』、角川書店 2012 年版、194—206 頁。山田吉彦：『日本の国境』、新潮社 2005 年版、163—165 頁。桂静：《韩日独岛争端及其借鉴意义》，《当代韩国》2013 年第 3 期，第 12 页。

53. Amos Tversky, Daniel Kahneman, "Loss Aversion in Riskless Choice：A Reference-dependent", The Quarterly Journal of Economics, Vol.106, No.4, 1991, p.1039. 林民旺：《前景理论与外交决策》，《外交评论》2006 年第 5 期，第 65 页。

54. ［美］罗伯特·O.基欧汉、［美］约瑟夫·奈：《权力与相互依赖》，门洪华译，北京大学出版社 2014 年版，第 90 页。

55.［韩］具天书:《东北亚共同体建设:阻碍性因素及其超越——韩国的视角》,北京大学出版社 2014 年版,第 90 页。

56. 刘江永:《安倍内阁的外交战略及前景》,《当代世界》2020 年第 3 期,第 41 页。

57. 篠田英朗:「国際法の日本 VS 歴史認識の韓国」、『Voice』2019 年第 10 号、56 頁。

58. 町田貢:「脱線日韓外交はどこへ行く」、『海外事情』2015 年 5 月号、38 頁。

第五章

日本政府历史问题差异化政策原因分析

日本政府在摆脱战后体制的"去历史化"过程中,在日韩历史问题上实施了不同的外交政策,在慰安妇问题、强征劳工问题上实施了明显的"对抗"政策,在靖国神社问题、历史教科书问题上则实施了相对的"妥协"政策,在岛屿问题上则实施了"僵持"政策。综合看来,日本政府之所以在不同历史问题上采取了不同的外交政策,其根源在于日本政府的外交政策受日本核心政治家自身历史价值观念影响的同时,更深受国内因素与国际因素的综合影响。从普遍性、全局性的角度分析影响日本政府在历史问题上采取的差异性对韩政策的因素,是全面认识日本政府在日韩历史问题上外交政策的基础,也是分析日本政府外交政策的重要切入点,更是探索日韩历史问题可能走向的重要线索。

一、日本政府对日韩历史问题政策的基本特征

日本政府的外交政策具有明显的积极性、全局性、务实性、"去历史化"等特征,因此,日本政府的外交政策一方面以"积极的和平主义"或"新时代现实主义"为引领,以印太地区为舞台,在印太战略下,积极开展同美国、中国、印度、澳大利亚等国的务实外交关系。另一方面以摆脱战后体制为目标,积极推进"战后外交总决算"等"去历史化"进程,在历史修正主义指导下加强同俄罗斯、韩国、朝鲜等国的外交活动。日本政府在日韩历史问题上的外交策略作为日本政府在历史修正主义指导下谋求摆脱战后体制束缚的重要组成部分,是日本政府外交政策基本特征的缩影。同时,日本政府外交政策的方针、目的对其在日韩历史问题上的具体外交政策也有重要的指导和引领作用。

从整体上看,日本政府出于对国内国际等诸多因素的综合考量,在日韩历史问题上的基本特征主要表现在:坚持"有攻有守"与外交对话相结合的政策。

二战前,日韩两国的历史矛盾积淀较深、各种问题纷繁复杂,经过战后七十余年的发展演变,情况更加具有多样性。如慰安妇问题、强征劳工问题、靖国神社问题、历史教科书问题、岛屿问题等较受关注的日韩历史问题为例,日本政府在这五个重要历史问题上采取了不同的"去历史化"政策措施。日本政府在慰安妇问题和强征劳工问题上采取"对抗"政策时,以《日韩请求权协定》等国家间条约或协议为基础,得到日本国内大部分国民的支持。日本政府在靖国神社问题和历史教科书问题上采取"妥协"政策,在确保国内尽可能多的国民支持的情况下,避免国际社会与日本和平主义势力的强烈反对。日本政府在岛屿问题上采取"僵持"政策,既时刻保持对岛屿问题的关注,对韩国在岛屿问题上的行动进行抗议,确保岛屿问题在国际法上的争议性,又积极宣传于己有利的信息,加强对日本国内的"领土教育",将抗议限定在较低范围内,使该问题不会对两国关系大局构成根本性影响。综上所述,日本政府在日韩历史问题上依据不同情况、不同问题采取了不同的外交战略。

日韩两国在对历史问题的认知、行为等方面存在重要差异,甚至同一条约的认知都会尖锐对立,但日韩两国互为重要邻邦,对国际格局、国际体系的发展演变有重要影响,日本政府始终保持沟通和相对克制,官方、半官方、民间的交流与合作仍基本呈上升趋势。即便在文在寅政府时期,虽因强征劳工问题影响了两国的政治互信、经贸往来、军事合作等方面,对《日韩请求权协定》认识的分歧短期内难以弥合,但两国政府之间始终保持较好的沟通渠道,政府首脑、外长、局长间互动频繁,确保使两国分歧处于可控范围内,两国也始终保持相对克制的状态。最终,在尹锡悦政府成立后,韩国在强征劳工问题上做出重大让步,两国政府通过外交渠道暂时解决了该问题,使两国关系能够恢复健康稳定的状态。

查尔斯·库普乾认为,触发持久和平的条件包括"地缘政治需要""某个压倒性的国家作为和平区的中流砥柱""政策创新"[1]三方面,目前日韩上述历史问题上虽尚未找到有效的解决方案,[2]但已具备前两点条件。因此,日韩两国虽然在上述历史问题上存在严重分歧,但都普遍认为"日韩间虽存在困难的事情,但良好的日韩关系是互利的,对亚太地区和平与稳定不可或缺",[3]主张"为建立面向未来的韩日关系,继续适当处理困难问题"。[4]特别是 2015 年日韩邦交正常化 50 周年以来,首脑外交和外长会晤明显增多,即便是在韩国大法院判决原告胜诉的 2018 年 10 月以后,日韩政府首脑、外长等要员仍举行多次会谈,足见日韩双方对坚持对话的重视。日本政府在日韩历史问题上始终保持沟通、克制的立场,这是日韩两国关系未突破底线的重要原因。

二、日本政府在日韩历史问题政策上的国内因素

日本政府在日韩历史问题上所采取的政策有着深刻的国内根源,从外交学的视角来看,国内因素对国家的外交政策起着根本性的影响。在日韩历史问题上,国内司法与往届政府关于历史问题谈话的约束是影响日本政府对韩政策的重要因素,同时日本政府的对韩政策也受到现任政府首相等核心政治家个人因素和经济因素的深远影响。

(一) 国内司法与往届政府历史问题谈话的约束

日本政府在历史问题上"去历史化"时,很大程度上受到国内司法与此前历届政府历史问题谈话的深远影响。日本历届政府关于历史问题上的谈话是相关政府在历史问题上态度与立场的重要体现,是衡量相关政府历史认识的重要标尺。在日韩历史问题上,对日本政府右倾政策有重要制约的国内法律主要有日本国宪法(也称为"和平宪法")和《教育基本法》,而有重要影响的谈话主要包括 1982 年宫泽官房长官关于历史教科书谈话、1986 年后藤田官房长官关于靖国神社谈话、1993 年河野官房长官关于慰安妇问题谈话、1995 年村山富市首相在战败 50 周年时的谈话[5]等。

在靖国神社问题上,日本国内在现任首相是否参拜靖国神社问题上严重分裂、对立,各个政党、宗教团体、新闻媒体、国民之间,甚至司法

系统内部均存在明显的对立,无论现任首相是否参拜靖国神社均会造成日本国内政治、社会的撕裂。特别是反对首相及内阁大臣参拜靖国神社势力从宪法的高度进行反对,认为首相或内阁大臣参拜靖国神社违反宪法中"政教分离"与"信教自由"的原则。日本政府为维护自身政权的稳定性与合法性,选择了相对"妥协"居中的"间接参拜"政策,在获得"靖国"势力理解的同时弱化反对首相或内阁大臣参拜靖国神社势力的声讨。张(Cheung)通过对比分析认为,安倍晋三在2013年后未继续参拜靖国神社即是出于国内合法性的考量,领导人的理性与政治生存发挥首要作用。[6]在历史教科书问题上,日本国内存在较为严重的意见分歧,不仅各出版社之间在记述历史问题上态度、立场存在诸多差异,在政党、媒体、社会上的对立情绪也较为深刻,目前受2020年8月横滨市教育委员会停用育鹏社历史教科书影响,育鹏社历史教科书的市场占有率大为降低。特别是主张采用非右翼教科书的政治势力、社会团体以及国民认为文部省通过右翼出版社编纂的历史教科书违反了《教育基本法》,通过司法诉讼的形式向日本政府施加压力,使日本政府在历史教科书问题上受到国内法的制衡。而在岛屿问题上,由于争议岛屿地区长期被韩国所实际占有,短期内难以从根本上决定其主权所属,虽然日本政府深知该问题受国际局势与日韩认知差距等因素影响,非一朝一夕所能解决,但日本政府顾及国内团结稳定,特别是对岛根县及其支持势力在岛屿问题立场上的考量以及"竹岛日"设立后的政治影响,面对韩国在岛屿问题上的各种行动,不得不多次向韩国提起抗议或反对的声明,并受《教育基本法》关于"领土教育"所限,在教科书中加强对"固有领土"的声索。可见,日本政府在靖国神社问题、历史教科书问题等历史问题上受到日本国内司法的制衡,使其政府出于政权合法性考量而采取相对谨慎的政策。

在慰安妇问题上,1993年"河野谈话"对慰安妇问题进行了较为彻底的反省与道歉,[7]日本政府虽然在慰安妇问题上整体持"对抗"立场,但日本政府顾及日本国内外因素,仍多次在公开场合承诺将继承"河野谈话"的立场。只不过,2015年日韩慰安妇问题协议签订后,日本政府在慰安妇问题上"去历史化"的着力点由"河野谈话"本身向慰安妇问题协议转移,找到新的"对抗"手段。在历史教科书问题上亦是如此,日本政府顾及 1982 年中曾根康弘政府时期发表的关于历史教科书审定方面的宫泽谈话,[8]该谈话中的"近邻条款"对日本政府在历史教科书审定等方面形成一定的限制,迫使日本政府在审定历史教科书问题上,不得不考虑中、韩等日本周边邻国在历史问题上的立场。在此需特别指出,"近邻条款"并不包括领土问题,因此在岛屿问题上,日本政府受到的限制相对较少,这使日本政府在尽可能淡化岛屿问题历史属性的同时以"僵持"政策"去历史化"。在靖国神社问题上,1986 年中曾根康弘政府发表后藤田谈话,[9]表示为避免近邻国家的误解与不信任,1987 年8 月 15 日首相将不再以公职身份参拜靖国神社,但由于公职身份与私人身份难以界定,并且谈话未对内阁大臣参拜行为做出承诺。因此,该谈话一定程度上限制了日本首相以公职身份参拜靖国神社的可能,另外也为日本政府首相及内阁大臣以私人身份参拜靖国神社留下了空间。日本政府首相或内阁大臣参拜靖国神社时均表示其行为属于私人行为,从中可见中曾根政府此前关于靖国神社问题谈话对此后历届政府的深远影响。1995 年的村山谈话对日本政府在日韩历史问题上的约束更多体现在基本认识方面,对上述问题起着相对隐性的约束作用。这也是河野洋平、村山富市、中曾根康弘等人被右翼势力列为贬低日本的"卖国政治家"的重要原因。[10]而强征劳工问题近年才逐渐受到日韩两国的关注,相对来说,日本政府在应对该问题时受到往届政府历史问题谈话的约束较弱,对被批评为"历史倒退"的顾虑较轻,其"对抗"色彩也因之较浓。

上述日本国内法律以及相关日韩历史问题的谈话经过多年的积淀,其内涵对日韩两国及国际社会均产生重要影响,对日本政府外交政策的制定产生或明显或隐晦的作用,日本政府不得不在遵循既有历史问题认识路径基础上寻求日韩相关历史问题的缓和与解决,在相对有限的空间中寻求"去历史化"的出路。

(二)日本核心政治家的个人作用

日本政府在日韩历史问题上的外交政策深受以首相为代表的核心政治家的影响,下文将根据不同政府时期的政治格局与相关政治家的微观角度,对比分析日本政府在日韩历史问题上采取相关政策的根源,这有助于更全面认识影响日本政府外交政策的因素。

在 2012 年底以来,对日本政府政策影响最大、最深远的政治家非安倍晋三莫属。安倍晋三首次当选首相时就创造了日本史上最年轻首相等 5 个纪录,[11]而且从安倍晋三成为日本宪政史上在位时间最长的首相可窥见,其对日本政治的影响强度,促使日本政府的对韩外交很长时期具有明显的"安倍"特性。日本政府在日韩历史问题上,既未采取民主党政权或社会党政权时在日韩历史问题上的"妥协"政策,激起日本保守主义势力的强烈反对;亦未采取其他部分自民党政权时在日韩历史问题上的"对抗"政策,激起日本国内外和平主义势力的强烈谴责。而是根据日本国内国际情况做出有选择的"对抗""妥协""僵持"相结合的现实主义政策,其中安倍晋三等核心政治家的个人因素对日本政府在日韩历史问题上的政策起着直接的影响作用。特别是在"(自民党)党外无党、党内无人"的情况下,权力主导权明显向首相官邸转移,安倍晋三等核心政治家个人所具有的保守主义思想和务实主义倾向得到较大的发挥,进而对日本外交政策产生更加重要的影响。

观念在对外政策中起着路线图的作用,在不存在单一均衡的情况下,对结果会产生作用。[12]安倍晋三、菅义伟、岸田文雄等核心政治家的历史观与性格特质对日本政府的对韩外交政策起着重要的影响。安倍晋三的历史观有着明显的右翼倾向,他认为历史问题束缚着日本在国际社会上影响力的发挥,因此竭力美化侵略战争或将侵略战争正当化,希望推翻或淡化历史问题以便于加快实现日本"正常国家"化的进程。以岸信介继承者自居的安倍晋三不仅是"大家参拜靖国神社国会议员联盟"的成员之一,而且早在担任小泉内阁官房长官时就曾公开参拜过靖国神社,在 2007 年担任首相访问印度时特别会见了在东京审判时主张日本无罪论的拉达宾诺德·巴尔(Radhabinod Pal)的后人,[13]并在 2007 年卸任首相后多次参拜靖国神社,在第二届安倍政府成立前接受采访时表示,对其首届政府时未参拜靖国神社表示"悔恨"绝非仅是政治宣言。只是在 2013 年 12 月参拜靖国神社遭到日本国内及国际社会普遍反对与谴责后,才被迫未再参拜靖国神社,但仍通过代理人向靖国神社供奉祭品或祭钱,并且对不断有内阁大臣参拜靖国神社的行为未予阻止，[14]其保守立场不言自明。菅义伟在安倍政府时期长期担任内阁官房长官一职，外交政策深受安倍政府外交政策影响，安倍政府的很多外交政策口径便是出自菅义伟，在其辞任首相后，也多次直接参拜靖国神社，可见其在历史问题上的政策立场。另外，安倍晋三、菅义伟、岸田文雄均具有鲜明的务实主义特征，当其实施的外交政策受到国际社会普遍反对和谴责的时候，则会及时地调整外交政策，这也是日本政府为维持政权长期、稳定的重要条件。同样是在靖国神社问题上，2013年底，安倍晋三直接参拜靖国神社，受到日本国内外的强烈反对，迫使其此后采取间接参拜的形式以拉拢日本右翼势力的支持。即便是在采取"对抗"政策的慰安妇问题上，在2015年日韩慰安妇问题协议签署前，采取一系列"对抗"政策妄图推翻"河野谈话"，在受到国际社会质疑是否会推翻"河野谈话"时，安倍晋三多会及时向国际社会澄清，其政府将继承"河野谈话"的内容。虽然安倍晋三本人渴望推翻"河野谈话"等日本往届政府关于历史问题的谈话、直接参拜靖国神社、通过右翼势力编纂的历史教科书、"收复"日韩争议岛屿，但在面对中、韩等国家及国际社会的强烈反对时，不得不有所收敛而实施谨慎的外交政策，这是安倍晋三个人特性的真实反映。菅义伟能够以无派阀身份当选首相，与其灵活性地汇聚各派阀之间的共识、推动主要派阀对其支持密切相关，他辞职后仍时常参拜靖国神社、游走在自民党大佬之间也是为拉拢保守势力支持、提高政治资本。而岸田文雄在安倍政府时期长期担任外务大臣、政调会长等要职，是日本担任专职外长最长时间的政治家，是日本政府很多对韩政策的实际行动者，深谙安倍晋三对韩务实主义外交政策的效果。岸田文雄政府成立后，推出"新时代现实主义"外交政策，岸田政府在日韩历史问题上的外交政策具有较强的务实性，在日本政府占据相对优势的历史问题上既几乎"寸步不让"，又"斗而不破"，在相对弱势的历史问题上则既有选择的"妥协"，又不被保守势力猛烈攻击。张勇评价安倍晋三时说，安倍晋三人格方面的特质"一定程度上形塑其对外政策偏好"，"他既重'面子'，也要'里子'。当'面子'与'里子'相冲突时，后者优先"。[15]这也是日本政府在日韩历史问题上"去历史化"时既有"对抗"动作、又有"妥协"行为的重要原因。

安倍晋三等人能在日韩历史问题上发挥重要的直接影响绝不仅在

于担任首相职位,还在于自民党的影响力"一枝独秀"并与公明党结成执政联盟,扩大了日本政府的政权稳定性。在自民党内部,安倍晋三等人在自民党内部派阀林立的情况下力争团结了大部分派阀势力,以求其政府政策的顺利施行并维护政权的稳定性。在政党格局方面,自民党处于"党外无党"的"一强"地位。2012 年底,众议院举行第 46 次总选举,自民党重回第一大党的地位,自民党在国会中共获得 294 席,公明党获得 31 席,自公联合政府在众议院中占议席数近 68％;[16] 2014 年底,众议院举行第 47 次总选举,自民党获得 291 席,公明党获得 35 席,自公联合政府在众议院中占议席数近 69％;[17] 2017 年 10 月,众议院举行第 48 次总选举,自民党在国会中共获得 284 席,公明党获得 29 席,自公联合政府在众议院中占议席数超过 67％;[18] 2021 年 10 月,众议院举行第 49 次总选举,自民党在国会中共获得 259 席,公明党获得 32 席,自公联合政府在众议院中占议席数超过 62％,[19] 自民党长期保持着单独过半数优势。自民党与公明党联合在参议院的议席数量优势也非常明显,2013 年 7 月第 23 次参议院选举中,自民党占 114 席,公明党占 20 席,两党占议席数近 56％;2016 年 7 月第 24 次参议院选举中,自民党与公明党进一步扩大优势,自民党占 122 席,公明党占 25 席,两党占议席数近 61％;2019 年 7 月第 25 次参议院选举中,自民党占 113 席,公明党占 28 席,两党占议席数近 58％;[20] 2022 年 7 月第 26 次参议院选举中,自民党占 119 席、公明党占 27 席,两党占议席数近 59％。[21] 自民党与公明党在国会参众两院议席数量整体而稳定地保持在较高水平,在野党势力出现了从未有过的"多弱"局面,以 2021 年众议院选举和 2022 年参议院选举为例,最大在野党在众议院议席总数仅占 96 席,近议席总数的 20％;参议院议席总数仅占 39 席,近议席总数的 16％。日本的政治体制呈现出固化趋势,自由派力量很难对日本政府推行的政策形成有效牵制,[22] 其中小选区制对提高自民党议席发挥了重要作用,为日本政府稳定开展对韩历史问题政策提供重要的制度保障,为作为自民党政府的首相充分发挥个人作用提供重要支持。

在重视人脉、出身的日本政界,"世袭政治"是一种普遍现象,在自民党内部,"世袭政治家"比比皆是,[23] 安倍晋三无疑是"世袭政治家"的典型。安倍晋三拥有重要的政治资产,曾在各种场合提及其外祖父岸信介对自己的影响,其目的即为提高国内主要势力的支持,其叔外祖父佐藤荣作、父亲安倍晋太郎也是安倍晋三重要的政治资产,[24]其岳父曾是日本大企业森永制果的社长,"安倍晋三显赫的家世背景使他得到了众多实力政治家的提携",[25]为其内阁的稳定及政策的推行起到积极作用。同时安倍晋三积极争取自民党党内派阀的支持,不仅得到"老东家"最大派阀清和会的支持,还得到麻生太郎领导的志公会、岸田文雄领导的宏田会以及部分竹下派等派阀的支持,使安倍晋三在自民党内部占据明显的优势。在自民党内部,除 2012 年自民党总裁选举时的第一轮投票时优势相对不足,从议员票与党员票汇总来看,安倍晋三共获得 141 票、石破茂共获得 199 票,最终选举时安倍晋三获得国会议员票 108 票、石破茂获得国会议员票 89 票,[26]这是自民党内对安倍晋三构成的仅有的一次威胁。2015 年总裁选举时,安倍晋三实现无投票连任,2018 年 9 月自民党总裁选举时,安倍晋三获得国会议员票 329 票,共得 553 票,而石破茂仅获得国会议员票 73 票,共得 254 票,[27]安倍晋三几乎毫无悬念地第三次当选自民党总裁。从整体上看,安倍晋三在自民党内有着明显的家族优势和派阀等政治优势,使其在一段时期内,无人能对安倍晋三在自民党内的地位构成有力的挑战。

2020 年 9 月,安倍晋三卸任首相后,其在自民党内仍然保持着较强的政治影响力,菅义伟政权正是在安倍晋三所在派阀清和会与以保守政治家麻生太郎为首的志公会等较大派阀支持下成立的,因菅义伟为无派阀人员,缺乏自民党派阀的固定"无条件"支持,菅义伟政府为维护其政权的稳定性,就需要得到安倍晋三所在派阀清和会和麻生太郎的志公会的坚定支持,其政策难以从根本上改变安倍政府时期的政策,在日韩历史问题上的政治较大地沿袭安倍政府外交政策便成为菅义伟政府的必然选择。岸田政府成立后,岸田文雄虽有宏池会的坚定支持,但宏池会在自民党派阀中实力相对较弱,而安倍晋三则成为自民党最大派阀清和会的领袖,继续对日本政界保持着影响力,安倍晋三遇袭身亡后,清和会仍保留"安倍派"的名称,以示对安倍晋三价值观的认同,以"安倍派"[28]为首的日本政治家为争夺"安倍遗产",争取日本国内保守主义势力的支持,纷纷表示要继承所谓的"安倍遗志"。如果岸田政府在日韩历史问题上的政策严重脱离安倍政府的对韩外交政策,自民党内保守主义势力势必群起反对岸田政府,进而影响其政权的稳定性。

安倍晋三作为日本首位二战后出生、第二位再度当选首相、宪政史上在位时间最长的首相,在"(自民党)党外无党、党内无人"的情况下,通过一系列政策措施取得一定执政成果的同时,进一步扩大了在自民党对其他政党、首相官邸对自民党各派阀的优势,首相官邸获得了比以往更强的控制力、领导力,逐渐形成了"安倍一强"与"官邸主导"的政治格局,[29]这必然提升了安倍晋三个人因素对外交的影响力。这种个人影响力在其历史观的作用下,对日本政府在日韩历史问题上政策措施的形成、发展、实施均产生重要而直接的影响。安倍晋三对日本政界的个人影响力在后安倍时代得到延续,菅义伟政府、岸田政府受到首相个人特质与日本政治格局等现实情况的考量,均较大程度地继承了安倍政府在历史问题上的外交政策,"安倍派"政治家在菅义伟政府时期、岸田政府时期在自民党内和内阁占据重要岗位最多。在此需特别指出,安倍晋三等政治家是既具有明显的保守倾向又有鲜明的现实主义色彩的政治家,在其执政期间以相对变通、柔性的方式将其政治思想内嵌到日本政府的内政外交中,促使日本政府相对灵活地应对日韩间历史问题诸悬案。

(三) 经济因素的影响

二战后,日本为缓和、发展同东亚各国间的关系,战争赔款或 ODA 援助等经济手段曾是日本政府解决历史问题的重要方式,这在一定程度上缓解了日本与东亚国家间的历史矛盾,为历史问题的解决奠定重要基础。经济手段在缓解日韩历史问题矛盾上曾发挥重要作用,从《日韩请求权协定》的对韩赔款和对韩援助到 ODA 援助,从亚洲女性基金到日韩慰安妇问题协议,都是日本政府利用经济手段解决日韩历史问题的重要尝试。

同时,经济发展是日本政府稳定的重要基础。因此,经济因素对日本政府在历史问题上的外交政策有重要影响。安倍晋三推行的"安倍经济学"和积极和平主义等内外政策取得了一定的成绩,日本的经济得到缓慢的复苏,其国际社会的存在感和影响力也有所增强。安倍政府的"安倍经济学"虽存在一定弊端,但也激发了日本经济复苏的活力。

"不仅就业形势大幅好转,企业部门的业绩改善也非常突出,为日本经济结构转型创造了良好条件",使日本的经济实力和人民生活水平都有明显改善,"堪称泡沫经济崩溃以来日本经济政策的一场重要变革"。[30] 同样,岸田政府前期能够保持较高支持率,与其推出的"新资本主义"和"新时代现实主义外交"等给日本带来新气象的氛围密切相关。2023年以来,岸田政府支持率不断降低,不仅与岸田政府资金丑闻、旧统一教等问题密切相关,也与日本国内物价飙升、日元汇率狂降导致日本国民工资的上涨被"稀释"紧密相连,部分国民生活水平甚至出现下降的情况。反观,菅义伟政府时期,正值新冠肺炎疫情在日本肆虐之际,日本经济发展与国民生活水平大受影响,成为压倒菅义伟政府的重要原因。

如果说经济实力是日本发挥国际影响力的重要基础,那么经济发展则是日本政府稳定的重要保障。据世界银行统计,日本 GDP 增长率在 2013 年至 2022 年分别为 2％、0.3％、1.6％、0.8％、1.7％、0.6％、−0.4％、−4.3％、1％、1.1％,[31] 稳定的经济正向增长为日本政府的稳定提供了重要的经济基础,反之则将加速日本政权的更迭。基于此,国民对生活的认可度和满意度也随之得到提升或降低,以 2012 年10 月与 2019 年 8 月日本内阁府对国民生活的舆论调查显示(2020 年受新冠肺炎疫情影响未进行舆论调查),从对现在生活的满足度来看,感到满足的受访者从 2012 年的 65.6％上升到 2019 年的 73.8％,对现在生活感到不满的受访者从 2012 年的 33.2％下降到 2019 年的25％。[32] 在菅义伟政府末期,日本内阁府对国民生活的舆论调查显示,从对现在生活的满足度来看,感到满足的受访者仅有 55.3％,而对现在生活感到不满的受访者上升到 44.3％,[33] 这也预示着菅义伟政府的短期性存在。在岸田政府受物价上涨、经济乏力、日元贬值等因素影响,在其执政一年以后同样面临菅义伟政府相似的处境,根据内阁府对国民生活舆论调查显示,从对现在生活的满足度来看,与上一年相比,感到满足的受访者从 55.3％下降到 51.8％,而对现在生活感到不满的受访者从 44.3％上升到 47.8％,[34] 日本国民的获得感、满足感再次下滑。在日本民调中,"经济诉求"常被视为首要课题,安倍政府不断推出的经济政策产生的效果,为安倍政权长期稳定打下重要基础。[35] 而菅义伟政府、岸田政府的经济政策乏善可陈,其稳定性受到严峻挑战。此外,据日本外务省舆论调查显示,对日本政府的俯瞰地球仪外交持赞赏立场的比例由 2014 年 11 月时的 55.6％上升到 2020 年 4 月的 74.8％,[36] 日本国民对日本政府外交政策的支持比例显著提升。因此,日本政府对经济发展格外重视,经济因素对日本政府在日韩历史问题上政策的影响也随之深化。

作为经济大国的日本,以经济手段解决历史问题是其惯用手法。在通过经济手段解决日韩历史问题的方案不会对日本经济构成根本性影响时,日本政府相对积极借助于经济手段解决历史问题,但当经济手段解决日韩历史问题的方案可能会对日本经济构成严重打击时,则日本政府更倾向采取"对抗"的"去历史化"政策。在日韩历史问题中具有经济属性的历史问题主要为慰安妇问题、强征劳工问题以及岛屿问题,日本政府对具有较强经济因素的慰安妇问题和强征劳工问题尤为敏感。在慰安妇问题上,在 2015 年日韩慰安妇问题协议中,日本政府向韩国慰安妇受害者提供的 10 亿日元补偿金并不会对日本经济构成根本性的影响,日本政府在该协议的签订上较为主动。但当文在寅政府废弃日韩慰安妇问题协议、解散和解·治愈财团,日韩慰安妇问题解决的前景渺茫,甚至可能在国际社会上出现连锁性反应时,日本政府则采取了强烈的"对抗"政策。东亚地区存在大量的慰安妇受害者和强征劳工受害者,尤其是强征劳工问题的经济因素更强,其涉及日本众多跨国企业,这些跨国企业在亚太地区广泛分布。跨国公司对日本政府经济政策的成败乃至日本经济的复苏起着重要的影响。因此,日本政府在强征劳工问题上的"对抗"政策也更为激烈。在岛屿问题上,由于日韩两国大部分海洋划界已经完成,争议岛屿及其附近长期由韩国实际控制,该问题对经济发展的效应有限,日本政府则采取"僵持"政策。可见,日本政府在慰安妇问题、强征劳工问题以及岛屿问题上所采取的外交政策受到经济因素的重要影响。

综上所述,在日韩历史问题上,经济因素仍然是日本政府外交政策的重要影响因素,它既是日本政府解决日韩历史问题的手段之一,也是日本政府采取政策的重要依据。当经济手段不会影响日本经济发展,特别是通过一次性经济补偿能够缓解或解决历史问题时,日本政府倾向借助经济手段在日韩历史问题上"去历史化";当经济手段可能对日本经济发展造成沉重负担,需要多次经济补偿才能缓解或解决历史问题时,日本政府更倾向采取"对抗"的政策措施"去历史化",经济因素的强弱与"对抗"的强弱具有正相关关系。而且,随着日本经济活力的降低,日本国民对经济的敏感性上升,对"花钱办事"的意愿相对降低,影响了日本政府利用经济手段的空间。

　　需要特别指出,日本政府在日韩历史问题上的外交政策受到日本新民族主义情绪加快右倾化进程的影响,只不过这种右倾化进程并非日本政府外交政策差异化的原因而已。日本新民族主义"强调国家的权威和国家利益的绝对化,明显地带有向战前回归的倾向",它主张在领土问题和历史问题上采取强硬手段,提倡培养抽象的爱国心、讴歌"日本固有的"传统和文化、修订《教育基本法》、增强以"皇国史观"和"靖国史观"为中心的历史修正主义的影响力。[37]为此,美化日本近代历史、美化侵略战争逐渐成为新民族主义影响下的重要行为方式,随着日本新民族主义情绪的持续发展,为日本政府时刻希望摆脱历史问题对日本内政外交政策的影响提供动力,加快推动了日本的右倾化进程,使"本已占优势的保守政党政治向右翼势力的主张倾斜,使日本国家政治生活中的政策倾向、权力结构和对外影响向右摆和向右看齐,从而总体上使右翼保守势力及其主张在政界占据上风并影响政府决策"。[38]这种新民族主义直接作用到日韩历史问题上,对日本政府在历史问题上的对韩外交产生重要影响,日本政府在日韩历史问题上的差异化政策是整体右倾后的差异化政策,这种"对抗""妥协""僵持"的外交政策是以日本国内情况为依据的划分。

表5.1　影响日本政府日韩历史问题政策的国内因素强弱情况表

	慰安妇问题	强征劳工问题	靖国神社问题	历史教科书问题	岛屿问题
国内法律因素	—		中	中	弱
往届政府谈话因素	先强后弱	—	中	强	—
核心政治家个人因素	中	中	中	中	中
经济因素	中	强	—	—	弱
政策措施	对抗	对抗	妥协	妥协	僵持

三、日本政府在日韩历史问题政策上的国际因素

对外政策研究是广义国际关系研究的一部分,[39]随着全球化的深入发展,国家间交流与沟通持续加强,国家外交政策的制定与实施更加深受国际环境的作用与影响,观察日韩关系时将视野扩展至"国际关系中的日韩关系"是当前的特征。[40]日本政府在日韩历史问题上的政策不仅受到国内因素的影响,同时也深受国际因素的影响,其影响因素主要可分为国际法因素、美国第三方影响因素、朝鲜第三方影响因素等几个方面。

(一) 国际法的影响

任何国家,只要它同其他国家"和平相处,发展外交关系,进行货币、商品和人员的交流,或者缔结协定,就必然要遵守国际法规则",即便法律规则手段被违背或蔑视,也不能证明国际法是没有效力的。[41]日本政府在对外宣传时始终重视民主、法治基本价值观,无论这种价值观外交是出于外交宣传、还是出于政治需要,这种价值观外交对日本政府对外政策的开展产生重要影响,使日本政府在日韩历史问题上的政策不得不重视国际法的作用。

在日韩诸多历史悬案问题上,慰安妇问题、强征劳工问题以及岛屿问题均明显涉及国际法问题属性。在慰安妇问题上,日韩两国政府早在 1965 年签订《日韩请求权协定》,又在 2015 年底签订日韩慰安妇问题协定,共同确定该问题"最终的、不可逆的解决",为日本政府在日韩慰安妇问题上的对韩外交提供重要依据。

日韩慰安妇问题中的国际法因素对两国强征劳工问题也产生了重要的影响,2015 年日韩签署慰安妇问题协定时,日本政府明确强调日方在日韩请求权问题上的立场,即坚持 2015 年日韩慰安妇问题协定与1965 年《日韩请求权协定》互不干扰的立场,一定程度上强化了日方在《日韩请求权协定》中的立场,为日本政府在强征劳工问题上坚持 1965年《日韩请求权协定》已将日韩请求权问题完全、彻底解决的立场奠定

重要基础。日本政府之所以能够在慰安妇问题与强征劳工问题上对韩国采取相对强硬的"对抗"政策，与日韩两国间签署的相关国家间协议有重要关联。在慰安妇像与强征劳工像问题上，日本政府以《维也纳条约》向韩国政府进行施压，强调《维也纳条约》中要求各国政府有责任保护他国驻外机构，迫使韩国政府多次撤走强征劳工像，在慰安妇像问题上也面临着一定的国际社会的舆论压力。

在岛屿问题上，日韩两国均有较为丰富的历史与法律资料支撑本国立场。日本政府在国际法方面不占优势的情况下，倘若对拥有争议岛屿实际控制权的韩国采取强硬的"对抗"政策，不仅会使岛屿问题的历史属性得到激化，还会使日本政府受到国际社会上舆论的谴责。因此，日本政府在岛屿问题上只能采取"以退为进"的"僵持"政策。

由此可见，国际法因素对日本政府在日韩历史问题上的政策起到重要影响，直接影响日本政府在日韩历史问题上是否采取"对抗"政策。而那些不受国际法影响的日韩间历史问题，因日本的加害者身份与韩国的受害者身份形成鲜明对比，日本政府的外交行为受到往届政府相关谈话或声明的影响，迫使日本政府在这些问题上采取谨慎态度。

（二）美国的第三方影响因素

二战后，美国在东北亚和解中曾发挥重要作用，当前世界唯一超级大国美国是日本与韩国的共同盟友，这种不对称性的联盟合作关系，使得美国对日韩两国的历史问题走向均有重要影响。[42]日本政府在历史问题上开展对韩外交时，明显受到美国第三方因素的重要影响，其影响主要体现在作为日韩两国共同盟主的影响、作为美韩与日本共有历史问题的影响、日本政府重视对美外交等三个主要层面。

第一，美国作为日韩盟国的影响。二战后，美国分别与日本、韩国签署联盟条约，使美国在东亚地区建立起以美国为中心的"轴辐式"双边联盟体系，[43]霸权国美国与其盟国之间具有明显的等级性，这种因实力差距过大而建立的等级性联盟体系延续至今。美国保持对日本内政外交的较强控制力，美国借助这种控制力向日本施加外交压力以实现其战略目标，以致日本前首相鸠山由纪夫直言"日本就不是一个独立的国家"。[44]美国这种联盟体系对日韩历史问题的沟通、交涉、解决带来重要影响。

首先,对双边联盟合作的指导作用。历史问题对民族情感、国民认知有重要影响,韩国在历史问题上的民族主义情绪始终较为强烈,而日本受新民族主义情绪提升影响,在历史问题上亦倾向强硬立场。因此,美国顾及历史问题对日韩两国民族主义情绪的深远影响,在日韩历史问题悬案上尽可能采取超然立场,特别是在岛屿问题上更是如此,美国极力避免因历史问题而影响美国联盟体系的稳定性。但这并非意味美国对日韩历史问题悬案持绝对的"不干涉"立场,二战后美国长期充当了日韩关系诸多问题的"调停人"角色,[45]该角色持续至今。倘若日韩两国历史问题分歧严重到影响美国亚太联盟体系,甚至影响美国全球战略布局,美国并不会坐视日韩僵局的持续,而是会在一定的时机以某种方式促使日韩坐下来谈判,[46]并借助美国与日本、韩国联盟合作的不对称性向两国政府施加外交压力,以此维持美国亚太联盟体系合作的稳定性与有效性。2012年底,日本政府在参拜靖国神社问题上加速右倾,引发日韩关系进一步紧张,2013年4月,美国政府发言人就敦促日韩两国通过对话解决靖国神社问题。[47]2014年1月,针对安倍晋三参拜靖国神社引发中、韩强烈反对的情况,美国副国务卿伯恩斯在访日时指出,强烈希望日本与中韩改善关系,特别希望日韩保持良好关系。[48]同时,2013年韩国朴槿惠政府成立后,在历史问题上表现出强硬立场,曾将日本政府在历史问题上的行动作为两国首脑会谈的前提,最终由奥巴马的居中调停才使两国首脑在2014年同席会谈,[49]2015年日韩两国政府围绕慰安妇问题所达成的协议也与美国的介入密切相关。[50]2023年3月,日韩强征劳工问题的和解,也是在美国拜登政府积极向韩国施加外交压力中促成的。可见,美国对日韩两国外交的方针、内容等方面有着重要的影响力和指导性。

新世纪以来,特别是2010年中国GDP超过日本成为世界第二大经济体,加深了美国的不安全感,推动中美结构性矛盾上升,美国开始推行亚太再平衡战略。2012年朝鲜核威胁持续升级后,美国对日本、韩国的战略需求进一步上升,更加希望加强美日韩三边合作以应对中国崛起、朝核问题危机。由于没有日韩在安保领域的深化合作,美国遏制中国崛起的战略就会进入"瓶颈"限制,而日韩在历史问题上的稳定是安保合作的重要基础,因此美国为应对与中国的战略竞争压力,在历史问题上会向日本政府施压,使日本、韩国两大盟国配合其全球战略布局,加强对日韩两国的影响力度,力促日韩两国的历史争端保持在可控范围。整体上看,美国在两组双边联盟合作中对日韩两国外交政策起着一定的"指导"作用,发挥着统筹、引领的作用。

其次,多边合作框架的缓冲作用。在美国始终处于"顶端"的美日、美韩两组双边联盟合作继续开展的同时,在美国积极倡导与推动下,逐渐建立了美日韩首脑会谈、美日韩外长会谈等美日韩三国政府间对话机制,美国亚太联盟体系逐渐形成了双边联盟与多边联盟化相结合的态势。这些三边对话机制为日韩两国就相关历史问题悬案开展对话提供重要的平台,也为美国居间调停两国历史矛盾提供重要契机,使日韩两国不致因历史问题分歧而陷入僵局。美国主导的多边合作框架为日韩两国历史问题的交涉、解决提供重要舞台,尤其在两国历史矛盾激烈对抗时起到重要的缓冲作用。

美国借助于双边联盟与多边合作相结合的框架,既能保持对日、韩两国的影响力,也能防止日韩两国因历史问题激化而分道扬镳。美国在日本政府就历史问题开展对韩外交中发挥重要的、明显的第三方作用。

第二,日美、日韩共有历史问题。二战前,美国在亚洲拥有自己的殖民地、势力范围。二战期间,日本军国主义大肆侵略亚洲国家的同时,也侵犯了英美等西方国家在亚洲的利益,最终引发日美两国战争的爆发,战争以日本战败告终。二战后,日本以接受东京审判为条件同美国签署《旧金山和约》,重新融入国际社会,但日美两国关于日本军国主义在二战期间犯下的种种恶行而产生的历史问题并未彻底解决,特别是随着日本右倾化的发展,日本政府在相关历史问题上的认识出现严重的倒退。

在部分日韩历史问题中,有一部分与日美历史问题存在共性,因此美国对日韩历史问题关注度较高。如美国之所以对慰安妇问题介入力度较大,不仅缘于慰安妇问题具有的道义属性与对日本复活军国主义的担忧,也与日本军国主义曾在美国殖民地菲律宾等地建立慰安所的历史密切相关,这也是慰安妇问题受到世界关注的重要原因。2007 年 7 月底,美国众议院通过关于慰安妇问题的 H.Res.121 议案,该议案对慰安妇问题表示关切,要求日本政府应该以明确的方式正式承认慰安妇问题并进行道歉、承担历史责任。[51]受此影响,荷兰、加拿大、欧盟等国家或地区议会相继通过要求日本政府就慰安妇问题道歉的声明,欧盟议会甚至要求日本政府向受害者及其家属进行经济赔偿。[52]而首相参拜靖国神社,不仅因该行为影响日韩关系而破坏美国全球战略布局,而且极易被视为日本政府意欲美化侵略战争、推翻美国领导的战后国际体系的重要信号与前奏,还易使美国政府在是否坚持反法西斯战争正义性方面受到美国民众和社会团体的谴责。早在 2006 年,靖国神社游就馆在有关二战爆发的原因分析中,认为是美国政府迫使日本发动对美战争,以此美化日本的侵略战争。这一行为直接激起美国的强烈反对,最终迫使靖国神社接受美国驻日大使的批评,变更相关记述内容。[53]美国在日韩历史教科书问题争端中的影响也很明显,特别是日韩在历史教科书中争执的问题涉及美国因素时更是如此,如战争性质、东京审判等。

近年来,随着日本右翼势力进一步发展,日本出现意图推翻美国主导的东京审判的历史修正主义,由此引发美国方面的警觉,加强对日韩历史问题关注的力度,美国方面希望借此打压日本政府的历史修正主义,在靖国神社问题、慰安妇问题、历史教科书问题等方面向日本政府施加外交压力,在维护二战后美国主导的国际秩序的情况下深化日美联盟合作。

第三,日本政府重视对美外交。安倍晋三在其著作中曾直言,"如果考虑核威慑力和远东地区的稳定的话,则与美国结盟必不可少,如果考虑美国对国际社会的影响力、经济实力以及最强的军事力量的话,日美同盟是最好的选择"。[54]菅义伟、岸田文雄同样极为重视对美外交,将对美外交视为外交重要支柱。美国对日本的影响具有全局性、战略性的特征,加之日美联盟本身的特殊属性,使得对美外交始终是日本政府外交的重点,日本作为美国亚太盟友体系中的"北锚",日本历届政府大多希望将日本打造成美国亚太盟友中的"英国"。日美联盟是日本政府外交的重要着眼点,日本政府相比以往更重视日美联盟合作,改善日本民主党执政时期日美关系的裂痕，不断升级两国合作水平，日美联盟的"基轴"内涵不断丰富，由"不可替代"发展到"希望同盟"，到"100％支持"的承诺，[55] 再到"前所未有的稳固"。日本政府对日美联盟关系的重视为美国在日韩历史问题悬案中充分发挥第三方影响作用提供重要契机。

在日本政府升级日美联盟合作水平的同时，随着日本政府对中国实力增长的担忧和对朝核威胁恐惧的深化，在美国能接受程度的"去历史化"过程中，对美国的需求进一步加强了日本政府对日美联盟的重视。日本政府为稳定两国联盟关系，日本政府甘愿在贸易、军费分摊、基地搬迁等问题上对美国做出一定的让步，以换取美国对日本外交政策的支持以及安全保障。日本政府在外交战略中对美国的倚重不仅在于日美两国在东北亚地区问题上存在多种共同利益，更在于日美两国在广泛的印太地区存在明显的不对称倚重，日本政府需要借助美国在印太地区的影响力推行其战略性的外交政策，其中以日本政府"印太战略"的制定、实施备受关注，这些为美国因素发挥影响提供动力。而且，日本政府借助美国全球联盟体系，不断加强与美国盟国之间的外交合作，成为日本外交合作的最新动向，希望通过日美联盟合作实现实质性修宪的效果。特别是警惕特朗普政府为实现美国利益而损害日本相关利益的风险，[56] 日本对美外交协调能力和动力进一步提升，加强了美国对日本政府历史问题外交的影响。总之，日本政府在历史问题上开展对韩外交时深受美国第三方因素的影响。

（三）朝鲜的第三方影响因素

朝鲜的第三方作用主要体现在朝鲜核和导弹危机引发的安全威胁、影响韩国外交政策方向、日韩与日朝历史问题共性等三个方面。

第一，朝鲜核和导弹危机引发的安全威胁。日本人认为，历史上对日本构成安全威胁多从海上经由朝鲜半岛开始，因此日本关注朝鲜半岛动向时，具有从安全相关领域思考的倾向。[57] 自 2006 年朝鲜进行首次核试验后，加深了日本的危机感。朝鲜共进行了六次核试验，特别是 2013 年 2 月第三次核试验以后，核试验呈现出频率增大和威力增强等显著特征,朝鲜核实力得到迅速提升,[58]使东北亚国家的安全环境面临更大挑战。田中名彦直言拥有核武器和弹道导弹技术的朝鲜,"对日本来说是极大的威胁",[59]特别是朝鲜在对外宣传时,始终将美国及其追随者作为攻击的假想敌,作为美国盟友的日本、韩国首当其冲,这进一步强化了日本政府的危机感。更有危言耸听者预测由朝鲜引发第三次世界大战,朝鲜核武器攻击日本本土的具体情形,[60]从中可见朝鲜核和导弹威胁对日本安全感的影响。据2023年日本言论NPO与东亚研究院联合对日韩两国舆论调查显示,日韩两国80％以上的受访者均感觉朝鲜是有威胁的国家。[61]

由于在国际无政府状态下,安全是国家的最高目标。只有在生存得到保障时,国家才会去追求福利、权力等目标。[62]韩国对日本来说,不仅是重要邻国,还具有共同抑制朝鲜核和导弹开发的关系。[63]朝核危机给日本安全带来重大威胁的同时,也对日本政府在日韩历史问题上的政策产生重要的影响。日本政府为消除日本面对的核威胁,在制裁朝鲜问题上态度较韩国更为积极,并积极拉拢韩国等其他国家共同向朝鲜施压,主张向朝鲜施加"最大的压力"。阿久津博康即认为,为应对朝鲜核和导弹威胁,日美韩、日韩应加强协调与合作。[64]日本政府为集中应对朝核和导弹威胁,尽量避免日韩两国因历史问题激化导致两国关系僵化,在两国历史问题上始终保持着相对克制的态度,不仅在靖国神社问题和历史教科书问题上相对"妥协",即便在慰安妇问题和强征劳工问题上的"对抗"政策也并不激进。2015年日韩两国能够顺利签署慰安妇问题协议与朝鲜核威胁持续升级密切相关,[65]日本政府为应对持续升级的朝核和导弹威胁,希望通过日韩慰安妇问题的和解来加强两国安保合作。2023年3月,日韩强征劳工问题的和解与朝鲜导弹技术的上升、韩国尹锡悦政府对朝鲜威胁的认知密切相关。

沃尔特认为"具有威胁的国家将激起其他国家结盟予以对抗",[66]格伦·斯奈德(Glenn H. Snyder)也认为外部威胁对联盟建立起着特殊的作用。[67]高桥杉雄认为,日本应重新考虑与美韩联盟的关系以应对朝核威胁,适应东北亚新的地缘战略环境,对朝核威胁应由报复战略向限定损害方向转移。[68]因此,虽然朝核威胁尚未促使日韩建立联盟合作,但也使主张朝鲜无核化的日韩两国关系得到拉近,使日本政府对韩国的需求得到提升,进而影响了日本政府在日韩历史问题上的政策和立场。同时,朝核问题也为日本政府持续而频繁的开展同韩国政府的外交对话提供重要契机,使两国不至于因历史问题僵局而使外交对话中断。

第二,影响韩国外交政策方向。朝韩两国在军事方面长期处于敌对状态,但韩国国内始终存在较强的支持统一势力,[69] 社会认可度较高,使两国关系保持着千丝万缕的联系。

韩国的保守政党和革新政党都有较稳定的支持群体和较强的影响力,两大政党在对朝问题上存在明显差异,[70] 韩国外交政策常因执政党更迭而转换,其中革新政党具有明显的"亲朝"倾向。在革新政党执政时,韩国政府更倾向同朝鲜和解,并未将朝鲜核和导弹威胁视为特别严重的安全威胁,如卢武铉政府和文在寅政府时期即是典型代表。被朴槿惠认为感到发指的朝鲜核武器研发,对卢武铉来说某种程度有其道理。[71] 而相对比,革新政党在日韩历史问题上较为激进,卢武铉政府时期,韩国积极参加六方会谈并促成"9·19共同声明""2·13共同文件",在对日历史问题上则加强对争议岛屿的实际控制,并在靖国神社问题、历史教科书问题上采取强硬政策,一定程度上加剧了两国关系僵化。文在寅政府成立后,制定并推行了以构筑和平为中心的对朝政策,实现朝韩首脑会晤并签署《板门店宣言》,标志着文在寅政府对朝政策取得阶段性成果。[72] 同时,促成美朝首脑会晤,使一触即发的朝鲜半岛局势得到明显的缓和,日韩两国政府在如何应对朝核问题上存在明显的"错位"。[73] 相对比,文在寅政府对朝外交明显优先于对日外交。[74] 在对日方面,不仅实质性地推翻2015年日韩两国政府签订的慰安妇问题协议,更在强征劳工问题上使日韩"1965年体制"受到根本性的挑战。尹锡悦政府成立后,韩国政府外交方向再次转向,实施了强硬的对朝政策,加强对朝施压,对日政策则主动缓和,积极推动日韩历史问题和解。从整体上看,当韩国政府对朝鲜采取和解政策时,朝韩关系相对缓和,朝韩两国在历史问题上对日政策一致性趋强,东北亚安全议题影响力相对弱化、历史性议题提升。此时,韩国政府则多会在对日历史问题上采取强硬政策,间接影响了日本政府在日韩历史问题上的政策。如果韩国政府在对朝政策强硬的话,朝韩两国在历史问题上的对日政策一致性降低,东北亚安全议题影响力相对增强、历史性议题重要性降低,此时韩国政府在历史问题上对日政策更可能采取和解政策。

第三,日韩与日朝历史问题共性较强。朝韩原本为同一国家,在1910年时被日本军国主义吞并,成为日本的殖民地,朝韩两国因具有相同被侵略的历史记忆,在与日本的历史问题悬案上具有较强的共性,[75]既加强了朝韩两国的共同话题,也增强了对日本政府的舆论压力,相应提升了日本政府在历史问题上"妥协"的程度,降低了日本政府在历史问题上"对抗"的烈度。

在日朝历史问题中,虽然朝鲜受朝核问题、绑架问题等因素影响,受到国际社会的制裁与孤立,使其在国际社会的影响力和话语权相对较低。但朝鲜在诸如慰安妇问题、靖国神社问题以及历史教科书问题上几乎都与韩国保持较强的一致性。朝韩两国甚至为在统一朝鲜半岛的事务上占据舆论上风,避免被对方国家批评为在历史问题上对日本妥协投降而失去领导统一事业的舆论优势。因此,韩国在日韩历史问题上的民族主义情绪较日本更激烈,一定程度上缩小了解决日韩历史问题的空间,增强了在国际社会上对日本的道义舆论压力,对日本政府处理日韩历史问题所采取的政策形成制约,成为影响日本政府在历史问题上对韩政策的重要第三方影响因素。此外,朝鲜为缓解国际社会在朝核问题上的压力,在同韩国的体制竞争中获胜,利用朝韩两国在历史问题上的共性,积极策划制造韩国与日本的撕裂,在慰安妇和强征劳工等历史问题上猛烈抨击日本,煽动韩国的反日情绪。[76]

总体上看,朝鲜作为影响日本政府在历史问题上对韩国外交政策的第三方影响因素在正反两个方面起到相应的作用,有些影响是通过作用到韩国后再间接对日本政府的对韩历史问题政策产生影响。一方面,朝核和导弹问题为日韩就历史问题的相关对话提供契机,使日本政府在历史问题上对韩国采取"妥协"政策或缓和的"对抗"政策,避免历史问题矛盾的激化。另一方面,二战前,朝韩具有近乎完全相同的民族历史经历以及对韩国外交政策重点方向的影响,使日本政府必须要面对朝鲜带来的国际舆论压力以及受朝鲜舆论影响的具有较强民族主义特征的韩国外交政策,压缩了日本政府在日韩历史问题上的外交空间。

需特别指出,本书并不否认日本政府在日韩历史问题上的外交政策一定程度上会受到韩国方面相关行为、政策的影响，韩国执政党或政府更迭、韩国国内各权力部门在相关问题上的认识是否统一也是影响日本政府外交政策制定的重要因素。当韩国国内在日韩某历史问题上认识相对统一时，韩国政府的对日政策相对稳固，日本政府在对韩政策上采取"对抗"政策所面临的挑战或反制随之增大，日本政府面临"去历史化"的难度提高时，多采取"妥协"或"僵持"的外交政策。当韩国国内在日韩某历史问题上认识相对分裂时，韩国政府的对日政策则相对多变，日本政府在对韩政策上采取"对抗"政策所面临的挑战或反制随之减少，日本政府面临"去历史化"的难度降低时，多采取"对抗"的外交政策。韩国在 2015 年日韩慰安妇问题协议对日韩慰安妇问题的影响、1965 年《日韩请求权协定》是否适用于日韩强征劳工问题上存在明显的分歧，各政党之间、政府与国民之间、政府与司法之间以及司法内部存在不同程度的"断层"。而韩国执政党或政府更迭产生的影响主要集中在日本政府"对抗""妥协"抑或"僵持"外交政策的程度。

表 5.2　影响日本政府日韩历史问题政策的国际因素强弱情况表

	慰安妇问题	强征劳工问题	靖国神社问题	历史教科书问题	岛屿问题
国际法因素	强	强	—	—	中
美国第三方因素	强	弱	强	中	弱
朝鲜第三方因素	弱	弱	弱	弱	弱
政策措施	对抗	对抗	妥协	妥协	僵持

四、小　结

日本政府在"去历史化"过程中，在慰安妇问题、强征劳工问题上对韩外交采取相对的"对抗"政策，在靖国神社问题、历史教科书问题上对韩外交采取相对"妥协"的政策，在争议岛屿问题上对韩外交采取"僵持"的政策。从整体上看，日本政府在日韩历史问题上采取的政策具有明显的攻守相结合的特征。而且，无论是"对抗"政策还是"妥协"政策，日本政府始终坚持长期对话的方针。

日本政府在历史问题上开展对韩外交时受到国内因素和国际因素的双重影响,具有明显的现实主义特征。在国内因素方面,日本政府既受到国内司法与往届政府关于历史问题谈话的影响,也受到经济因素的重要作用,同时,日本政府的对韩政策还必然受到日本政府现任核心政治家个人因素的直接影响,其中安倍晋三的影响尤为显著。在国际因素方面,日本政府主要受到国际法的影响以及美国和朝鲜作为第三方因素的影响,其中国际法因素和美国的牵制作用对日本政府外交政策的影响较为明显,朝鲜因素对日本政府外交政策的影响较为隐晦。可将影响日本政府在日韩历史问题政策的因素总结如下:

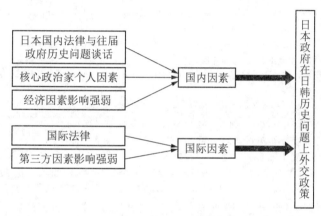

图 5.1 日本政府日韩历史问题外交政策影响因素示意图

注释

1. [美]查尔斯·库普乾:《化敌为友——持久和平之道》,宋伟译,北京大学出版社2017年版,第61—62页。

2. 日韩强征劳工问题在2023年3月因韩国政府让步而得到暂时和解后,韩国国内激烈反对,韩国法院要求日本企业赔偿的新判决相继出现,该问题现已逐渐出现反复的迹象。

3. 「日韓外相会談(概要)」,外務省、https://www.mofa.go.jp/mofaj/a_o/na/kr/page4_000628.html、2014年8月9日。

4. 「日韓首脳会談」,外務省、https://www.mofa.go.jp/mofaj/a_o/na/kr/page4_004357.html、2018年9月25日。

5. 「『戦後50周年の終戦記念日にあたって』(いわゆる村山談話)」,外務省、https://www.mofa.go.jp/mofaj/press/danwa/07/dmu_0815.html、1995年8月15日。

6. Cheung, "Japan's China Policy on Yasukuni under Abe(2012—2015):A Political Survival Interpretation," *Journal of Contemporary East Asia Studies*, Vol.6, No.1,

2017，pp.62—78.

7.「慰安婦関係調査結果発表に関する河野内閣官房長官談話」、外務省、https：//www.mofa.go.jp/mofaj/area/taisen/kono.html、1993 年 8 月 4 日。

8.「『歴史教科書』に関する宮沢内閣官房長官談話」、外務省、https：//www.mofa.go.jp/mofaj/area/taisen/miyazawa.html、1982 年 8 月 26 日。

9.「内閣総理大臣その他の国務大臣による靖国神社公式参拝に関する後藤田内閣官房長官談話」、外務省、https：//www.mofa.go.jp/mofaj/area/taisen/gotouda.html、1986 年 8 月 14 日。

10. 小林よしのり編：『日本を貶めた10人の売国政治家』、幻冬社 2009 年版、102—131 頁、167—179 頁。

11. 塩田潮：『安倍晋三の力量』、平凡社 2006 年版、10—11 頁。

12. [美]朱迪斯・戈尔茨坦、[美]罗伯特・O.基欧汉：《观念与外交政策》，刘东国、于军译，北京大学出版社 2006 年版，第 13 页。

13.「インド訪問の安倍首相　パール判　事遺族と面会　なぜ」、しんぶん赤旗、https：//www.jcp.or.jp/akahata/aik07/2007-08-22/2007082202_05_0.html、2007 年 8 月 22 日。

14. 仲秋：《背离与颠覆：安倍历史文化观刍议》，载庞德良主编：《安倍政权与日本未来》，社会科学文献出版社 2014 年版，第 204 页。

15. 张勇：《韬晦之"鸷"：安倍晋三人格特质与对外政策偏好》，《外交评论》2017 年第 6 期，第 106 页。

16. 衆議院：『衆議院の動き　第 20 号』、2012 年版、第 409 頁。

17. 衆議院：『衆議院の動き　第 22 号』、2014 年版、第 425 頁。

18. 衆議院：『衆議院の動き　第 25 号』、2017 年版、第 367 頁。

19. 衆議院：『衆議院の動き　第 29 号』、2021 年版、第 41 頁。

20.「会派別所属議員数の変遷」、参議院、https：//www.sangiin.go.jp/japanese/san60/s60_shiryou/giinsuu_kaiha.htm。「参議院議員選挙制度の変遷」、参議院、https：//www.sangiin.go.jp/japanese/san60/s60_shiryou/senkyo.htm。

21.「参議院選挙 2022 特設サイト」、NHK、https：//www.nhk.or.jp/senkyo/database/sangiin/。

22. 樊小菊：《日本的战略动向及对中国的影响》，《现代国际关系》2017 年第 12 期，第 17 页。

23. 李大光、孙绍红、李玙璠：《一门三首相：安倍晋三家族与日本世袭政治》，台海出版社 2013 年版，第 230 页。

24. 王珂、王智新：《安倍晋三传》，中央编译出版社 2007 年版，第 50—55 页。

25. 黄大慧：《日本大国化趋势与中日关系》，社会科学文献出版社 2008 年版，第 81 页。

26.「安倍晋三　新総裁が誕生」、自民党、https：//www.jimin.jp/sousai12_top.html。「自民総裁に安倍氏　決選で石破氏を逆転（永田町ライブ）」、日本経済新聞、https：//www.nikkei.com/article/DGXNASFK2601D_W2A920C1000000/、2012 年 9 月 26 日。

27.「総裁選　安倍晋三氏が3選果たす」、自民党、https：//www.jimin.jp/news/information/138141.html、2018 年 9 月 20 日。

28. 2024 年 1 月，受政治丑闻影响，安倍派、岸田派、二阶派相继解散，岸田文雄政府的外交政策方向及其政权稳定性存在一定的变数，但本书只对 2024 年之前的日本对韩外交进行论析，故日本政坛变动不在本书考虑之内。

29. [荷]卡瑞尔・范・沃尔夫伦：《日本权力结构之谜》，任颂华译，中信出版集团

2020 年版,第 649 页。大庭三枝:「現代日本外交の三〇年」,『国際政治』2019 年 3 月、第
196 号、111 頁。牧原出:『『安倍一強』の謎」,朝日新聞出版 2016 年版,58 頁。

30. 张玉来《"安倍经济学"与日本经济结构转型》,《日本学刊》2016 年第 3 期,第
53 页。

31. "GDP 增长率(年百分比)-Japan",世界银行,https://data.worldbank.org.cn/in-
dicator/NY.GDP.MKTP.KD.ZG?locations=JP。

32. 「世論調査」、内閣府、https://survey.gov-online.go.jp/h23/h23-life/2-1.html。
「世論調査」、内閣府、https://survey.gov-online.go.jp/r01/r01-life/2-1.html。

33. 「世論調査」、内閣府、https://survey.gov-online.go.jp/r03/r03-life/2-1.html。

34. 「世論調査」、内閣府、https://survey.gov-online.go.jp/r04/r04-life/gairyaku.pdf。

35. 王新生:《安倍长期执政的原因探析:社会变迁、制度设计、"安倍经济学"》,《日本
学刊》2018 年第 3 期,第 11 页。

36. 「平成二十六年度　第 2 回外交に関する国内世論調査」、外務省、https://www.
mofa.go.jp/mofaj/p_pd/pds/page23_001284.html、2014 年 12 月 26 日。「令和元年度
外交に関する国内世論調査」、外務省、https://www.mofa.go.jp/mofaj/press/release/
press4_008414.html、2020 年 4 月 16 日。

37. 刘江永、王新生等:《战后日本政治思潮与中日关系》,人民出版社 2013 年版,第
62 页。中野晃一:『右傾化する日本政治』、岩波書店 2015 年版,16—17 頁。

38. 吴怀中:《日本政治变动及其对华影响——一种结构、生态与政策的演进视角》,
《日本学刊》2013 年第 2 期,第 22—23 页。

39. K.J. Holisti, *International Politics : A Framework for Analysis*, 6th ed. Engle-
wood Cliffs: Prentice Hall, 1992, pp.9—10.

40. 下川正晴:「ジャーナリストが見た日韓関係五〇年」、『海外事情』2015 年 5 月
号、56 頁。

41. [英]赫德利・布尔:《无政府社会——世界政治秩序研究》,张小明译,世界知识
出版社 2003 年版,第 109 页。

42. Gi-Wook Shin, "Perspective: Historical Disputes and Reconciliation in Northeast
Asia: The US Role," *Pacific Affairs*, No.4, 2010, pp.663—673.

43. 吴征宇:《霸权的逻辑:地理政治与战后美国大战略》,中国人民大学出版社 2010
年版,第 190—192 页。

44. 鳩山由紀夫、孫崎享、植草一秀:「『対米従属』という宿痾」、飛鳥新社 2013 年版,
243 頁。

45. 武貞秀士:「日韓関係の安全保障的側面」、『海外事情』2015 年 5 月号、28 頁。

46. 庞中鹏:《日韩龃龉,美日韩三边框架受损?》,《世界知识》2019 年第 5 期,第 28—
29 页。

47. 「『対話で解決を』米国務省が促す　靖国参拝巡る日韓対立」、『朝日新聞』(夕
刊)、2013 年 4 月 23 日。

48. 廉德瑰:《日美同盟实相》,上海社会科学院出版社 2017 年版,第 219 页。

49. 宮城大蔵:『現代日本外交史』、中央公論新社 2016 年版、240 頁。

50. 塚本壮一:「日韓、慰安婦問題『妥結』に向け合意」、『東亜』2015 年 12 月、no.582、
71—72 頁。鈴木美勝:『日本の戦略外交』、筑摩書房 2017 年版、285 頁。

51. H. Res. 121, 110th Congress 1st Session, http://frwebgate.access.gpo.gov/cgi-
bin/getdoc.cgi?dbname=110_cong_bills&docid=f;hr121ih.txt.pdf.

52. 王玉强:《美国国会关于"慰安妇"问题的立法活动研究》,载庞德良主编:《安倍政
权与日本未来》,社会科学文献出版社 2014 年版,第 234 页。

53. 内田雅敏：『靖国参拝の何が問題か』、平凡社 2014 年版、15—16 頁。

54. 安倍晋三：『新しい国へ』、文藝春秋 2013 年版、133 頁。

55. 于海龙：《安倍内阁打造"日美澳印"四国联盟：构想与实践》，《印度洋经济体研究》2020 年第 1 期，第 56 页。

56. 川上高司：「トランプ政権と日米同盟の行方」、『海外事情』2017 年 2 月号、2—23 頁。

57. 武貞秀士：「日韓関係の安全保障的側面」、『海外事情』2015 年 5 月号、18 頁。

58. 武貞秀士：「二〇一七年春、朝鮮半島の核危機」、『海外事情』2017 年 6 月号、8 頁。

59. [日]田中名彦：《危机后的世界》，沈艺、奚伶译，社会科学文献出版社 2018 年版，第 159 页。

60. 柏原竜一：『北朝鮮発　第三次世界大戦』、祥伝社 2018 年版、86—100 頁。

61. 「『第 11 回日韓共同世論調査結果』を公表しました」、言論 NPO、https://www.genron-npo.net/world/archives/16656-2.html、2023 年 10 月 12 日。

62. [美]肯尼思·华尔兹：《国际政治理论》，信强译，上海人民出版社 2008 年版，第 134 页。

63. 梅田皓士：「韓国大統領選と文在政権の課題」、『海外事情』2017 年 6 月号、58—72 頁。

64. 阿久津博康『朝鮮半島、危機の変容』、日本再建イニシアティブ：『現代日本の地政学』、中央公論新社 2017 年版、62 頁。

65. 姜龙范：《日韩建交后的"慰安妇问题"：政府、民意与美国因素》，《日本学刊》2018 年第 6 期，第 109 页。Naoko Kumagai, "The Background to the Japan-Republic of Korea Agreement: Compromises Concerning the Understanding of the Comfort Women Issue," Asia-Pacific Review, Vol.23, No.1, pp.65—99. Tom Phuong Le, "Negotiating in Good Faith: Overcoming Legitimacy Problems in the Japan-South Korea Reconciliation Process," The Journal of Asian Studies, No.3, 2019, pp.621—644.

66. [美]斯蒂芬·沃尔特：《联盟的起源》，周丕启译，北京大学出版社 2007 年版，第 25 页。

67. Glenn H. Snyder, Alliance Politics, Ithaca: Cornell University Press, 1997, pp.169—170.

68. 高橋杉雄：「対北朝鮮抑止の再構築：報復から損害限定へ-」、『海外事情』2018 年 5・6 月号、145 頁。

69. 小針進：『韓国と韓国人』、平凡社 2001 年版、160—161 頁。

70. 池畑修平：『韓国　内なる分断』、平凡社 2019 年版、45—46 頁。

71. [韩]朴槿惠：《朴槿惠自传》，蓝青荣等译，译林出版社 2014 年版，第 253 页。

72. 韩献栋：《以构筑和平为中心：文在寅政府的对朝政策》，《现代国际关系》2018 年第 5 期，第 7 页。

73. 大木聖馬：「日米と韓国、対北朝鮮の連携ですれ」、『東亜』2019 年 7 月、no.625、5 頁。吴怀中：《战略分歧与日韩关系困局》，《现代国际关系》2020 年第 5 期，第 78—82 页。

74. 西野純也：「日韓関係の『出口』はどこにあるか」、『外交』2019 年、Vol.57、54—57 頁。

75. 和田春樹：『日本と朝鮮の一〇〇年史』、平凡社 2010 年版、9 頁。

76. 牧野愛博：「ルポ『断絶』の日韓」、朝日新聞出版 2019 年版、7 頁。

第六章

日本"去历史化"政策成效分析

日本在日韩历史问题上的"去历史化"外交政策演变经历了一个复杂过程。在日韩历史问题上,日本希望发挥自身优势,尽可能以较小成本缓解日韩历史问题矛盾,在历史问题上争取更多的主动性。对日本在日韩历史问题上的外交政策分析可知,日本在处理日韩历史问题上进行了多种继承性或探索性的尝试,虽取得一定成效,但这些和解路径的实施并未使上述历史问题得到较好的解决,慰安妇问题陷入僵局、强征劳工问题大有"复燃"之势,靖国神社、历史教科书问题"蓄势待发",岛屿问题僵持不下,日韩和解之路仍面临诸多挑战。因此,分析日本在谋求解决日韩历史问题的具体路径及其局限十分必要。

日韩两国的历史问题成为困扰双边合作与多边交流的重要障碍,对两国的政治互信、经贸往来、社会互动等领域均产生深远影响。即便是在日本采取相对"妥协"政策的靖国神社问题和历史教科书问题上,其问题也并未得到彻底的解决,未来极可能再次成为激化日韩历史问题争端的焦点,进而引发日韩关系对抗。为缓解两国历史矛盾使两国关系稳定有序地向前发展,日本就历史问题向韩国进行必要的道歉、进行反省以外,两国还进行了诸如"金元外交"、国际司法解决、共同历史研究、搁置争端等一系列的政策探索与构想,这些构想与实践为日韩历史问题争端的最终解决进行了卓有成效的探索,也为这些问题的解决提供了重要借鉴。但不可否认的是,至今的诸多探索性实践均存在不同的局限性,有效解决日韩历史问题争端仍面临诸多重大挑战,需要两国政府政治家发挥政治智慧,与两国国民共同努力探寻解决历史问题的出口。

一、"金元外交"的实施及局限

战争赔偿或对外援助是日本解决历史问题的重要手段,是承担战争责任的重要体现。20 世纪六七十年代,日本经济快速发展,使其成为世界经济大国,通过经济赔偿或对外援助解决日本与东亚地区国家间的历史问题争端的尝试更加突出。在日韩历史问题争端中,战争赔偿及援助在促进日韩邦交正常化、稳定两国关系方面发挥了重要作用。本书讨论的慰安妇问题、强征劳工问题等历史问题的赔偿具有明显的经济属性。因此,通过经济赔偿解决历史问题争端的"金元外交"长期受到关注。

"金元外交"是日韩两国解决历史争端所讨论的重点。日韩两国在 1965 年建交时签订的《日韩请求权协定》是日韩两国政府希望通过经济手段解决历史问题的先导,该协定规定了日本向韩国提供无偿援助和有偿援助共计 5 亿美元(其中无偿援助 3 亿美元、有偿援助 2 亿美元)以解决日韩两国以及两国国民间的请求权问题。然而,请求权协定显然并未彻底解决日韩两国间的请求权问题。

在慰安妇问题上,日本政府为解决日韩慰安妇问题曾在 1995 年成立亚洲女性基金,向韩国慰安妇受害者道歉并提供经济补偿,但因该基金来源并非出自日本政府的国家预算等原因,被韩国大部分受害者及其支持团体认为日方道歉诚意不足,在韩国政界、学界、媒体、国民中备受争议,该基金长期处于停滞状态直至被解散。在亚洲女性基金存在期间,接受该基金援助的慰安妇受害者数量极为有限,日韩慰安妇问题仍未得到解决。亚洲女性基金的解散标志着日本政府希望通过经济手段解决慰安妇问题的失败,日本政府的"金元外交"进入低潮。2012 年第二届安倍政府成立后,慰安妇问题再次成为日韩历史问题争端的焦点,日本与韩国在 2015 年底达成慰安妇问题协议,安倍晋三正式向慰安妇受害者道歉并表示反省,日本政府通过政府预算向韩方提供 10 亿日元补偿金设立财团,以此恢复慰安妇的名誉与尊严、治愈慰安妇的内心创伤,双方政府商定慰安妇问题"最终的不可逆的解决"。[1]但是 2015 年日韩慰安妇问题协议并未使日韩慰安妇问题获得"最终的不可逆的解决",日韩慰安妇问题协议签订后遭到韩国国内在野党、媒体以及慰安妇受害者支持团体的强烈反对,反对者认为协议签订前两国政府均未很好的倾听受害者群体的意见,待韩国文在寅政府成立后,为解决慰安妇问题而成立的财团被解散,日韩慰安妇问题仍未解决,该问题依旧困扰着两国关系的健康发展。日韩两国政府解决慰安妇问题的努力再次遭遇挫折,标志着新一轮"金元外交"尝试的失败。日本希望通过"金元外交"解决慰安妇问题所进行的两次外交实践均以失败告终,这不仅使日韩慰安妇问题陷入僵局,至今仍处于"漂流"状态,而且使日本政府对通过"金元外交"解决其他历史问题的构想持谨慎立场。

通过"金元外交"解决日韩历史问题不仅被日本政府应用在慰安妇问题上,而且在两国政府谋求解决强征劳工问题时也被列为政策选项之一。早在韩国大法院做出关于强征劳工问题判决前,原告律师团曾提议,由日韩政府和企业出资,成立基金以谋求强征劳工问题的"软着陆"。[2]韩国大法院判决发布后,关于成立基金解决的方案又可分为日本企业与接受 1965 年请求权协定资助的韩国企业的"两者方案",日韩企业加韩国政府的"三者方案",[3]以及日韩企业加日韩政府的"2+2 方案"。[4]但是由于日本政府坚持强征劳工问题已经解决的立场,加之"金元外交"在解决日韩慰安妇问题上的失败经验等原因,使日本政府及其国民担忧,即便日方(政府或民间)向韩国强征劳工受害者进行补偿,也会陷入解决慰安妇问题时的困境,[5]最终使"金元外交"难以达到预计成效,因此通过日韩企业或政府成立财团的构想并未付诸实践。特别是强征劳工受害者人数众多且日方在强征劳工问题上占据国际法优势,未来"金元外交"在强征劳工问题上的应用必然面对较慰安妇问题更多更大的挑战。而且,通过经济手段解决历史问题的方式还深受民族主义的影响,特别是韩国在当前已经进入发达国家行列,单纯依靠经济手段难以达到预期效果。[6]最终,强征劳工问题在韩国尹锡悦政府单方面让步下得到缓解,赔偿强征劳工的赔偿款由韩国政府组成财团支付,但这不仅激起韩国在野党和强征劳工受害者的强烈反对,仍有很多强征劳工受害者未领取韩国财团支付的赔偿款,韩国司法系统也不断判决日本企业向强征劳工受害者支付赔款,强征劳工问题仍远未解决。其实,日韩关系的冲突是利益与道义间的冲突,加害者与被害者意识才是日韩摩擦的要因。[7]

日韩两国在谋求通过"金元外交"解决相关历史问题时面对的挑战不仅在于支付金额、支付方式、资金来源、受援者人数，甚至交涉的过程，其更深层的挑战在于经济手段与历史问题之间的错位，利用经济手段解决历史问题必然会面临认知上的分歧，特别是面对着经济实力较强的韩国，其对经济援助的需求量相对较少，这也是经济手段始终未能按预期解决相关历史问题的根源所在。

二、国际司法解决的努力及局限

在国际社会上，当国家间争端难以达成共识的情况下，常会通过第三方调解或裁决的方式解决争端。在日韩历史问题争端中，慰安妇问题、强征劳工问题以及岛屿问题均受到国际法因素的重要影响，日本政府出于不同目的，希望通过国际法裁决日韩两国的争端。

强征劳工问题持续发酵后，有学者即主张通过仲裁解决慰安妇问题和强征劳工问题，[8]日韩两国在 2015 年慰安妇问题协议签订前，由于韩国在慰安妇问题上虽占据一定的国际道义优势，但并不认为国际司法能够满足韩国慰安妇受害者及其支持团体的诉求，而日本又不占据国际法优势，因此通过国际司法解决慰安妇问题并非主流观点。直到日本政府认为韩国政府未彻底履行协议条款，尤其是文在寅政府成立后，韩国政府在事实上彻底废弃了 2015 年慰安妇问题协议后，日本政府逐渐将通过国际司法解决慰安妇问题提上议事日程。2018 年 2 月，日韩首脑会谈时，安倍晋三就慰安妇问题协议强调"该协议是国与国之间的约定，即便政权更迭也要恪守约定是国际普遍承认的原则，韩方既然在日韩协议中确认了'最终的不可逆'地解决慰安妇问题，就希望全部实行协议内容"。[9]

与慰安妇问题相比，日本政府在强征劳工问题以及岛屿问题上以实际行动力促通过国际法解决两个历史问题争端。在强征劳工问题上，由于该问题牵涉范围特别广，在韩国大法院宣布关于强征劳工判决后，日本外长立即发表谈话要求韩国纠正违反国际法的行为，否则"将从保护日本企业正当经济活动的观点出发，毅然采取包括国际裁判和其他对抗措施的所有选择进行应对"。[10]11月1日,日本自民党通过决议,要求日本政府在强征劳工问题上向韩方申请,尽快基于《日韩请求权协定》开展协商与仲裁。安倍晋三在当天的众议院预算委员会上就强征劳工问题表示,"包括国际审判在内的所有选项纳入视野,进行坚决的应对",其中由日韩两国及第三国各任命1名委员组成仲裁委员会进行仲裁、通过国际法院判决是国际审判的重要选项。[11]2019年5月,日本政府向韩国政府发出通告,将基于《日韩请求权协定》提起强征劳工问题仲裁,由日韩两国加第三国的形式组成仲裁委员会。日本政府向韩国驻日大使表示,韩国政府在协议上承担着接受仲裁的义务,强烈要求韩国政府接受仲裁,[12]但韩国方面始终未予回应。在岛屿问题上,也是日本政府率先提出通过国际司法解决的方案,但韩国政府针对日本政府分别在1954年、1962年以及2012年的提案均未回应。日本提倡在国际法院上解决岛屿问题,虽然并未成功解决该问题,但促使日本政府在日本国内和国际社会上表明了韩国的国际法"法理不足"的处境,在国际宣传战中占据优势。[13]这也是日本政府在慰安妇问题和强征劳工问题上倡导通过国际司法方式解决的重要原因之一。

　　日本政府在慰安妇问题、强征劳工问题以及岛屿问题上均曾倾向通过国际司法程序进行解决,在慰安妇问题和强征劳工问题上主张通过国际司法解决是由于日本政府自认为在这两个问题上占据国际法优势,在岛屿问题上主张通过国际司法解决是由于日本并未实际控制该岛屿,是一种"稳赚不赔"的方法。因此,日本政府在上述三个历史问题上更希望借助国际司法解决。然而,通过国际司法解决争端的方式大多时候需要争议双方达成共识,各国均想拥有最大限度的支配权,通过国际司法判决几乎无法进行。[14]即便单方面提起仲裁,也难以促进问题的解决,甚至会使问题被激化,使当事国受到国际与国内双重压力,这也是日本政府在争议问题上未单方面提起仲裁的重要原因。

三、历史共同研究及局限

　　历史认识问题是改善日韩关系的"负资产",阻碍着两国开展持续紧密的安全合作,不断的外交冲突与政治不信任使两国难以形成紧密的安全伙伴关系。[15]放弃以自我为中心的"一国史观"是达成共同历史认识的必要条件、寻求"历史和解"的重要途径，[16]而历史共同研究是统一历史认识的重要尝试。

黑泽文贵、伊恩·尼斯认为，在感性的、政治的或经济上的妥协是不可能达成国家之间真正的和解，和解必须基于实证研究，这意味着和解是建立在尊重历史的基础上，因此历史共同研究被提上和解日程。其实，开展日韩历史共同研究的倡议由来已久，但真正开展实践主要始于小泉政府时期，当时日韩两国政府为缓解因历史教科书问题而产生的对立。2001 年 10 月，日韩首脑会谈时，两国首脑达成进行历史共同研究的共识，[17]日韩两国分别成立了以东京大学三谷太一郎和国民大学赵东杰为首的委员会，将日韩历史共同研究分为古代、中近代（至 1910 年）、近现代（1910 年以后）三个时段，双方自 2002 年 5 月开始至 2005 年 3 月，共举行 6 次全体会议，并于 2005 年发表日韩历史共同研究报告书。[18]首届安倍政府时期，在第 1 期日韩历史共同研究基础上，日韩两国首脑于 2006 年 10 月达成开展第 2 次日韩历史共同研究的共识，在此指导下，日韩两国分别成立以东京大学鸟海靖和高丽大学赵珖为首的委员会，组成古代史、中近代史、近现代史三个分科会以及教科书小组，自 2007 年 6 月召开首次全体会议，截至 2010 年 3 月第 2 期日韩历史共同研究报告书发表，双方共举行 5 次全体会议和 1 次研讨会。[19]日韩历史共同研究为两国政府、学者间就历史问题开展对话交流、促进相互理解提供重要平台，既缓解了两国因历史教科书问题而引发的矛盾和对立，也有助于两国国民在历史问题上增进共识、缩小分歧，为其他历史问题的和解奠定重要基础。因此，从实践结果来说，历史共同研究是日韩两国政府为解决历史教科书问题而共同努力的产物，但其影响不仅限于历史教科书问题领域，对其他历史问题也产生了积极的影响。

此后，通过历史共同研究以缓解甚至解决日韩历史问题的观点常被提及，韩国朴槿惠政府成立后的 2013 年 11 月时，朴槿惠主张编纂东北亚地区共同的历史教科书，当时也得到日本文科大臣下村博文的积极回应。[20]但由于日韩两国共同历史教科书编纂存在诸多障碍，因此自 2010 年第 2 期日韩历史共同研究报告书发布以来，两国未再进行历史共同研究,第 3 期历史共同研究仍处于构想阶段。

如在日韩共同教材中所言,为持续日韩友好,应正视历史教育、正视两国分歧、在历史认识方面逐渐渗透或社会化、求同存异的同时逐渐克服差异性,提高共同性。[21]日韩历史共同研究在缓解两国历史问题对立、寻找共识方面确实会起到一定的作用,但同时也面临难以克服的"瓶颈"。首先,日韩两国历史教科书检定制度的挑战。日韩两国均是采取教科书检定制,由多家出版社编纂教科书交由政府审定,各学校选择被政府审定通过的教科书。如此一来,两国均存在多个版本的历史教科书,日韩两国历史共同研究编纂的历史教科书的市场占有率随之相对降低。曾参与日韩历史共同研究的郑在贞教授坦言,日韩历史共同研究成果丰硕,共出版 10 余种图书,但一般国民并未普遍知晓,可见其影响力相对有限。[22]其次,对其他历史问题影响有限。日韩历史共同研究确实对历史教科书问题产生了一定的影响,但由于历史研究发挥影响具有长期性特征,短期内对日韩历史问题影响有限,仅靠历史共同研究难以化解日韩历史问题争端。如虽然日韩两国在 2002—2010 年开展历史共同研究,但未对小泉纯一郎坚持参拜靖国神社行为起到任何抑制作用,使得日本与韩国等东亚国家关系持续紧张,从中可窥见历史共同研究的局限性。

此外,从历史共同研究出版成果的内容上看,两国在诸多历史问题上达成了较多共识,但对很多具体的历史问题、历史事件论述较宏观。而由于"历史"可以分为陈述性历史和遂行性(performative)历史,前者注重对历史的客观叙述,后者注重历史叙述的政治性格,每次解释都是对现实的某种建构,[23]这就为日韩两国政府、国民以主观理念解释客观事实提供"缝隙"。因此,要极力避免使历史学家之间严肃的对话和争论演变为政治争论。[24]

四、搁置争议及其局限

搁置争议是目前处理历史问题较为常见的方式,是着眼大局和整体的外交选择,能够较有效地防止两国因某具体问题而使两国关系陷入僵局,因此,搁置争议具有一定的战略选择性。搁置争议有狭义与广义之分,狭义的搁置争议是指两国政府就某政府间争议问题做搁置、放任处置,广义的搁置争议则是指两国政府就某政府间或民间争议问题做出搁置、弱化、淡化的处理方式,本书中所要讨论的搁置争议是指广义上的概念。

在日韩诸多历史问题上,由于搁置争议的方式牵扯范围较小,不会对历史问题诉求内容构成影响,因此,搁置争议政策的可选择性较大。在慰安妇问题上,从20世纪90年代慰安妇问题被爆出后,曾激起日韩两国政府、民间的激烈对抗,但随着"河野谈话"的发表和亚洲女性基金的成立,很大程度上缓和了两国在慰安妇问题上的对立。从1995年至2006年的近十年时间以及2008年至2012年的一段时期,日韩两国政府虽未就慰安妇问题达成有效的和解,但两国政府也未使慰安妇问题争端扩大化,而是使该问题保持低烈度的对抗。从广义上来说,两国政府在上述时期对慰安妇问题采取了搁置争议的处置方式,这也成为2011年8月底,韩国宪法法院做出韩国政府在慰安妇问题上的不作为违宪的重要依据。此外,鉴于岛屿问题涉及历史、地缘、经济等多个领域,有诸多日本政治家、学者在岛屿问题争端上主张采取搁置争议的方式,以便两国从大局考虑,弱化岛屿问题的对抗性。日本外交当局曾认为"让竹岛永远睡着就好",小此木政夫也认为,解决岛屿问题最好的方法就是缩小领土纠纷,甚至使之成为"无人岛"。[25]这些解决方案几乎都是建立在搁置争议的基础上,避免两国因岛屿对峙而影响两国关系。此外,在日韩历史教科书问题上,由于右翼团体"创造新历史教科书会"的育鹏社、扶桑社所编纂的历史教科书在日本的占有率较低,也有部分学者主张不将历史教科书问题外交化,应该采取不介入的政策。

在大部分历史问题上,采取搁置争议的"去历史化"方式确实能起到顾全大局、弱化冲突对立的作用,但同时也面临不可避免的局限。首先,搁置争议并非意味着问题的和解,只不过是被暂时冻结起来,在国际环境转换、国家领导人更迭、社会团体运作等因素推动下,被搁置的历史问题随时可能再次爆发。日韩反复出现的历史问题与邦交正常化对"历史认识"的搁置有重要关系,时间越向后推移,和解就越困难,历史问题就越容易被"政治利用"。[26]其次,从长期来看,搁置争议未必会使历史问题被弱化。放置与延迟会增加不信任感,双方都有责任,韩国政府没有向国民明示法律关系导致问题常出现反复,[27]在日韩强征劳工问题上,在 2018 年韩国大法院判决前,日韩两国政府在 2013 年至 2018 年间本有较长时间就该问题进行沟通、协调解决,但双方出于各自利益考虑对强征劳工问题几乎搁置放任,并未利用好时机妥善处理,以至于日韩关系在文在寅时期因强征劳工问题而陷入 1965 年建交以来的最大困境。

此外,还有很多学者主张通过经济交流、文化交流、青少年往来等方式缓解历史问题争端带来的紧张,这些方式对促进日韩历史问题和解、缓解日韩历史问题争端均会起到一定的作用。然而,不可否认的是,这些政策措施在实施过程中均遭遇不同的挫折,并未达到历史问题的和解。即便是有如强征劳工问题那样,由韩国政府单方面做出妥协以换取日韩关系的改善,但仍面临在野党、司法机构、社会团体等势力的牵制,强征劳工问题随时可能再次出现"反复"。上述各种和解路径之所以未起到预计的效果,其根源或在于政策制定者希望以非历史手段解决历史问题,或是采取延缓迟滞的方式而非彻底和解。

从某种意义上说,为实现历史问题和解的"去历史化"本身并不存在褒义贬义之分,只是根据方式、目的、效果的不同,"去历史化"才被赋予不同的时代意味。所谓和解,一定是需要精心经营的事物,需要双方从个人内心所产生的悔悟与宽恕的相互交融,并形成释怀的状态。[28]从根本上说,历史问题是历史进程中遗留的产物,历史和解是一个过程,它既不是一次性的过程,也不是一口气就能抵达的"终点",[29]实现历史问题的和解最有效的路径是在历史进程中通过历史的方式循序渐进地解决,其进程亦未必呈线性发展,"在和解中存在波折、在波折中推进和解"的情况极易反复出现。妄图单纯通过经贸往来、文化交流、社会互动等方式或单次外交行为而彻底解决日韩历史问题争端只会取得事倍功半的效果,只不过是延缓、减轻历史问题危机的爆发。历史问题在朝夕之间难以得到彻底解决,正如东乡和彦所说,日韩历史问题根深蒂固,即便日方尽可能地整合智慧和政治力量推动问题的解决,谋求立刻解决历史问题也是非常困难的。[30]但是通过控制日韩历史问题的矛盾激化,避免历史问题本身恶化、影响范围扩大方面,进而实现日韩历史问题的和解是可以实现的外交目标。和解多发端于单方面的包容行动,[31]积极的和平主义首先就应直视过去的历史,[32]要以被害者能接受的形式对日本殖民朝鲜进行问责,通过新的行动和"政治决断"继续探索新形式。[33]日本作为施害方有责任主动做出真正的"妥协",而非相对的、不彻底的妥协,"如果日本对过去的历史抱着一种不负责任的态度,日本就不会有未来,也不会得到信任"。[34]

注释

1.「日韓外相会談」、外務省、https：//www.mofa.go.jp/mofaj/a_o/na/kr/page4_001667.html、2015 年 12 月 28 日。

2.「日韓の溝、広げる難題　戦時中の徴用、相次ぐ賠償命令　韓国政府、対応に苦慮」、『朝日新聞』(朝刊)、2013 年 11 月 2 日。

3.「徴用工、複数の対応案浮上　韓国政府、基金活用や判決履行支持…」、『朝日新聞』(朝刊)、2018 年 12 月 5 日。

4.「徴用工、韓国政府板挟み　協定を順守・判決も尊重　日韓関係維持を模索」、『朝日新聞』(朝刊)、2018 年 11 月 1 日。

5. 牧野愛博：「ルポ『断絶』の日韓」、朝日新聞出版 2019 年版、60 頁。

6. 福島啓之：「戦後日本の関係修復外交と近隣諸国の対日認識：援助、謝罪とナショナリズム」、『国際政治』第 170 号、112—113 頁。

7. 町田貢：「脱線日韓外交はどこへ行く」、『海外事情』2015 年 5 月号、41—43 頁。

8. 戸塚悦朗：『「徴用工問題」とは何か?』、明石書店 2019 年版、178—181 頁。

9.「日韓首脳会談」、外務省、https：//www.mofa.go.jp/mofaj/a_o/na/kr/page4_003747.html、2018 年 2 月 9 日。

10.「大韓民国大法院による日本企業に対する判決確定について(外務大臣談話)」、外務省、https：//www.mofa.go.jp/mofaj/press/danwa/page4_004458.html、2018 年 10 月 30 日。

11.「首相『国際裁判も視野』　元徴用工判決、対応を本格化」、『朝日新聞』(朝刊)、2018 年 11 月 2 日。

12.「秋葉外務事務次官による南官杓駐日韓国大使の召致」、外務省、https：//www.mofa.go.jp/mofaj/press/release/press4_007433.html、2019 年 5 月 20 日。

13. 東郷和彦：『歴史認識を問い直す』、角川書店 2013 年版、58 頁。

14. 孫崎享：『日本の国境問題　尖閣・竹島・北方領土』、筑摩書房 2011 年版、187 頁。

15. 徐显芬：《未走完的历史和解之路——战后日本的战争赔偿与对外援助》,世界知识出版社 2018 年版、第 105 页。

16.〔日〕纐纈厚：《领土问题和历史认识：中日韩三国维和不能携起手来》,申荷丽译,上海三联书店 2014 年版、第 106 页。

17.「日韓首脳会談(概要)」、外務省、https：//www.mofa.go.jp/mofaj/kaidan/s_koi/korea0110/kaidan.html、2001 年 10 月 16 日。

18.「日韓歴史共同研究委員会」、日韓文化交流基金、https：//www.jkcf.or.jp/projects/2005/18003/？。

19.「日韓歴史共同研究委員会」、日韓文化交流基金、https：//www.jkcf.or.jp/projects/2010/17283/。

20.「共同歴史教科書を提唱　韓国大統領、日中韓念頭に」、『朝日新聞』（朝刊）、2013 年 11 月 16 日。

21. 歴史教育研究会（日本）、歴史教科書研究会（韓国）：『日韓歴史共通教材　日韓交流の歴史』、明石書店 2007 年版、436—440 頁。

22.「日韓対立の根源「歴史認識の相違」　両国の教科書から考える　GSOMIA、徴用工裁判の判決」、『朝日新聞』（週刊）、2019 年 12 月 6 日。

23. 李永晶：《友邦还是敌国？——战后中日关系与世界秩序》，上海人民出版社 2018 年版，第 17 页。

24.［日］田中名彦：《危机后的世界》，沈艺、奚伶译，社会科学文献出版社 2018 年版，第 156 页。

25.［韩］文正仁、［韩］徐承元：《日本复兴大战略》，李春福、李成日译，社会科学文献出版社 2017 年版，第 232—233 页。

26. 徐显芬：《未走完的历史和解之路——战后日本的战争赔偿与对外援助》，世界知识出版社 2018 年版，第 191—196 页。

27. 木宮正史、李元徳：『日韓関係史　1965—2015 I 政治』、東京大学出版社 2015 年版、392—393 頁。

28. 舩橋洋一：『歴史和解の旅：対立の過去から共生の未来へ』、朝日新聞社 2004 年版、342 頁。

29.［日］黑泽文贵、［英］伊恩·尼斯：《历史与和解》，赵仲明等译，南京大学出版社 2018 年版，第 289 页。黒沢文貴、イアン・ニッシュ：『歴史と和解』、東京大学出版社 2011 年版、338 頁。

30. 東郷和彦：『歴史と外交』、講談社 2008 年版、141 頁。

31.［美］查尔斯·库普乾：《化敌为友：持久和平之道》，宋伟译，北京大学出版社 2017 年版，第 6 页。

32. 田中均：『日本外交の挑戦』、角川書店 2015 年版、120—121 頁。

33. 和田春樹等：『日韓歴史問題をどう解くか』、岩波書店 2013 年版、165 頁。

34.［日］山田朗：《日本如何面对历史》，李海译，人民出版社 2014 年版，第 165—166 页。

结　论

历史问题是国际关系研究的重要议题,其产生、发展、影响以及和解都对国际关系理论与国家间关系产生深远影响。东亚历史问题纠葛作为二战的负资产,始终是日本与东亚各国开展外交合作的重要障碍,而日韩历史问题争端是其主要代表问题之一。在日韩历史问题中,尤以慰安妇问题、强征劳工问题、靖国神社问题、历史教科书问题以及岛屿问题的影响范围较大,日本政府在这些历史问题上的理念、立场以及政策不仅对日韩两国关系产生直接影响,对地区国家间关系与国际关系理论也产生重要影响。

日本政府在日韩历史问题上的政策对日韩关系产生重要影响,尤其是安倍政府作为日本持续时间最长的政府,对日本在日韩历史问题上的政策有深远影响。准确分析 2012 年底以来,日本政府在日韩历史问题上的政策及其根源,探寻日韩历史问题和解之道,对东亚地区的合作共赢具有重要的现实意义。根据分析可知,历史问题的和解需有广泛的民意基础,如此才能使政府避免陷入进退两难的境地;历史和解需要有坚实的国际法依托,如此才能使政府避免因短期利益而影响国际形象的长期构建;历史和解需重视相关国家间的"统一战线"建设,如此才能更好抵制历史修正主义的回潮。同时,根据日韩历史问题和解历程与欧洲国家间历史问题和解历程进行对比可知,日韩历史问题步履维艰的重要原因在于,日韩两国对这些问题的性质存在认知分歧,日本政府外交宣传与外交行为差距过大且具有反复性,并将解决历史问题的"去历史化"作为其摆脱战后体制、成为"能战国家"进程的手段之一。因此如何认识与应对日本政府对历史问题本身性质的认知、政治宣传与外交行为的一致性、解决历史问题目的的一致性等方面对日韩历史问题的和解具有重要的基础性作用,这对东亚地区历史问题的和解具有重要意义。

本书主要分析日本政府在日韩历史问题上的外交政策，探讨为何日本政府在日韩历史问题上会采取不同的外交政策，即同一国家（日本）的同一执政党政府（自民党政府）对另一国家（韩国）在历史问题上为何会采取截然不同的外交政策。

本书将日韩历史问题中的慰安妇问题、强征劳工问题、靖国神社问题、历史教科书问题以及岛屿问题等历史问题分为经济因素为主型、民族情感因素为主型、法律因素为主型等 3 种类型，其中法律因素为主型包括国内法律因素为主型和国际法律因素为主型两种。通过对 2012 年底至 2023 年期间日本政府在日韩 5 种历史问题上的政策历程分析，可以看到，从整体上看，日本政府在慰安妇问题和强征劳工问题上采取了"对抗"的"去历史化"外交政策，在靖国神社问题和历史教科书问题上采取了"妥协"的"去历史化"外交政策，在岛屿问题上则采取了"僵持"的"去历史化"外交政策，同时对日本政府在日韩各历史问题上采取政策的原因及其前景分别做出分析。在日本政府对韩历史问题上的政策中，无论是"对抗"政策，还是"妥协"政策，抑或是"僵持"政策，都是日本政府为摆脱战后体制束缚的"去历史化"策略，是在日本右倾化加剧语境下的相对政策，而非普遍视阈下的绝对政策。日本政府在日韩历史问题上所采取的外交政策，既有对日本往届政府外交政策的继承，也有对日本往届政府对韩外交政策的发展，是日本政府根据时代与议题做出继承与发展相统一的选择。

日本政府在历史问题上的对韩外交政策具有明显的"相对性""平衡性"。与此同时，从日韩历史问题普遍性的视角，从国内因素与国际因素两方面讨论了日本政府在日韩历史问题上采取不同外交政策的原因，并对日本政府谋求解决日韩历史问题的方式、方法进行分析与评估，剖析了日本政府推进日韩历史问题和解的方式及其局限。从整体上看，日本政府在日韩历史问题上的外交政策作为日本政府外交的一部分，不仅是日本政府在历史问题上外交政策的体现，更是日本政府外交政策的缩影，将对分析日本外交政策的走势具有一定的前瞻性。

在这一时期，世界正处于百年未有之大变局，日本国内正值新民族主义情绪高涨、右倾化日益加剧的重要时期。日本政府的外交政策一方面以俯瞰地球仪外交、新时代现实主义外交为引领，以印太地区为舞台，积极发展同美国、中国、印度、澳大利亚、东盟等国家或地区的外交关系；另一方面在积极的和平主义指导下，以摆脱战后体制为目标，积极推进"战后外交总决算"进程，在历史修正主义影响下发展同俄罗斯、韩国、朝鲜等国的外交关系，不断蚕食日本和平宪法与战后国际秩序。日本政府在日韩历史问题上的外交政策作为日本在历史修正主义指导下谋求摆脱战后体制束缚的重要组成部分，是窥探日本政府外交政策基本特征的重要线索。通过对日本政府在日韩历史问题上外交政策的分析，日本政府借助国际与国内的局势，利用国际法等价值观与舆论宣传，积极开展摆脱战后体制的"去历史化"努力，其外交政策具有明显的积极性、全局性、务实性、历史修正主义等特征，具体表现为以下几方面。

第一，循序渐进摆脱战后体制。修改宪法、摆脱战后体制是日本政府实现"能战国家"的重要目标，[1]但无论是修改宪法还是其他历史修正主义政策，日本政府摆脱战后体制的图谋都需要应对日本国内外强大的反对势力，尤其是国际社会对日本政府的修正主义保持较高的警惕。[2]因此，日本政府始终也未能实现修改宪法、摆脱战后体制的目标。但同时，日本政府也意识到修改宪法、摆脱战后体制的艰巨性，转而采取循序渐进的方式，[3]根据不同的历史问题采取试探性的"突破"或"解决"。解决日韩历史问题便是日本政府摆脱战后体制的重要环节，日本政府曾在日韩历史问题上表现出积极的历史修正主义姿态，谋求推翻"河野谈话"、直接参拜靖国神社、修改《教育基本法》等，但受到日本国内与国际社会的普遍质疑与反对。为此，日本政府转变"去历史化"策略，在靖国神社问题和历史教科书问题上采取相对"妥协"的外交政策，通过间接参拜靖国神社、加强历史教科书的审查等方式缓解日本在历史问题上的外交压力、压制国内反对声音。与此同时，也不再图谋直接、全面否定"河野谈话"，而是借助于法律因素，逐渐压缩韩国在慰安妇问题和强征劳工问题上的政治、国际舆论空间，进而减少慰安妇问题和强征劳工问题的影响力。在岛屿问题上，则积极通过各种手段推动日韩岛屿问题的"去历史化"，希望借此逐渐减少日本在该问题上受到的历史束缚与外界压力。总之，日本政府在历史问题上为摆脱战后体制对日本的制约，采取了循序渐进的方针与策略，这在日韩历史问题上有着明显的体现。

第二,通过价值观与舆论宣传掌握外交主动。价值观外交是日本政府重要的外交特色,通过民主、法治等价值观念开展外交活动是日本政府价值观外交的重要内容与依托,同时日本政府也以民主、法治等价值观和国际法积极开展外交宣传,将对外宣传提升到战略高度,其中历史问题是日本政府对外宣传的重要领域,[4] 以此提高日本在国际社会上的国家形象,在争取国际舆论方面占据外交主动权。在日韩历史问题上,日本政府也积极利用法治等价值观的外衣进行"去历史化",日本政府一改以往在历史问题上的相对"被动"局面,利用 1965 年《日韩请求权协定》、2015 年日韩慰安妇问题协议、《维也纳条约》以及在岛屿问题上的有利资料开展积极的国际宣传工作,谋求使日韩历史问题之争逐渐转化为法治理念之争,向韩国施加外交与舆论压力,一定程度上实现了"去历史化"的效果。日本政府在日韩历史问题上以法治理念为手段的外交行为方式与日本政府强力推行的印太战略存在某种契合,进一步扩大了日本政府对韩国政策的影响力和施压力度。

第三,强化务实主义外交理念。务实主义外交政策在日本政府时期得到进一步的强化,虽然日本政府的外交政策常以民主、法治等价值理念为依托,但这些价值理念外交的实施均以务实主义为着眼点,相对灵活地适应着国际社会的反应与国内局势的变化,以促进本国利益最大化的实现为出发点,这种务实主义的价值观外交"是一种缺乏'价值'的'价值观外交'"。[5] 日本政府在日韩历史问题上的"去历史化"外交政策即具有强烈的务实主义外交理念色彩,虽然从日本政府的价值理念上来看,日本政府希望扩大右翼历史教科书的市场占有率、实现首相直接参拜靖国神社、推翻关于慰安妇问题的"河野谈话"、实际控制争议岛屿等。

日本政府通过在日韩历史问题上采取的"对抗""妥协"以及"僵持"的"去历史化"外交政策虽然仍存在诸多不足之处,但这些外交政策的实施在一定程度上使日本政府在对韩历史问题外交中处于相对主动的地位,也使日本与亚太各国间的历史问题矛盾控制在较低烈度,同时也安抚了日本国内的部分右翼势力。这一外交政策使日本自民党政府在国内的稳定性与合法性得到增强,对日本政府外交战略布局的推进产生积极作用。未来一段时期,随着中美战略竞争的加剧,美国拜登政府对盟国采取更加重视的方针,美国政府将加强对日韩历史问题争端的调节力度,进而对日韩两国在历史问题上的外交政策形成重要影响。因此,日本政府将在整体上延续着日本政府在历史问题上的差异性对韩外交政策,在靖国神社问题、历史教科书问题以及岛屿问题上将保持谨慎并分别保持"妥协"和"僵持"的外交政策,在慰安妇问题和强征劳工问题上则将保持"对抗"的外交政策,只是其激烈程度将会有所缓和,而日韩两国究竟能否实现历史问题的和解则继续考验着两国政治家的智慧与决心、考验着两国政治家的历史责任感与使命感。

需要特别指出,日本政府摆脱战后体制束缚、成为"能战国家"的目的并未发生根本性的改变,日本国内保守主义势力在历史问题上仍有重要影响,其具有差异性的"去历史化"政策只是日本保守主义势力在当前日本国内与国际政治格局等因素综合影响下所采取的一种权宜之计。日本政府随时可能在相关历史问题上采取强硬的、不符合历史发展潮流的"去历史化"政策,日本国内与国际社会和平主义势力对此应保持高度的理性与警惕,共同维护战后国际秩序与国际体系的稳定,共同促进历史问题的符合各方诉求的真正和解,共同推动亚太命运共同体的构建。

注释

1. 蔡亮:《论安倍内阁的历史修正主义》,《日本学刊》2016 年第 1 期,第 90 页。张瑶华:《安倍 2.0 时代的日本外交》,《国际问题研究》2013 年第 3 期,第 70 页。Lee Jongguk, "The Historical Perceptions of Conservatives in Japan and the Development of History," *Dongbuga Yeoksa Nonchong*, Vol.51, 2016, pp.209—236.

2. 王珊:《试评析安倍政权"摆脱战后体制"的外交举措》,《现代国际关系》2013 年第 9 期,第 42—43 页。

3. 陈梦莉:《安倍"战后总决算"理念的提出、动因及挑战》,《日本研究》2019 年第 2 期,第 17 页。

4. 黄大慧:《试析安倍政府的对外宣传战略》,《现代国际关系》2017 年第 6 期,第 25 页。

5. 邱静:《两次安倍内阁的"价值观外交"》,《外交评论》2014 年第 3 期,第 66 页。

参考文献

中文著作

[美]R.塔格特·墨菲:《日本及其历史枷锁》,李朝津译,中信出版社 2021
年版。

[美]埃德温·O.赖肖尔、[美]马里厄斯·B.詹森:《当代日本人》,陈文寿
译,商务印书馆 2016 年版。

[英]爱德华·卡尔:《20 年危机(1919—1939):国际关系研究导论》,秦亚
青译,世界知识出版社 2005 年版。

安成日:《当代日韩关系研究(1945—1965)》,中国社会科学出版社 2009
年版。

[日]北冈伸一:《日本政治史:外交与权力》,王保田等译,南京大学出版社
2014 年版。

[美]彼得·卡赞斯坦、[美]罗伯特·基欧汉、[美]斯蒂芬·克拉斯纳编:
《世界政治理论的探索与争鸣》,秦亚青等译,上海人民出版社 2018 年版。

[日]波多野澄雄:《国家与历史——战后日本的历史问题》,马静译,社会
科学文献出版社 2016 年版。

[美]布兰特利·沃马克:《非对称与国际关系》,上海人民出版社 2020 年版。

步平:《靖国神社与日本军国主义》,黑龙江人民出版社 2011 年版。

[美]查尔斯·库普乾:《化敌为友:持久和平之道》,宋伟译,北京大学出版
社 2017 年版。

车骁涉、赵利济等:《东北亚的和谐与共生:历史教科书交流组织共同研究
中存在的问题及其解决方法》,中国人民大学出版社 2010 年版。

陈宇峰、黄冠:《安倍晋三这个人》,中国发展出版社 2015 年版。

[日]村山富市、[日]佐高信:《"村山谈话"到底是什么?》,陈应和译,东方
出版社 2013 年版。

［日］大畑笃四郎：《简明日本外交史》，梁云祥等译，世界知识出版社 2009 年版。

丁英顺：《战后日韩、日朝关系》，知识产权出版社 2010 年版。

冯昭奎：《日本·世界·时代：值得我们关注的若干问题》，中国社会科学出版社 2013 年版。

冯昭奎：《战后日本外交》，中国社会科学出版社 1996 年版。

［日］福泽谕吉：《文明论概略》，北京编译社译，商务印书馆 2010 年版。

［日］高桥哲哉：《靖国问题》，黄东兰译，三联书店 2007 年版。

郭定平：《日本政治与外交转型研究》，复旦大学出版社 2010 年版。

［美］海伦·米尔纳：《利益、制度与信息：国内政治与国际关系》，曲博译，上海人民出版社 2021 年版。

［美］汉斯·摩根索：《国家间政治：权力斗争与和平》，许昕、郝望、李保平译，北京大学出版社 2015 年版。

［英］赫德利·布尔：《无政府社会——世界政治秩序研究》，张小明译，世界知识出版社 2003 年版。

［日］黑泽文贵、［英］伊恩·尼斯：《历史与和解》，赵仲明等译，南京大学出版社 2018 年版。

黄大慧：《变化中的东亚与美国：东亚的崛起及其秩序建构》，社会科学文献出版社 2010 年版。

黄大慧：《构建和谐东亚》，社会科学文献出版社 2010 年版。

黄大慧：《日本大国化趋势与中日关系》，社会科学文献出版社 2008 年版。

黄凤志、刘清才、张慧智等：《东北亚地区政治与安全（2014）》，社会科学文献出版社 2014 年版。

黄凤志、刘雪莲编：《东北亚地区政治与安全报告（2013）》，社会科学文献出版社 2013 年版。

［韩］姜声鹤：《韩国外交政策的困境》，王亚丽译，社会科学文献出版社 2017 年。

蒋百里、戴季陶：《日本人与日本论》，凤凰出版传媒集团、凤凰出版社 2009 年版。

蒋丰：《日本国会议员谈中国》，东方出版社 2013 年版。

［日］纐缬厚：《领土问题和历史认识》，申荷丽译，上海三联书店 2014 年版。

［韩］具天书：《东北亚共同体建设：阻碍性因素及其超越——韩国的视

角》，北京大学出版社 2014 年版。

[荷]卡瑞尔·范·沃尔夫伦：《日本权力结构之谜》，任颂华译，中信出版集团 2020 年版。

[美]康拉德·托特曼：《日本史》（第二版），王毅译，上海人民出版社 2015 年版。

[瑞典]克里斯特·约恩松、[瑞典]马丁·霍尔：《外交的本质》，肖玙译，北京大学出版社 2021 年版。

[美]肯尼思·华尔兹：《国际政治理论》，信强译，上海世纪出版集团 2014 年版。

李大光、孙绍红、李玙璠：《一门三首相：安倍晋三家族与日本世袭政治》，台海出版社 2013 年版。

李寒梅等：《21 世纪日本的国家战略》，社会科学文献出版社 2000 年版。

李寒梅：《日本民族主义形态研究》，商务印书馆 2012 年版。

李开盛：《第三方与大国东亚冲突管控》，中国社会科学出版社 2018 年版。

李薇编：《日本研究报告（2013）》，社会科学文献出版社 2013 年版。

李薇编：《日本研究报告（2014）》，社会科学文献出版社 2014 年版。

李薇编：《日本研究报告（2015）》，社会科学文献出版社 2015 年版。

李秀石：《日本教科书问题剖析》，上海人民出版社 2013 年版。

李秀石：《日本新保守主义战略研究》，时事出版社 2010 年版。

李永晶：《友邦还是敌国？——战后中日关系与世界秩序》，上海人民出版社 2018 年版。

[美]理查德·J.塞缪尔斯：《日本大战略与东亚的未来》，刘铁娃译，上海人民出版社 2010 年版。

廉德瑰：《日本海洋战略研究》，时事出版社 2016 年版。

廉德瑰：《日美同盟实相》，上海社会科学院出版社 2017 年版。

梁云祥：《日本外交与中日关系》，世界知识出版社 2012 年版。

林尚立：《日本政党政治》，上海人民出版社 2018 年版。

刘江永编：《当代日本对外关系》，世界知识出版社 2009 年版。

刘江永、王新生等：《战后日本政治思潮与中日关系》，人民出版社 2013 年版。

刘宗和：《日本政治发展与对外政策》，世界知识出版社 2010 年版。

[美]罗伯特·O.基欧汉、[美]约瑟夫·奈：《权力与相互依赖》，门洪华译，

北京大学出版社 2014 年版。

[美]罗伯特·O.基欧汉:《霸权之后:世界政治经济中的合作与纷争》,苏长和等译,上海人民出版社 2016 年版。

[美]罗伯特·O.基欧汉:《新现实主义及其批判》,郭树勇译,北京大学出版社 2007 年版。

[美]罗伯特·吉尔平:《世界政治中的战争与变革》,宋新宁、杜建平译,上海人民出版社 2007 年版。

[英]马丁·怀特:《权力政治》,宋爱群译,世界知识出版社 2004 年版。

马晶:《冷战后韩国的东北亚政策研究》,时事出版社 2017 年版。

米庆余:《日本东亚政策研究》,江苏人民出版社 2019 年版。

米庆余:《日本近现代外交史》,世界知识出版社 2010 年版。

牛军:《战后东亚秩序》,世界知识出版社 2021 年版。

牛林杰、刘宝全:《2007—2008 年韩国发展报告》,社会科学文献出版社 2008 年版。

牛林杰、刘宝全:《韩国发展报告(2013)》,社会科学文献出版社 2013 年版。

牛林杰、刘宝全:《韩国发展报告(2014)》,社会科学文献出版社 2014 年版。

牛林杰、刘宝全:《韩国发展报告(2015)》,社会科学文献出版社 2016 年版。

[加]诺林·利普斯曼、[美]杰弗里·托利弗、[美]斯蒂芬·洛贝尔:《新古典现实主义国际政治理论》,张晨、刘丰译,上海人民出版社 2017 年版。

庞德良编:《国家政策转变与日本未来》,社会科学文献出版社 2018 年版。

庞德良主编:《安倍政权与日本未来》,社会科学文献出版社 2014 年版。

庞德良主编:《国家战略转型与日本未来》,社会科学文献出版社 2016 年版。

[韩]朴槿惠:《朴槿惠自传》,蓝青荣等译,译林出版社 2014 年版。

祁隆:《靖国神社揭秘》,新世界出版社 2003 年版。

日本战后 70 年编委会编:《战后日本 70 年:轨迹与走向》,王茵译,中国社会科学出版社 2015 年版。

[日]山田朗:《日本如何面对历史》,李海译,人民出版社 2014 年版。

申定昌:《韩国外交与美国》,社会科学文献出版社 2008 年版。

沈海涛:《外交漂流:日本东亚战略转型》,社会科学文献出版社 2015 年版。

[美]斯蒂芬·沃尔特:《联盟的起源》,周丕启译,世界知识出版社 2007 年版。

宋成有、李寒梅等:《战后日本外交史》,世界知识出版社 1995 年版。

苏智良:《日本历史教科书风波的真相》,人民出版社2001年版。

孙立祥:《战后日本右翼势力研究》,中国青年出版社2013年版。

孙晓光:《战后日本政治与外交(1945—2011)》,云南人民出版社2012年版。

孙政:《战后日本新国家主义研究》,人民出版社2005年版。

[日]添谷芳秀:《日本的"中等国家"外交》,李成日译,社会科学文献出版社2015年版。

[日]田中名彦:《危机后的世界》,沈艺、奚伶译,社会科学文献出版社2018年版。

王珂、王智新:《安倍晋三传》,中央编译出版社2007年版。

王卫新、胡令远编:《日本谢罪为什么这样难》,华东师范大学出版社2015年版。

王希亮:《纠正被歪曲的历史——对日本历史教科书问题的剖析》,黑龙江人民出版社2011年版。

王希亮:《日本右翼势力与东北亚国际关系》,社会科学文献出版社2013年版。

王晓波、赵立新等:《东北亚各国关系概论》,社会科学文献出版社2015年版。

王新生:《战后日本史》,江苏人民出版社2013年版。

王星宇:《冷战后日本政治思潮研究》,世界知识出版社2012年版。

王智新:《解密靖国神社》,广东人民出版社2005年版。

王智新、刘琪:《揭开日本教科书问题的黑幕》,世界知识出版社2001年版。

王仲涛、汤重南:《日本近现代史(现代卷)》,现代出版社2016年版。

[韩]文在寅:《命运:文在寅自传》,王萌译,江苏凤凰文艺出版社2018年版。

[韩]文正仁、[韩]徐承元:《日本复兴大战略》,李春福、李成日译,社会科学文献出版社2017年版。

吴寄南:《新世纪日本对外战略研究》,时事出版社2010年版。

吴征宇:《霸权的逻辑:地理政治与战后美国大战略》,中国人民大学出版社2010年版。

吴征宇:《地理政治学与大战略》,中国法制出版社2012年版。

［日］五十岚晓郎：《日本政治论》，殷国梁、高伟译，北京大学出版社 2015 年版。

［日］小熊英二：《"民主"与"爱国"：战后日本的民族主义与公共性》，黄大慧等译，社会科学文献出版社 2020 年版。

［日］小原雅博：《日本走向何方》，加藤嘉一译，中信出版社 2009 年版。

［美］小约瑟夫·奈、［加］戴维·韦尔奇：《理解全球冲突与合作》，张小明译，上海人民出版社 2021 年版。

徐万胜等：《秩序构建与日本的战略应对》，时事出版社 2018 年版。

徐万胜：《日本政权更迭析论》，时事出版社 2016 年版。

徐万胜：《日本政治与对外关系》，人民出版社 2006 年版。

徐显芬：《未走完的历史和解之路——战后日本的战争赔偿与对外援助》，世界知识出版社 2018 年版。

［美］亚历山大·温特：《国际政治的社会理论》，秦亚青，上海世纪出版集团 2018 年版。

杨伯江编：《日本研究报告（2016）》，社会科学文献出版社 2016 年版。

杨伯江编：《日本研究报告（2017）》，社会科学文献出版社 2017 年版。

杨伯江编：《日本研究报告（2018）》，社会科学文献出版社 2018 年版。

杨伯江编：《日本研究报告（2019）》，社会科学文献出版社 2019 年版。

杨伯江编：《日本研究报告（2020）》，社会科学文献出版社 2020 年版。

杨伯江编：《日本研究报告（2021）》，社会科学文献出版社 2021 年版。

杨伯江编：《日本研究报告（2022）》，社会科学文献出版社 2023 年版。

［英］约翰·阿克顿：《自由史论》，胡传胜等译，译林出版社 2001 年版。

［美］约翰·米尔斯海默：《大国政治的悲剧》，王义桅、唐小松译，上海世纪出版集团 2015 年版。

臧志军等：《冷战后的财界与日本外交》，上海人民出版社 2013 年版。

翟新：《战后日本的对外观》，上海交通大学出版社 2011 年版。

［美］詹姆斯·多尔蒂、［美］小罗伯特·普法尔茨格拉夫：《争论中的国际关系理论》第五版，阎学通、陈寒溪等译，世界知识出版社 2013 年版。

张广宇：《冷战后日本的新保守主义与政治右倾化》，北京大学出版社 2005 年版。

张清敏：《对外政策分析》，北京大学出版社 2019 年版。

张卫娣：《21 世纪日本对外战略研究》，军事科学出版社 2012 年版。

张勇:《摆脱战败:日本外交战略转型的国内政治根源》,社会科学文献出版社 2020 年版。

张蕴岭、毕颖达编:《东北亚地区关系概论》,世界知识出版社 2019 年版。

[日]中曾根康弘等:《冷战以后》,上海三联书店 1993 年版。

[日]中曾根康弘:《日本二十一世纪的国家战略》,联慧译,海南出版社 2004 年版。

[美]朱迪斯·戈尔茨坦、[美]罗伯特·O.基欧汉:《观念与外交政策》,刘东国、于军译,北京大学出版社 2006 年版。

卓南生:《日本的乱象与真相》,世界知识出版社 2013 年版。

[美]兹比格纽·布热津斯基:《大棋局:美国的首要地位及其地缘战略》,中国国际问题研究所译,上海人民出版社 2017 年版。

外文著作

21 世紀構想懇談会:『戦後 70 年談話の論点』、日本経済新聞出版社 2015 年版。

Barry O'Neill, *Honor, Symbols, and War*, Ann Arbor: The University of Michigan Press, 2001.

Bruce Bueno de Mesquita et al., *The Logic of Political Survival*, Cambridge, MA: MIT Press, 2003.

Cynthia J. Arnson, *Comparative Peace Processes in Latin America*, Stanford: Stanford University Press, 1999.

Daniel Bar-Tal and Gemma H. Bennink, "The Nature of Reconciliation as an Outcome and as a Process," in Yaacov Bar-Siman-Tov, ed., *From Conflict Resolution to Reconciliation*, Oxford: Oxford University Press, 2003.

E.H.カー:『歴史とは何か』、清水幾太郎 訳、岩波書店 2017 年版。

Elazar Barkan and Alexan Karn, *Taking Wrongs Seriously: Apologies and Reconciliation*, Stanford: Stanford Press, 2006.

Jennifer Lind, *Sorry States: Apologies in International Politics*, Ithaca: Cornell University Press, 2008.

マイケル・J・グリーン:『安倍晋三と日本の大戦略』、日経 BP 社 2023 年版、上原裕美子 訳。

Kenneth Boulding, *Stable Peace*, Austin: University of Texas Press, 1978.

K.J. Holisti, *International Politics: A Framework for Analysis*, 6th ed. Englewood Cliffs: Prentice Hall, 1992.

Rock, Stephen R., *Why Peace Breaks Out: Great Power Rapprochement in Historical Perspective*, Chapel Hill: University of North Carolina Press, 1989.

Seunghoon Emilia Heo, *Reconciling Enemy States in Europe and Asia*, New York: Palgrave Macmillan, 2012.

William J. Long and Peter Brecke, *War and Reconciliation: Reason and Emotion in Conflict Resolution*, Cambridge: The MIT Press, 2003.

Yaacov Bar-Siman-Two, *From Conflict Resolution to Reconciliation*, Oxford: Oxford University Press, 2004.

阿比留瑠比：『だから安倍晋三政権は強い』、産経新聞出版 2018 年版。

阿比留瑠比、西岡力：『安倍晋三の歴史戦』、産経新聞出版 2023 年版。

安倍晋三等：『安倍晋三　回顧録』、中央公論新社 2023 年版。

安倍晋三、岡崎久彦：『この国を守る決意』、扶桑社 2004 年版。

安倍晋三：『日本の決意』、新潮社 2014 年版。

安倍晋三：『新しい国へ』、文藝春秋 2013 年版。

安田浩一、朴順梨：『韓国のホンネ』、竹書房 2013 年版。

岸田文雄：『岸田ビジョン』、講談社 2021 年版。

岸田文雄：『核兵器のない世界へ』、日経 BP 社 2020 年版。

白眞勲：『日韓魂：日本と韓国に生き、世界を見つめる』、共栄書房 2016 年版。

坂本茂樹：『日本の海洋政策と海洋法』、信山社 2018 年版。

坂東宏：『戦争の後ろ姿：教科書問題と東アジア諸国民との歴史対話』、彩流社 2006 年版。

保阪正康：『安倍首相の「歴史観」を問う』、講談社 2015 年版。

保阪正康、東郷和彦：『日本の領土問題　北方四島、竹島、尖閣諸島』、角川書店 2012 年版。

保阪正康：『「靖国」という悩み』、中央公論新社 2013 年版。

保阪正康：『田中角栄と安倍晋三』、朝日新聞出版 2016 年版。

保坂祐二：『〈独島・竹島〉の日韓史』、論創社 2016 年版。

保坂正康：『歴史でたどる領土問題の真実』、朝日新聞出版 2011 年版。

俵義文：『戦後教科書運動史』、平凡社 2020 年版。

波多野澄雄：『国家と歴史』、中央公論新社 2011 年版。

波多野澄雄：『冷戦変容期の日本外交』、ミネルヴァ書房 2013 年版。

波多野澄雄：『日本外交の150 年：幕末・維新から平成まで』、日本外交協会 2019 年版。

薄木秀夫：『韓国人の本心』、東洋経済新報社 1996 年版。

草野厚、梅本哲也：『現代日本外交の分析』、東京大学出版社 1995 年版。

朝日新聞取材班：『この国を揺るがす男：安倍晋三とは何者か』、筑摩書房 2016 年版。

池井優：『語られなかった戦後日本外交』、慶應義塾大学出版社 2013 年版。

池内敏：『竹島：もうひとつの日韓関係史』、中央公論新社 2016 年版。

池内敏：『竹島問題とは何か』、名古屋大学出版会 2012 年版。

池上彰、佐藤優：『新・戦争論』、文藝春秋 2014 年版。

池畑修平：『韓国　内なる分断』、平凡社 2019 年版。

赤沢史郎：『靖国神社：「殉国」と「平和」をめぐる戦後史』、岩波書店 2017 年版。

川島真、服部龍二：『東アジア国際政治史』、名古屋大学出版会 2007 年版。

船橋洋一：『21 世紀　地政学入門』、文藝春秋 2016 年版。

崔元植等：『東アジア歴史認識論争のメタヒストリー』、青弓社 2022 年版。

村山富市、佐高信：『こんなに違う！ 村山談話と安倍談話』、七つ森書館 2015 年版。

大森和夫・弘子：『もう　日本を恨まない』、日本僑報社 2007 年版。

大矢根聡：『国際関係理論と日本外交史：「分断」を乗り越えられるか』、勁草書房 2020 年版。

大下英治：『安倍官邸『権力』の正体』、角川書店 2017 年版。

大沼保昭：『『慰安婦』問題とは何だったのか』、中央公論新社 2007 年版。

島田裕巳：『靖国神社』、幻冬社 2014 年版。

嶋崎晋：『〈図説〉よくわかる日本・中国・韓国の歴史と紛争』、PHP研究所2014年版。

徳山喜雄：『安倍晋三「迷言」録』、平凡社2016年版。

東北アジア問題研究所：『日韓の歴史認識と和解』、新幹社2016年版。

東郷和彦、波多野澄雄：『歴史問題ハンドブック』、岩波書店2015年版。

東郷和彦：『歴史認識を問い直す』、角川書店2013年版。

東郷和彦：『歴史と外交』、講談社2008年版。

東郷和彦：『危機の外交』、KADOKAWA 2015年版。

読売新聞編集局：『徹底検証 あさひ「慰安婦」報道』、中央公論新社2014年版。

読売新聞政治部：『「日中韓」外交戦争』、新潮社2016年版。

渡辺利夫：『日本東アジア戦略』、東洋経済新報社2005年版。

峯岸博：『日韓の断層』、日本経済新聞出版社2019年版。

服部龍二：『外交ドキュメント 歴史認識』、岩波書店2015年版。

冨樫あゆみ：『日韓安全保障協力の検証』、亜紀書房2017年版。

岡本有佳、加藤圭木：『だれが日韓「対立」をつくったのか』、大月書店2019年版。

岡崎久彦、北岡伸一、坂本多加雄：『日本人の歴史観 黒船来航から集団的自衛権まで』、文藝春秋2015年版。

岡崎久彦：『国家戦略からみた靖国問題』、PHP研究所2005年版。

岡崎久彦：『戦略的思考とは何か』、中央公論新社2019年版。

高坂正堯：『国際政治』、中央公論新社2009年版。

高坂正堯：『海洋国家日本の構想』、中央公論新社2011年版。

高橋哲哉：『靖国問題』、筑摩書房2005年版。

宮城大蔵：『現代日本外交史』、中央公論新社2016年版。

宮家邦彦：『哀しき半島国家 韓国の結末』、PHP研究所2014年版。

宮家邦彦：『日本の敵 よみがえる民族主義に備えよ』、文藝春秋2015年版。

古川隆久：『昭和史』、筑摩書房2016年版。

古賀茂明：『国家の暴走』、角川書店2015年版。

古田博司：『東アジア「反日」トライアングル』、文藝春秋2005年版。

谷口智彦：『安倍晋三の真実』、悟空出版2018年版。

国分良成：『日本の外交　第 4 巻』、岩波書店 2013 年版。

和田春樹等：『日韓歴史問題をどう解くか』、岩波書店 2013 年版。

和田春樹：『領土問題をどう解決するか』、平凡社 2012 年版。

和田春樹：『慰安婦問題の解決のために』、平凡社 2015 年版。

黒田勝弘：『韓国人の歴史観』、文藝春秋 1999 年版。

黒田勝弘：『韓国人の研究』、角川学芸 2014 年版。

黒田勝弘：『"日本離れ"できない韓国』、文藝春秋 2006 年版。

黒沢文貴、イアン・ニッシュ：『歴史と和解』、東京大学出版社 2011 年版。

戸塚悦朗：『歴史認識と日韓の「和解」への道』、日本評論社 2019 年版。

戸塚悦朗：『「徴用工問題」とは何か?』、明石書店 2019 年版。

荒井信一：『歴史和解は可能か』、岩波書店 2006 年版。

吉澤文寿編：『歴史認識から見た戦後日韓関係』、社会評論社 2019 年版。

家近亮子等：『岐路に立つ日中関係』、晃洋書店 2012 年版。

菅義偉：『政治家の覚悟』、文春新書 2020 年版。

菅英輝編：『東アジアの歴史摩擦と和解可能性』、凱風社 2011 年版。

菅英輝編：『冷戦変容と歴史認識』、晃洋書房 2017 年版。

剣持久木等：『歴史認識共有の地平：毒仏共通教科書と中日韓の試み』、
明石書店 2009 年版。

姜誠：『竹島とナショナリズム』、大江正章 2013 年版。

姜尚中：『朝鮮半島と日本の未来』、集英社 2020 年版。

金学俊：『独島/竹島　韓国の論理』、Hosaka Yuji 訳、論創社 2004 年版。

近藤健：『反米主義』、講談社 2008 年版。

井上寿一：『日本外交史講義』、岩波書店 2014 年版。

鳩山由紀夫、孫崎享、植草一秀：「『対米従属』という宿痾」、飛鳥新社 2013
年版。

久保井規夫：『図説　竹島＝独島問題の解決』、柘植書房新社 2014 年版。

李鐘元、木宮正史など：『歴史としての日韓国交正常化 I 東アジア冷戦
編』、法政大学出版局 2011 年版。

李鐘元、木宮正史など：『戦後日韓関係史』、有斐閣 2017 年版。

栗山尚一：『戦後日本外交：軌跡と課題』、岩波書店 2016 年版。

歴史教育研究会（日本）、歴史教科書研究会（韓国）：『日韓歴史共通教材
日韓交流の歴史』、明石書店 2007 年版。

歴史教育者協議会（日本）、全国歴史教師の会（韓国）：『向かい合う日本と韓国・朝鮮の歴史　近現代編』、大月書店 2015 年版。

歴史学研究会編：『歴史教科書をめぐる日韓対話』、大月書店 2004 年版。

鈴木美勝：『日本の戦略外交』、筑摩書房 2017 年版。

毛里和子：『日中関係　戦後から新時代へ』、岩波書店 2006 年版。

毛里和子：『日中漂流　グローバル・パワーはどこへ向かうか』、岩波書店 2017 年版。

木村幹：『韓国愛憎　激変する隣国と私の30 年』、中公新書 2022 年版。

木村幹：『日韓歴史認識問題とは何か』、ミネルヴァ書房 2014 年版。

木宮正史、李元徳編：『日韓関係史（1965—2015）1 政治』、東京大学出版会 2015 年版。

牧野愛博：「ルポ『断絶』の日韓」、朝日新聞出版 2019 年版。

牧野愛博：「韓国を支配する『空気』の研究」、文藝春秋 2020 年版。

牧原出：「『安倍一強』の謎」、朝日新聞出版 2016 年版。

内海愛子：『日韓の歴史問題をどう読み解くか：徴用工・日本軍「慰安婦」・植民地支配』、新日本出版社 2020 年版。

内田雅敏：『靖国参拝の何が問題か』、平凡社 2014 年版。

内田雅敏：『元徴用工和解への道：戦時被害と個人請求権』、筑摩書房 2020 年版。

朴裕河等：『日韓メモリー・ウォーズ』、弦書房 2017 年版。

朴裕河：『帝国の慰安婦：植民地支配と記憶の闘い』、朝日新聞出版 2014 年版。

朴裕河：『反日ナショナリズムを超えて　韓国人の反日感情を読み解く』、安宇植　訳、河出書房新社 2005 年版。

朴裕河：『歴史と向き合う　日韓問題—対立から対話へ』、毎日新聞社出版局 2022 年版。

浦野起央：『日本の国境：分析・資料・文献』、三和書籍 2013 年版。

浅野豊美編：『戦後日本の賠償問題と東アジア地域再編：請求権と歴史認識問題の起源』、慈学社 2013 年版。

浅羽祐樹：『韓国化する日本、日本化する韓国』、講談社 2015 年。

日本再建イニシアティブ：『現代日本の地政学』、中央公論新社 2017 年版。

日韓共通歴史教材制作チーム：『日韓共通歴史教材　学び、つながる日本と韓国の近現代史』、明石書店 2013 年版。

入江曜子：『教科書が危ない』、岩波書店 2004 年版。

若宮啓文：『日韓の未来を作る』、慶應義塾大学出版会 2015 年版。

若宮啓文：『戦後 70 年　保守のアジア観』、朝日新聞出版 2014 年版。

三上治等：『靖国問題の核心』、講談社 2006 年版。

三土修平：『靖国問題の深層』、幻冬舎ルネッサンス 2013 年版。

森功：『菅義偉の正体』、小学館 2021 年版。

山本皓一：『日本の国境を直視する 2　竹島・北方領土』、ベストセラーズ 2012 年版。

山本浄邦：『国家と追悼：「靖国神社か、国立追悼施設か」を超えて』、評論社 2010 年版。

山本一太：『なぜいま安倍晋三なのか』、リヨン社 2006 年版。

山口敬之：『暗闘』、幻冬舎 2017 年版。

山口敬之：『総理』、幻冬舎 2016 年版。

山内昌之、佐藤優：『新・地政学』、中央公論新社 2016 年版。

山崎雅弘：『歴史戦と思想戦：歴史問題の読み解き方』、集英社 2019 年版。

山田吉彦：『日本の国境』、新潮社 2005 年版。

山田朗編：『歴史教育と歴史研究をつなぐ』、岩波書店 2007 年版。

杉山徹宗：『中国の軍事力　日本の防衛力』、祥伝社 2013 年版。

上坂冬子：『戦争を知らない人のために靖国問題』、文藝春秋 2006 年版。

手嶋龍一、佐藤優：『日韓撃突』、中央公論新社 2020 年版。

松竹伸幸：『日韓が和解する日』、かもがわ出版 2019 年版。

藪中三十二：『日本の針路：ヒントは交鄰外交の歴史にあり』、岩波書店 2015 年版。

孫崎享：『日本の国境問題　尖閣・竹島・北方領土』、筑摩書房 2011 年版。

藤岡信勝、井沢元彦：『NOと言える教科書　真実の日韓関係史』、祥伝社 1998 年版。

藤井賢二：『竹島問題の起源：戦後日韓海洋紛争史』、ミネルヴァ書房 2018 年版。

藤原彰：『日本に歴史 15　世界の中の日本』、小学館 1989 年版。

天児慧、李鐘元：『東アジア和解への道』、岩波書店 2016 年版。

天児慧：『日中対立』、筑摩書房 2013 年版。

添谷芳秀：『日本の外交 「戦後」を読みとく』、筑摩書房 2017 年版。

添谷芳秀：『秩序変動と日本外交：拡大と収縮の七〇年』、慶應義塾大学出版会 2016 年版。

田崎史郎：『安倍官邸の正体』、講談社 2014 年版。

田原総一朗：『安倍政権への遺言』、朝日新聞出版 2015 年版。

田中均：『日本外交の挑戦』、角川書店 2015 年版。

田中均：『外交の力』、日本経済新聞出版社 2009 年版。

田中伸尚、高橋哲哉：『「靖国」という問題』、金曜日 2006 年版。

田中伸尚：『靖国訴訟：戦死者の記憶は誰のものか』、岩波書店 2007 年版。

田中伸尚：『いま、「靖国」を問う意味』、岩波書店 2015 年版。

同時代史学会：『日中韓ナショナリズムの同時代史』、日本経済評論社 2006 年版。

文藝春秋：『「従軍慰安婦」朝日新聞 VS.文藝春秋』、文藝春秋 2014 年版。

屋山太郎：『安倍晋三興国論』、海竜社 2015 年版。

五百旗頭薫、奈良岡聡智：『日本政治外交史』、放送大学教育振興会 2019 年版。

五百旗頭真：『戦後日本外交史』、有斐閣アルマ 2006 年版。

五百旗頭真等：『戦後日本の歴史認識』、東京大学出版会 2017 年。

武貞秀士：『東アジア動乱』、KADOKAWA 2015 年版。

武貞秀士：『なぜ韓国外交は日本に敗れたのか』、PHP 研究所 2016 年版。

西村幸祐：『21 世紀の『脱亜論』』、祥伝社 2015 年版。

西岡力：『日韓「歴史問題」の真実』、PHP 研究所 2005 年版。

細谷雄一：『国際秩序』、中央公論新社 2012 年版。

下條正男：『安龍福の供述と竹島問題』、島根県総務部総務課 2017 年版。

下條正男：『竹島は日韓どちらのものか』、文藝春秋 2005 年版。

鮮于輝等：『日韓 理解への道』、中公文庫 1988 年版。

小倉紀蔵等：『日韓関係の争点』、藤原書店 2014 年版。

小倉紀蔵：『歴史認識を乗り越える』、講談社 2005 年版。

小倉紀蔵：『嫌韓問題の解き方』、朝日新聞出版 2016 年版。

小倉紀蔵：『心で知る、韓国』、岩波書店 2012 年版。

小此木政夫、張達重編：『戦後日韓関係の展開』、慶應義塾大学出版会2005年版。

小島康敬、M・W・スティール：『鏡のなかの日本と韓国』、ぺりかん社2000年版。

小島毅：『靖国史観　幕末維新という深淵』、筑摩書房2007年版。

小林よしのり編：『日本を貶めた10人の売国政治家』、幻冬社2009年版。

小森陽一等：『東アジア歴史認識論争のメタヒストリー』、青弓社2008年版。

小森陽一等：『歴史教科書　何が問題か』、岩波書店2001年版。

小原雅博：『日本の国益』、講談社2018年版。

小針進：『韓国と韓国人』、平凡社2001年版。

熊谷奈緒子：『慰安婦問題』、筑摩書房2014年版。

須藤季夫：『国家の対外行動』、東京大学出版社2007年版。

岩下明裕：『北方領土・竹島・尖閣、これが解決策』、朝日新聞出版2013年版。

塩田潮：『安倍晋三の力量』、平凡社2006年版。

伊東順子：『韓国現地からの報告：セウォル号事件から文在寅政権まで』、筑摩書房2020年版。

伊豆見元：『北朝鮮で何が起きているのか』、筑摩書房2013年版。

櫻よしこ等：『日中韓　歴史大論争』、文藝春秋2010年版。

櫻井よしこ、金両基：『日韓歴史論争　海峡は越えられるか』、中央公論社1997年版。

有馬哲夫：『歴史問題の正解』、新潮社2016年版。

御厨貴：『安倍政権は本当に強いのか』、PHP研究所2015年版。

御厨貴：『安倍政権は本当に強いのか』、PHP研究所2013年版。

原貴美恵：『サンフランシスコ平和条約の盲点』、溪水社2012年版。

原口健治：『歴史教科書とナショナリズム：日本とドイツ』、春風社2016年版。

増田弘、佐藤晋：『日本外交史ハンドブック：解説と資料』、有信堂高文社2007年版。

趙世暎：『日韓外交史：対立と協力の50年』、平凡社2015年版。

鄭根珠：『日韓関係における歴史認識問題の反復：教科書問題への対応

過程』、早稲田大学 2011 年版。

鄭在貞：『日韓〈歴史対立〉と〈歴史対話〉：「歴史認識問題」和解の道を考える』、金廣植、徐凡喜訳、新泉社 2015 年版。

中嶋嶺雄：『国際関係論』、中央公論社 1997 年版。

中名生正昭：『尖閣、竹島、北方四島』、南雲堂 2011 年版。

中内康夫、高藤奈央子等：『日本の領土問題と海洋戦略—尖閣諸島、竹島、北方領土、沖ノ鳥島』、朝陽会 2013 年版。

中内康夫、寺林祐介：『日本、韓国、そして北朝鮮—日本と朝鮮半島をめぐる国際政治』、朝陽会 2014 年版。

中野晃一：『右傾化する日本政治』、岩波書店 2015 年版。

猪口孝：『国際政治の見方　9・11 後の日本外交』、筑摩書房 2005 年版。

竹内康人：『韓国徴用工裁判とは何か』、岩波書店 2020 年版。

竹田いさみ：『海の地政学』、中央公論新社 2019 年版。

子どもと教科書全国ネット 21：『竹島/独島問題の平和的な解決をめざして』、つなん出版 2010 年版。

佐々木毅：『政治の精神』、岩波書店 2010 年版。

佐藤史郎等：『日本外交の論点』、法律文化社 2018 年版。

中文期刊

［俄］B.A. 格里纽克：《日韩关系在波折中前行》，杨俊东译，《东北亚学刊》2015 年第 4 期。

［俄］B.O. 基斯塔诺夫：《当代日韩关系困境与展望》，杨俊东译，《东北亚学刊》2019 年第 4 期。

安成日：《二战后韩国对日索赔要求的演变》，《日本学论坛》2005 年第 Z1 期。

安成日：《旧金山对日和约与战后日韩关系》，《日本学刊》2001 年第 6 期。

毕颖达：《文在寅政府的自主战略：进展与挑战》，《国际问题研究》2020 年第 4 期。

步平：《关于日本历史教科书问题》，《抗日战争研究》2000 年第 4 期。

步平：《日本教科书问题的历史考察与思考》，《课程・教材・教法》2016 年第 11 期。

蔡亮:《安倍内阁"积极和平主义"的三重特性评析》,《世界经济与政治论坛》2014 年第 9 期。

蔡亮:《"范式均势"视阈下安倍政府对中国崛起的认知与应对》,《日本学刊》2017 年第 4 期。

蔡亮:《论安倍内阁的历史修正主义》,《日本学刊》2016 年第 1 期。

蔡亮:《日本"新国家主义"派的对外战略构想与困境》,《现代国际关系》2012 年第 7 期。

陈刚华:《韩日独岛(竹岛)之争与美国的关系》,《学术探索》2008 年第 4 期。

陈景彦、吕春月:《在档案中探寻"慰安妇"问题的真相》,《东北亚论坛》2018 年第 6 期。

陈景彦、王丹:《日本"尊皇爱国"教育对历史认识的影响——以明治时期的修身教育与战后历史教育为例》,《东北亚论坛》2014 年第 5 期。

陈梦莉:《安倍"战后外交总决算"理念的提出、动因及挑战》,《日本研究》2019 年第 2 期。

陈鑫:《浅析安倍"战略外交"》,《现代国际关系》2014 年第 9 期。

从伊宁、吴怀中:《岸田时期日本"印太战略"深化:背景、表现及对华影响》,《日本研究》2023 年第 1 期。

崔官、田香兰:《安倍内阁与朴槿惠政府视域下的日韩关系——隔阂与合作的双重结构》,《东北亚学刊》2016 年第 6 期。

崔官、田香兰:《中日韩三国关系的过去、现状及将来》,《韩国研究论丛》2015 年第 2 期。

崔世广:《日本人历史观的深层分析》,《东北亚论坛》2014 年第 5 期。

笪志刚:《新时期日韩关系发展现状及展望》,《亚非纵横》2011 年第 6 期。

戴玉金、吴光辉:《战后日本自我认识的深层结构——以"战败后论""二次战败论""永续战败论"为线索》,《日本学刊》2019 年第 6 期。

堤一直、张东方:《通过安倍主要演讲和著作看其对中韩的政策》,《东北亚论坛》2015 年第 6 期。

丁英顺:《日韩邦交正常化谈判及其影响》,《日本学刊》2007 年第 5 期。

董炳月:《战后日本教育思想的逻辑与脉络——以〈教育基本法〉和历史教科书为中心》,《日本学刊》2015 年第 5 期。

董璠舆:《"国宪"不可违 首相应带头——评日本首相参拜靖国神社》,

《比较法研究》2015年第1期。

樊小菊:《日本的战略动向及对中国的影响》,《现代国际关系》2017年第12期。

高海宽:《靖国神社与合祀甲级战犯》,《日本学刊》2006年第3期。

高兰:《历史问题与中日危机管理中的美国因素》,《日本研究》2006年第4期。

高兰:《美日安全政策变化与朝鲜半岛形势分析》,《韩国研究论丛》2018年第1期。

桂静:《韩日独岛争端及其借鉴意义》,《当代韩国》2013年第3期。

郭锐、郭志莹:《2019—2020年韩日关系:回顾与展望》,《当代韩国》2020年第1期。

韩东育:《战后七十年日本历史认识问题解析》,《中国社会科学》2015年第9期。

韩献栋:《以构筑和平为中心:文在寅政府的对朝政策》,《现代国际关系》2018年第5期。

郝群欢:《朝鲜核试验与日朝关系》,《现代国际关系》2014年第6期。

胡继平:《正视靖国神社问题背后的中日历史认识差异》,《现代国际关系》2014年第1期。

胡令远、蔡畅:《日本公明党对华外交实践评析——兼及与对韩外交实践的比较》,《韩国研究论丛》2018年第2期。

胡澎:《日本人战争记忆的选择、建构——兼谈中日如何共享战争记忆》,《东北亚学刊》2016年第3期。

黄大慧:《从"村山谈话"到"安倍谈话":日本在历史认识上"失去的二十年"》,《现代国际关系》2015年第8期。

黄大慧:《冷战后日本的"价值观外交"与中国》,《现代国际关系》2007年第5期。

黄大慧:《试析安倍政府的对外宣传战略》,《现代国际关系》2017年第6期。

[日]吉田纯:《日本历史教科书的修改程序及我的看法》,《太平洋学报》2005年第8期。

姜龙范:《二战后日韩关系的演变》,《东亚评论》2018年第1辑。

姜龙范:《日韩建交后的"慰安妇问题":政府、民意与美国因素》,《日本学刊》2018 年第 6 期。

金香兰、王鸿生：《韩日独岛之争探析》，《太平洋学报》2013 年第 8 期。

金鑫：《文在寅执政下韩日关系的现状与前景》，《当代韩国》2017 年第 3 期。

金赢：《"慰安妇"问题：舆论正义和日本的"历史战"》，《当代世界》2017 年第 11 期。

晋林波：《日韩"冷战"的原因与影响》，《国际问题研究》2015 年第 6 期。

李成日：《安倍政府的"慰安妇"问题认识与日韩关系的困境》，《东北亚学刊》2018 年第 3 期。

李峰、郑先武、宋文志：《历史性权利、国际法与主权诉求——韩国学者论独岛/竹岛争端》，《和平与发展》2015 年第 4 期。

李海涛：《论政治妥协的功能》，《南京政治学院学报》2005 年第 6 期。

李寒梅：《日本新民族主义的基本形态及其成因》，《外交评论》2013 年第 1 期。

李华：《安全困境理论与韩国的政策选择》，《韩国研究论丛》2006 年。

李旻：《透过"强制劳工"等问题看日韩矛盾的演进及影响》，《东亚评论》2020 年第 1 期。

李婷婷：《韩日慰安妇问题协议：内容、机制与影响》，《国际战略研究简报》2016 年第 33 期。

李婷婷：《贸易摩擦与日韩关系新变局》，《现代国际关系》2019 年第 8 期。

李婷婷：《"慰安妇"问题与韩日关系：协议、争议与影响》，《韩国研究论丛》2020 年第 2 期。

李相旼：《韩国官民反制日本歪曲历史举措述评》，《东北亚学刊》2013 年第 5 期。

李雪威：《战略灵活：朴槿惠政府对朝政策重塑》，《东北亚论坛》2014 年第 6 期。

廉德瑰：《安倍晋三的外交政策与中国的应对》，《东北亚论坛》2007 年第 3 期。

梁云祥：《日本历史教科书问题及中国的立场》，《太平洋学报》2005 年第 5 期。

林利民、郑雨：《朝鲜第四次核试与东北亚新变局》，《现代国际关系》2016 年第 5 期。

刘迪:《安倍保守主义思想的倾向、地位、建构及中日关系发展的推动力》,《东北亚学刊》2018 年第 6 期。

刘飞涛:《浅析美国对日本历史问题态度的变化》,《国际问题研究》2007 年第 3 期。

刘建平:《战后日本领土的基本概念、问题发生及其国际处理规范》,《日本学刊》2017 年第 6 期。

刘建平:《中日"历史问题"的过程性结构与"历史和解"可能的原理》,《日本学刊》2019 年第 6 期。

刘江永:《安倍参拜靖国神社的特点、动因及后果》,《现代国际关系》2014 年第 1 期。

刘江永:《安倍内阁的外交战略及前景》,《当代世界》2020 年第 3 期。

刘江永:《"安倍政治学"与中日韩关系》,《东北亚论坛》2015 年第 3 期。

刘江永:《从日本宗教文化角度看靖国神社问题》,《清华大学学报(哲学社会科学版)》2005 年第 5 期。

刘江永:《战后日本国家战略演进及岸田内阁战略走向》,《东北亚论坛》2022 年第 1 期。

刘荣荣、王珊:《沉疴与新患:日韩关系恶化探析》,《现代国际关系》2019 年第 8 期。

刘玉丽、沈海涛:《安倍东亚外交重构的动因与挑战探析》,《和平与发展》2018 年第 5 期。

吕春燕:《"慰安妇问题协议":韩方立场与韩日关系》,《东北亚学刊》2019 年第 2 期。

吕平:《美国介入韩日岛屿争端的立场演变》,《学术探索》2014 年第 3 期。

吕耀东:《安倍"战后外交总决算"的思路及其困境》,《国际问题研究》2020 年第 4 期。

吕耀东:《解析日本战略性外交的政治诉求》,《东北亚论坛》2018 年第 2 期。

吕耀东:《论日本政治右倾化的民族主义特质》,《日本学刊》2014 年第 3 期。

吕耀东:《试论日本"总体保守化"的选举制度要因》,《日本学刊》2015 年第 2 期。

吕耀东:《战后日本外交战略理念及对外关系轨迹》,《日本学刊》2015 年第 5 期。

马维英：《历史因素对东北亚区域合作的影响》，《东北亚学刊》2016 年第4 期。

孟晓旭：《安倍政府的朝核政策及其影响》，《国际问题研究》2018 年第2 期。

孟晓旭：《中日安全关系发展态势及中国的应对》，《现代国际关系》2017 年第 3 期。

［日］米原谦：《现代日本的民族主义》，崔世广译，《日本学刊》2013 年第3 期。

宁团辉、凌胜利：《朝核问题：韩日安全合作的动力探析》，《韩国研究论丛》2016 年第 2 期。

乔林生：《"安倍历史观"的特征及其影响》，《世界历史》2015 年第 4 期。

邱静：《两次安倍内阁的"价值观外交"》，《外交评论》2014 年第 3 期。

沈定昌：《朴槿惠执政以来的南北关系》，《当代韩国》2015 年第 3 期。

沈骥如：《论当代国际关系中的"妥协"》，《世界经济与政治》1994 年第5 期。

石建国：《论"靖国神社"问题与中韩关系的发展》，《韩国研究论丛》2007 年第 1 期。

石源华、张弛：《韩国朴槿惠政府对日政策的调整》，《现代国际关系》2016 年第 1 期。

史泽华、陈欢：《公共外交中的价值整合及其限度——以韩国就"慰安妇"问题对美公共外交为例》，《东北亚论坛》2016 年第 6 期。

苏良智：《日本历史教科书问题的由来与现状》，《全球教育展望》2005 年第10 期。

苏良智：《日本"慰安妇"问题再掀波澜》，《国际观察》2007 年第 4 期。

［韩］苏英和、刘江永：《韩日关系恶化的成因、背景及前景》，《东北亚论坛》2020 年第 1 期。

［俄］瓦列里·基斯塔诺夫、杨俊东：《安倍再度执政后的日本领土问题与外交》，《东北亚学刊》2013 年第 3 期。

万斌、罗维：《论政治妥协》，《浙江学刊》2005 年第 1 期。

汪舒明、王盈：《美日"历史和解"的突破性进展及其影响》，《现代国际关系》2017 年第 5 期。

王高阳：《理解国际关系中的"和解"：一个概念性框架》，《世界经济与政治》2016 年第 2 期。

王高阳:《战后韩日和解的历史与现实——兼与中日和解的比较》,《东疆学刊》2018 年第 4 期。

王广涛、俞佳儒:《民族主义、近代化竞赛与日韩历史认识问题》,《国际政治研究》2023 年第 3 期。

王海龙:《论独岛领有权问题》,《当代韩国》2013 年第 3 期。

王秋彬:《国际社会对日本历史问题的认知与策略》,《现代国际关系》2015 年第 8 期。

王珊:《日本对韩外交及日韩关系》,《现代国际关系》2004 年第 8 期。

王珊:《试评析安倍政权"摆脱战后体制"的外交举措》,《现代国际关系》2013 年第 9 期。

王新生:《安倍长期执政的原因探析:社会变迁、制度设计、"安倍经济学"》,《日本学刊》2018 年第 3 期。

王新生:《日本为何在历史问题上越来越倒退》,《求是》2001 年第 18 期。

王玉强:《联合国人权机构审议"慰安妇"问题研究》,《吉林大学社会科学学报》2021 年第 5 期。

王玉强:《美国众议院关于"慰安妇"问题的立法活动研究》,《东北亚论坛》2016 年第 3 期。

王泽林:《日本与邻国领土主权争端的国际法分析》,《东北亚论坛》2009 年第 3 期。

吴怀中:《"安倍路线"下的日本与中日关系——兼论构建中日新型国家关系》,《日本学刊》2016 年第 3 期。

吴怀中:《安倍"战略外交"及其对华影响评析》,《日本学刊》2014 年第 1 期。

吴怀中:《日本政治变动及其对华影响——一种结构、生态与政策的演进视角》,《日本学刊》2013 年第 2 期。

吴怀中:《战略分歧与日韩关系困局》,《现代国际关系》2020 年第 5 期。

吴心伯:《论亚太大变局》,《世界经济与政治》2017 年第 6 期。

[日]星野富一、于振冲:《安倍晋三参拜靖国神社的影响与日本的历史认识问题》,《日本研究》2014 年 3 月。

徐家驹:《日本首相参拜靖国神社问题评析》,《外交学院学报》2003 年第 3 期。

徐万胜：《论日本"一强多弱"的政党格局》，《日本学刊》2015 年第 3 期。

许亮：《解析卢武铉主义》，《东北亚论坛》2007 年第 4 期。

许寿童：《日本的历史认识问题与东亚国家的应对策略》，《东疆学刊》2014 年第 2 期。

宣玉京：《韩国文在寅政府的对朝政策及展望》，《当代韩国》2019 年第 3 期。

杨伯江：《"安倍时代"及其政治外交遗产》，《世界知识》2020 年第 18 期。

杨伯江：《东北亚地区如何实现与历史的"共生"——从"大历史"维度思考中日韩和解合作之道》，《东北亚论坛》2016 年第 4 期。

杨伯江：《战后 70 年日本国家战略的发展演变》，《日本学刊》2015 年第 5 期。

杨震、朱一飞、蔡亮：《海权视阈下的韩日独岛争端》，《韩国研究论丛》2018 年第 2 期。

殷燕军：《日本"右倾化"问题及其对外政策的影响》，《东北亚学刊》2018 年第 6 期。

游博、张陆：《论日本安倍政权的政治右倾化》，《太平洋学报》2014 年第 2 期。

禹守根、汪伟民：《韩国在六方会谈中的多重平衡外交》，《东北亚论坛》2006 年第 5 期。

曾向红、李宏洲：《地位焦虑与历史压抑：日本在与邻国岛屿争端中的政策差异及其影响因素》，《当代亚太》2017 年第 2 期。

张弛：《大辩论与大转折：朴槿惠时代中韩关系的反思与启示》，《东北亚论坛》2018 年第 1 期。

张慧智、于艇：《朴槿惠政府的东北亚外交政策新课题》，《东北亚论坛》2014 年第 1 期。

张慧智、赵铁军：《韩国文在寅政府的东北亚外交：挑战与突破》，《韩国研究论丛》2018 年第 1 期。

张建立：《从国民性视角看日本的右倾化现象》，《日本学刊》2014 年第 5 期。

张建立：《试析日本人的历史认识问题形成原因》，《日本学刊》2012 年第 2 期。

张健：《关于当前日本政治右倾化历史根源的几点思考》，《东北亚学刊》2013 年第 4 期。

张望：《政治生存与安倍的对华靖国神社外交》，《中国周边外交学刊》2018年第1辑。

张小明：《地缘政治、历史记忆与有关朝鲜半岛的想象》，《世界经济与政治》2019年第12期。

张瑶华：《安倍2.0时代的日本外交》，《国际问题研究》2013年第3期。

张勇：《韬晦之"鸢"：安倍晋三人格特质与对外政策偏好》，《外交评论》2017年第6期。

张煜：《百年来日本中学历史教科书对侵略动机的书写》，《日本侵华南京大屠杀研究》2020年第1期。

张源：《日韩"慰安妇"问题的历史演变及其原因分析》，《当代韩国》2018年第2期。

赵儒南：《近期韩日争端产生的动因及解决关键》，《延边大学学报(社会科学版)》2020年第3期。

赵政原：《从安倍外交政策看日本保守主义的独特性和延续性》，《世界经济与政治论坛》2015年第5期。

郑毅、李少鹏：《"战争罪犯"还是"民族英雄"——以日本战后恢复对军人和战犯的抚恤政策为视角》，《日本问题研究》2016年第6期。

郑毅：《中韩日"战争记忆"的差异与历史认识重构》，《日本学刊》2016年第3期。

[韩]郑在贞：《日本历史教科书问题与韩日关系展望》，《当代韩国》2001年秋季号。

[日]中岛和男、郭锐：《历史认识与历史教育：过去的事实是什么？——如何在教育中发挥历史的作用》，《东北亚论坛》2018年第5期。

周方银、郑晓燕：《日韩深和解为何难以实现——实力对比、战略需求与国家间和解》，《世界经济与政治》2023年第9期。

周璐铭：《日本政治右倾化及其对中日关系的影响》，《东北亚学刊》2013年第6期。

周永生：《日本安倍内阁外交框架透视》，《国际问题研究》2007年第5期。

周永生：《日本政治、社会右倾化问题探讨》，《东北亚论坛》2013年第3期。

朱锋：《安倍参拜靖国神社与中日关系》，《现代国际关系》2014年第1期。

朱海燕：《日本安倍政府的东亚战略探析》，《现代国际关系》2015年第11期。

朱海燕：《日本"岸田外交"与中日关系的前景》，《东北亚论坛》2022年第5期。

外文期刊

A. A. Batakova, "Differing Approaches of the Japanese Government Towards the 'History Issues'," *Vestnik MGIMO-Universiteta*, Vol. 46, No. 1, 2017.

ABE Kohki & 김창록, "In Search of Trans-Temporal Justice: The Issue of 'Comfort Women' in Contemporary International Law," *Kyungpook National University Law Journal*, Vol. 59, 2017.

Amos Tversky, Daniel Kahneman, "Loss Aversion in Riskless Choice: A Reference-dependent," *The Quarterly Journal of Economics*, Vol. 106, No. 4, 1991.

Bong Youngshik D., "Built to Last: The Dokdo Territorial Controversy. The Baseline Conditions in Domestic Politics and International Security of Japan and South Korea," *Memory Studies*, Vol. 6, No. 2, 2013.

Boyu Chen, "Decolonizing Japan—South Korea Relations: Hegemony, the Cold War, and the Subaltern State," *Asian Perspective*, Vol. 44, No. 2, January 2020.

Bukh Alexandwe, "The Way to 'Takeshima Day': An Analysis from the Perspective of Relationship Between Tokyo and Shimane Ken," *New Zealand International Review*, Vol. 17, 2014.

Chang Wee LEE, "Dispute over Diaoyudao(Senkakuretto) and Its Implications for Dokdo-Conflicts over History, Relevant Names and Boundaries," *Seoul Law Review*, Vol. 27, No. 3, 2019.

Cheung, "Japan's China Policy on Yasukuni under Abe(2012—2015): A Political Survival Interpretation," *Journal of Contemporary East Asia Studies*, Vol. 6, No. 1, 2017.

Chien Liu, "Obama's Pivot to Asia and Its Failed Japan-South Korea Historical Reconciliation," *East Asia*, Vol. 35, No. 4, 2018.

CHUNG Min-Jung, "Issues and Challenges of Referring a Territorial Matter regarding Dokdo Islands to the International Court of Justice," *The Korean Journal of International Law*, Vol. 58, No. 1, 2013.

C. Sihyun, "History and Law in the Japanese Military 'Comfort Women' Issue," *Korean Journal of Legal History*, Vol.49, 2014.

Emma Dolan, "Sexual Violence, Political Apology and Competing Victimhoods," *International Feminist Journal of Politics*, Vol.22, No.2, 2020.

Furuhashiaya, "Japanese Attitudes about 'Comfort Women' Issue in 2014—An Analysis of Editorial Articles Based on Postcolonial Feminism," *Journal of Korean Women's Studies*, Vol.33, No.1, 2017.

Gi-Wook Shin, "Historical Disputes and Reconciliation in Northeast Asia: The US Role," *Pacific Affairs*, Vol.83, No.4, 2010.

Hyeong-Jun Pak, "News Reporting on Comfort Women," *Journalism & Mass Communication Quarterly*, Vol.93, No.4, 2016.

JaHyun Chun, Daeun Choi, "Japan's Foreign Policy on Postwar Issues Relating to South Korea," *Pacific Focus*, Vol.33, No.3, 2018.

JaHyun Chun, "Have Korea and Japan Reconciled? A Focus on the Three Stages of Reconciliation," *Japanese Journal of Political Science*, Vol.16, No.3, 2015.

Ji Young Kim, "Rethinking the Role of Identity Factors: the History Problem and the Japan-South Korea Security Relationship in the Post-Cold War Period," *International Relations of the Asia-Pacific*, No.3, 2015.

Jon M. Van Dyke, "Reconciliation between Korea and Japan," *Chinese Journal of International Law*, No.1, 2006.

K. Chang, "How External Threat Affects Domestic Support for the 'Comfort Women' Agreement," *The Korean Journal of International Studies*, Vol.57, No.4, 2017.

Kim Gwanwon, "The Consideration of the Resolution for the Japanese Military Comfort Women Issue," *Dongbuga Yeoksa Nonchong*, Vol.50, 2015.

Kim Hyunsoo, "Case Study on Denial of Instituting of the ICJ Regarding International Dispute," *In Ha Law Review*, Vol.22, No.4, 2019.

Kitee Lee, "Yasukuni Issue and Dilemma in the U. S.-Japan Relationship," *The Korean Journal of Japanology*, Vol.120, 2019.

Lee Chang Wee, "Legal and Political Approaches to the Dokdo Issue between Korea and Japan," *Seoul Law Review*, Vol.26, No.1, 2018.

Lee Chang Wee, "Legal and Political Aspects of the Dokdo Issue: Interrelationship between International Law and International Relations," *The Korean Journal of Defense Analysis*, Vol.25, No.2, 2013.

Lee Chiwon, "Japan's Right-Turn 'Historical Revisionism' and the Limits of Abe's 'Breaking Away from the Post-war Regime'," *Economy and Society*, Vol.101, 2014.

Lee Jongguk, "The Historical Perceptions of Conservatives in Japan and the Development of History," *Dongbuga Yeoksa Nonchong*, Vol.51, 2016.

Lee Jung Tae, "Japan's New Security Act Revised by Abe Regime and Dokdo," *The Journal of International Relations*, Vol.19, No.2, 2016.

María del Pilar Álvarez, María del Mar Lunaklick, Tomás Muñoz, "The Limits of Forgiveness in International Relations: Groups Supporting the Yasukuni Shrine in Japan and Political Tensions in East Asia," *Janus.net*, Vol.7, No.2, 2016.

Myunghee Park, "Opportunity Structure of Nationalism and Trans-nationalism in Japan: Focusing on Japanese Military Comfort Women Issue in Japan," *Journal of International Politics*, Vol.19, No.2, 2014.

Nam Sanggu, "The Japanese Government's Historical Perception and Policy Changes Regarding the Japanese Military 'Comfort Women'," *The Korea-Japan Historical Review*, Vol.58, 2017.

Nam Sanggu, "Current Status and Research Trends of the Yasukuni Shrine Issue," *Dongbuga Yeoksa Nonchong*, Vol.50, 2015.

Naoko Kumagai, "Ontological Security and Japan's Ideological Debate over Compensating Wartime 'Comfort Women'," *Social Science Japan Journal*, Vol.18, No.2, 2015.

Naoko Kumagai, "The Background to the Japan-Republic of Korea Agreement: Compromises Concerning the Understanding of the Comfort Women Issue," *Asia-Pacific Review*, Vol.23, No.1.

Oh Seung Jin, "An Analysis on Recent Cases over Diplomatic Issues: Recent Cases on Forced Labor and Comfort Women by the Constitutional Court and the Supreme Court," *Seoul International Law Jornal*, Vol.20, No.2, 2013.

Park Pae-Keun, "A Review on the Studies of Dokdo Issue by Third Party Scholars," *The Journal of Dokdo*, Vol.20, 2016.

Patrick Hein, "Unresolved Comfort Women Issue," *The Korean Joumal of International Studies*, Vol.14, No.3, 2016.

Peter Gourevitch, "The Second-Image Reversed: The International Sources of Domestic Politics," *International Organization*, 1978, 32, No.4.

Randall E. Newnham, "More Flies with Honey: Positive Economic Linkage in German Ostpolitik Bismarck to Kohl," *International Studies Quarterly*, Vol.44, No.1, 2000, pp.73—96.

Rangsook Yoon, "Erecting the 'Comfort Women' Memorials: From Seoul to San Francisco," *de arte*, Vol.53, No.2—3, 2018.

Robert D. Putnam, "Diplomacy and Domestic Politics: The Logic of Two-Level Games," *International Organization*, No.3, 1988.

Schrijver, Nico J, Prislan Vid, "Cases Concerning Sovereignty over Islands before the International Court of Justice and the Dokdo/Takeshima Issue," *Ocean Development & International Law*, Vol.46, No.4, 2015.

Seong-Phil Hong, "An International legal Appraisal: The Misplacement and Ill-Implementation of the Japan's Post-War Responsibilities," *Chungnam Law Review*, Vol.23, No.1, 2012.

Seung Ju Bang, "Constitutionality of the Agreement between the Foreign Affairs Ministers of the Republic of Korea and Japan on the Issue of 'Comfort Women' on 28 December 2015," *ICL Journal*, Vol.10, No.4, 2016.

Shale Horowitz, "South Korea and Japan since World Wal II: Between Ideological Discord and Pragmatic Cooperation," *Pacific Focus*, Vol. 31, No.1, 2016.

Shin W, "The 2015 Comfort Women Agreement and the Two-Level Security Dilemma of Korea-Japan Relations," *Asia Review*, No.1, 2019.

Sung Pyo Hong, "The Effects of 'Apology-backlash' Recurrence on Korea-Japan Relations, Korean Social Science Journal," *Korean Social Science Journal*, Vol.43, No.2, 2016.

Susan Dwyer, "Reconciliation for Realists," *Ethics & International Affairs*, Vol.13, No.1, 1999.

Taku Tamaki, "It Takes Two to Tango: The Difficult Japan-South Korea Relations as Clash of Realities," *Japanese Journal of Political Science*, No.1, 2020.

Thomas J. Ward, William D. Lay, "The Comfort Women Controversy: Not Over Yet," *East Asia*, Vol.33, No.4, 2016.

Tom Phuong Le, "Negotiating in Good Faith: Overcoming Legitimacy Problems in the Japan-South Korea Reconciliation Process," *The Journal of Asian Studies*, No.3, 2019.

Wong Audrye Y, "Comparing Japanese and South Korean Strategies toward China and the United States All Politics is Local," *Asian Survey*, Vol.55, No.6, 2015.

Yangmo Ku, "National Interest or Transnational Alliances? Japanese Policy on the Comfort Women Issue," *Journal of East Asian Studies*, Vol.15, No.2, 2015.

Young-hwan CHONG, "Empire's Comfort Women and its Problems: a Refutation of Criticism by Prof. Yuha PARK," *Marxism 21*, Vol.13, No.4, 2016.

Young Shin Ki, "Rethinking Japanese Wartime 'Comfort Women' from a Global Perspective: Beyond Korea-Japan Bilateral Relations," *Korean Journal of Japanese Studies*, Vol.8, No.2, 2016.

阿久津博康:「韓国李明博政権の対北朝鮮政策の回顧と次期朴槿恵政権の対北朝鮮政策の展望」、『NIDSコメンタリー』2013 年第 29 号。

岸田文雄:「『変化の年』を展望する:未来志向が実を結ぶ外交を」、『外交』2017 年 Jan、Vol.41。

岸田文雄:「動き始めた東アジア近隣外交:日本外交の一年を展望する」、『外交』2015 年 Jan、Vol.35。

奥脇直也:「海洋紛争の解決と国連海洋法条約:東アジアの海の課題」、『国際問題』2012 年 12 月、No.617。

奥薗秀樹:「文在寅政権による「正統性」に追求と日韓関係』、『アジア研究』2020 年 October、Vol.66。

坂本茂樹:「海洋境界画定と領土紛争:竹島と尖閣諸島の影」、『国際問題』2007 年 10 月、No.565。

北岡伸一：「『戦後 70 年』への私の提言：中、韓、米からの批判に先んじた"平和攻勢"を」、『外交』2015 年 January、Vol.29。

倉田秀也：「6 者会談と盧武鉉政権の『包括的アプローチ』：多国間協議の重層化と局地的利益の表出」、『国際問題』2007 年 5 月、No.561。

倉田秀也：「朴槿恵政権と日米韓安保関係の再調整：拒否的抑止の地域的連動」、『国際問題』2016 年 10 月、No.655。

川島真：「東アジアの歴史認識問題の共通性と多様性：日中・日台関係からの考察」、『アジア研究』2020 年 October、Vol.66。

川上高司：「トランプ政権と日米同盟の行方」、『海外事情』2017 年 2 月号。

崔長根：『韓国の「于山島—石島—独島」への名称変換に関する研究』、『法学新報』2015 年 121 号。

崔慶原：「日韓安全保障関係の形成：分断体制下の『安保危機』への対応、一九六八年」、『国際政治』2012 年 10 月、第 170 号。

村井友秀：「日本に対する脅威の構造」、『東亜』2020 年 4 月、no.634。

大木聖馬：「日米と韓国、対北朝鮮の連携でずれ」、『東亜』2019 年 7 月、no.625。

大庭三枝：「現代日本外交の三〇年」、『国際政治』2019 年 3 月、第 196 号。

道下徳成：「北朝鮮の核・ミサイル開発と日本の対応」、『海外事情』2013 年 6 月号。

等松春夫：「歴史認識と国際政治」、『国際政治』2017 年 3 月、第 187 号。

東郷和彦：「竹島・独島と日韓関係：日本の視点」、『産大法学』2017 年第 1 期。

渡辺利夫：「歴史認識問題はすべてが『日本製』である」、『海外事情』2015 年 7・8 月号。

飯田敬輔：「国際政治における合理的選択」、『国際政治』2015 年 9 月、第 181 号。

福島啓之：「戦後日本の関係修復外交と近隣諸国の対日認識：援助、謝罪とナショナリズム」、『国際政治』2012 年 10 月、第 170 号。

高瀬弘文：「東北アジアにおける戦後日本の経済外交の端緒：日韓通商協定の締結を手掛かりに」、『国際政治』2012 年 2 月、第 168 号。

高良沙哉：「日本軍『慰安婦』問題と沖縄基地問題の接点」、『思想』2020 年

4月号、no.1152。

　高良沙哉：「「慰安婦」訴訟の意義と課題」、『地域研究』2014年13号。

　高橋杉雄：「対北朝鮮抑止の再構築―報復から損害限定へ―」、『海外事情』2018年5・6月号。

　高橋杉雄：「対北朝鮮抑止の再構築」、『海外事情』2018年5・6月号。

　高藤奈央子：「竹島問題の初端：韓国による竹島占拠の開始時における国会論議を中心に振り返る」、『立法と調査』2011年11月、No.322。

　高原明生：「急転する朝鮮半島情勢　冷静な観察と分析必要」、『アジア時報』2018年6月号。

　高原明生：「米中対立と日韓摩擦　負の連鎖生む経済制裁」、『アジア時報』2019年9月号。

　宮本悟：「破綻した文在寅政権による南北対話」、『東亜』2020年1月、no.631。

　宮城大蔵：「朝鮮半島と日本の外交構想――30年前の外交文書から見えるもの」、『東亜』2018年6月、no.612。

　谷口智彦：「安倍《マーク2》政権の外交課題とは」、『東亜』2013年1月、no.547。

　和田春樹、木村幹：「慰安婦問題で、日本が国際的な理解を得るためには、何が必要なのか」、『SYNODOS』2013年。

　河野太郎：「北朝鮮への圧力を続けて非核化を迫る」、『外交』2018年Jan/Feb、Vol.47。

　黒田勝弘：「朴槿恵大統領が歴史認識にこだわる理由」、『海外事情』2014年1月号。

　横倉節夫：『日本と中国・韓国の国民間の相互認識の比較』、神奈川大学法学研究所研究年報2003年。

　荒木和博：「朝鮮半島の『千日手』と新たな展開のきざし」、『海外事情』2013年6月号。

　荒木和博：「『反共』と『反日』から見た日韓国交正常化」、『海外事情』2015年5月号。

　荒木和博：「『アジアの火薬庫』としての朝鮮半島」、『海外事情』2015年5・6月号。

　荒木和博：「十五年前、朝鮮半島の教訓」、『海外事情』2019年12月号。

加藤達也：「韓国における権力と司法の一断面」、『海外事情』2016 年 5 月号。

兼原信克：「安倍外交とは何か」、『海外事情』2020 年 1・2 月号。

姜尚中：『植民地支配「正当化」発言とその背景』、『青丘』1993 年第 16 号。

金恩貞：「1950 年代初期、日本の対韓請求権交渉案の形成過程：『相互放棄プラスアルファ』案の形成を中心に」、『アジア研究』2016 年 January、Vol.62。

金恩貞：「日韓国交正常化交渉における日本政府の政策論理の原点：『対韓請求権論理』の形成を中心に」、『国際政治』2012 年 2 月、第 172 号。

金田秀昭：「中国の海洋戦略」、『海外事情』2013 年 1 月号。

酒井啓亘：「国際裁判による領域紛争の解決：最近の国際司法裁判所の判例の動向」、『国際問題』2013 年 9 月、No.624。

李炯喆：『日本のアジア外交と歴史問題』、『県立長崎シーボルト大学国際情報学部紀要』、2004 年第 5 号。

李俊揆：『独島問題に対する韓国人の認識』、『プライム』2016 年第 39 巻。

李鐘元：「盧武鉉政権の対外政策」、『国際問題』2007 年 5 月、No.561。

鈴木祐二：『『海政学』の試み』、『海外事情』2017 年 3 月号。

梅田皓士：「二年目の文在寅政権：課題と展望」、『海外事情』2018 年 9・10 月号。

梅田皓士：「韓国大統領選と文在寅政権の課題」、『海外事情』2017 年 6 月号。

米村耕一：「大統領選前に激しく分裂する韓国社会」、『東亜』2017 年 4 月、no.598。

木村幹：「『南北対話』と『対米基軸』で加速する韓国外交」、『外交』2018 年 May/Jun、Vol.49。

木村幹：『日本における慰安婦認識：一九七〇年代以前の状況を中心に』、『国際協力論集』2017 年第 25 号。

木村幹：『慰安婦より根深い「徴用工問題」を蒸し返した韓国の裏事情』、『IRONNA』2017 年。

木村卓滋：「「近現代日本史」講義における靖国神社問題」、『駿河台大学教職論集』2015 年第 1 号。

牧野愛博：「最悪の日韓関係、打つ手はなにか」、『外交』2020 年 Nov/Dec、Vol.64。

浅羽祐樹:「『普通』の日韓関係へ」、『外交』2019.Jan/Feb、Vol.53。

青木清:「1965年しか見ない日本、『日帝』にこだわる韓国:『徴用工判決』の法的分析を通して」、『アジア研究』2020年October、Vol.66。

山本健太郎:「竹島をめぐる日韓領土問題の近年の経緯:島根県の『竹島の日』制定から李明博韓国大統領の竹島上陸まで」、『レファレンス』2012年10月。

山田吉:「日本の国境、領土・領海に関する情勢」、『海外事情』2013年11月号。

山田哲也:「『徴用工』判決の国際法上の論点」、『アジア研究』2020年October、Vol.66。

申琪榮:「『慰安婦』問題の超国家性と記憶の『グローカル』化」、『思想』2020年4月号、no.1152。

松村昌廣:「「慰安婦」問題に関する日韓最終合意と米オバマ政権による圧力」、『桃山学院大学経済経営論集』2018年、第60巻。

松田康博:「習近平政権の外交政策」、『国際問題』2015年4月、No.640。

添谷芳秀:「日本のインド太平洋外交と近隣外交」、『国際問題』2020年1・2月、No.688。

添谷芳秀:「アジア外交の再編:官邸外交を機能させるために」、『国際問題』2007年1・2月、No.558。

田中明彦:「2020年の世界と日本」、『国際問題』2020年1・2月、No.688。

田中明彦等:「連動する東アジアのミサット外交」、『外交』2018年May/Jun、Vol.49。

田中雄一郎:「日韓間の『従軍慰安婦』問題の萌芽と展開:メディア・フレーム論による日韓関係と韓国の政治社会的分析」、『法学政治学論究』2019年6月、第121号。

田中雄一郎:「一九八二年の日韓歴史教科書問題の萌芽と展開:メディア・フレーム論による日韓関係と韓国の政治社会的分析」、『法学政治学論究』2017年6月、第113号。

町田貢:「脱線日韓外交はどこへ行く」、『海外事情』2015年5月号。

土山實男:「朝鮮のバランス・オブ・パワーと日本」、『国際問題』2018年4月、No.670。

武藤正敏、荒木和博:「暴走する文在寅政権と日本の対韓外交」、『海外事情』2019 年 5・6 月号。

　武貞秀士：「2015 年、北朝鮮は何を目指すか」、『海外事情』2015 年 3 月号。

　武貞秀士：「北朝鮮の核兵器開発と日本」、『海外事情』2016 年 5 月号。

　武貞秀士：「朝鮮半島で戦争が起こる時」、『海外事情』2017 年 5・6 月号。

　武貞秀士：「二〇二〇年、金正恩体制は何を目指すか」、『海外事情』2020 年 1・2 月号。

　武貞秀士：「二〇一七年春、朝鮮半島の核危機」、『海外事情』2017 年 6 月号。

　武貞秀士：「今後の中国と北朝鮮」、『海外事情』2017 年 9 月号。

　武貞秀士：「日韓関係の安全保障的側面」、『海外事情』2015 年 5 月号。

　西野純也：「韓国内の政治対立でさらに混迷する日韓関係」、『東亜』2019 年 8 月、no.626。

　西野純也：「日韓関係の『出口』はどこにあるか」、『外交』2019 年 Sep/Oct、Vol.57。

　細谷雄一：「安倍外交のリアリズム」、『東亜』2013 年 5 月、no.551。

　下川正晴：「ジャーナリストが見た日韓関係五〇年」、『海外事情』2015 年 5 月号。

　下條正男：「竹島問題の解決を阻むもの」、『海外事情』2017 年 6 月号。

　下條正男：「竹島問題と歴史認識問題」、『海外事情』2014 年 1 月号。

　箱田哲也：「『盧武鉉越え』迫る文在寅政権の民族主義：自縄自縛に陥る対日政策」、『外交』2019 年 May/Jun、Vol.55。

　小池修：「第 3 回南北首脳会談と『板門店宣言』」、『NIDSコメンタリー』2018 年第 71 号、1─3 頁。

　小此木政夫：「国際システムのなかの日韓関係：いま、われわれはどこにいるのか」、『国際問題』2016 年 10 月、No.655。

　小此木政夫：「菅政権下の日韓関係リアリズム土台に修復を」、『アジア時報』2020 年 11 月。

　小此木政夫：「日韓関係、どこで間違った?」、『アジア時報』2020 年 1・2 月号。

　小此木政夫：「日韓歴史摩擦の構造　アイデンティティーが衝突」、『アジア時報』2020 年 5 月。

　小林聡明：「日韓協力の推進と共感の拡大：ある日本人外交官の問いを手がかりとして」、『外交』2020 年 May/Jun、Vol.61。

小林武:『内閣総理大臣靖国神社参拝訴訟における平和的生存権の主張』、『愛知大学法学部法経論集』、2015年第203号。

小野寺五典等:「激変する東アジア安保環境と日本」、『海外事情』2017年7・8月号。

小野寺五典:「ミサイル防衛は新たな段階へ」、『外交』2017年Jul/Aug、Vol.44。

小野田亮:「戦後日本の戦没者追悼施設はなぜ実現しなかったか」、『日本政治外交研究』2015年、No.8。

小針進:「対北・対米・対日で揺れる『嵐の前』の韓国」、『東亜』2020年3月、no.633。

小針進:「首脳会談へ進んだ米朝と『最悪』が長期化する日韓」、『東亜』2019年3月、no.621。

小針進:「『折り返し点』を過ぎた文在寅大統領の内憂外患」、『東亜』2020年3月、no.633。

小枝義人:「安倍政権の外交・安全保障課題」、『海外事情』2013年10月号。

篠田英朗:「国際法の日本VS歴史認識の韓国」、『Voice』2019年第10号。

篠原初枝:「平和的国際機構と歴史研究」、『国際政治』2018年9月。

信田智人:「強化される外交リーダーシップ」、『国際問題』2007年1・2月、No.558。

野副伸一:「ギクシャクする日韓関係」、『海外事情』2015年5月号。

伊豆見元:「緊張暖和に向かう南北関係」、『東亜』2018年3月、no.607。

玉利明子:「日韓関係における議員組織の動き」、『日本政治外交研究』2013年、No.7。

澤田克己:「朴槿恵大統領と慰安婦合意の今後」、『アジア時報』2016年6月号。

澤田克己:「朴槿恵氏は盧武鉉氏に似ている」、『東亜』2013年11月、no.557。

真柄昭夫:「安倍晋三と池田勇人:長期政権の経済政策と政策知識人」、『海外事情』2015年11月号。

鄭在貞:『現在の東アジア情勢の下での日韓関係』、『京都産業大学世界問題研究所紀要』2015年。

中川敏宏:「慰安婦合意と憲法訴訟:最終的解決が残したリーガル・イシュー」、『国際問題』2016年10月、No.655。

塚本壮一:「北朝鮮『核ミサイル出現』の悪夢」、『東亜』2016年1月、no.592。

塚本壮一:「日韓、慰安婦問題解決で合意　北朝鮮が核実験」、『東亜』2016年2月、no.584。

塚本壮一:「日韓、慰安婦問題『妥結』に向け合意」、『東亜』2015年12月、no.582。

庄司潤一郎:「歴史認識に関する首相談話」、『NIDSコメンタリー』2013年第31号。

庄司潤一郎:「戦後70年、対象とすべき『過去』とは?」、『NIDSコメンタリー』2015年第45号。

庄司潤一郎:「『戦後70年談話』の新視点—歴史観を中心として」、『NIDSコメンタリー』2015年第50号。

佐藤丙午:「朝鮮半島問題の行方」、『海外事情』2013年6月号。

佐藤丙午:「二〇一六年大統領選挙と日米関係の展望」、『海外事情』2017年2月号。

佐藤信行:『年表にみる日韓交渉』、『青丘』1993年第16号。

外文研究报告

「『不確実の時代』の朝鮮半島と日本の外交・安全保障」、日本国際問題研究所、2018年3月。

「『不確実の時代』の朝鮮半島と日本の外交・安全保障」、日本国際問題研究所、2019年3月。

『朝鮮半島情勢の総合分析と日本の安全保障』、日本国際問題研究所、2016年3月。

『朝鮮半島情勢の総合分析と日本の安全保障』、日本国際問題研究所、2017年3月。

『朝鮮半島のシナリオ・プランニング』、日本国際問題研究所、2014年3月。

『朝鮮半島のシナリオ・プランニング』、日本国際問題研究所、2015年3月。

防衛省防衛研究所：『東アジア戦略概観 2022』。

防衛省防衛研究所：『東アジア戦略概観 2020』。

防衛省防衛研究所：『東アジア戦略概観 2021』。

防衛省防衛研究所：『東アジア戦略概観 2013』。

防衛省防衛研究所：『東アジア戦略概観 2014』。

防衛省防衛研究所：『東アジア戦略概観 2015』。

防衛省防衛研究所：『東アジア戦略概観 2016』。

防衛省防衛研究所：『東アジア戦略概観 2017』。

防衛省防衛研究所：『東アジア戦略概観 2018』。

防衛省防衛研究所：『東アジア戦略概観 2019』。

『日本の領土に係る問題と関係各国の歴史認識との関係』、日本国際問題研究所、2014 年 3 月。

「インド太平洋の海洋安全保障と『法の支配』の実体化に向けて」、日本国際問題研究所、2019 年 3 月。

「『インド太平洋時代』の日本外交」、日本国際問題研究所、2014 年 3 月。

『インド太平洋時代の日本外交』、日本国際問題研究所、2015 年 3 月。

致　谢

　　吾以近而立之年，辞俗务而赴帝都求经世之学、探国际纵横之策、常有今是昨非之感。经四载流年，曾仰望星空、亦曾追忆历史，曾敬慕豪杰、亦曾效仿先贤，且学且思、以成此文。念及此，不禁掩卷而慨叹，慨叹寻真知之艰辛；亦感念人生之荣幸，荣幸得遇众贵人之相助。

　　吾自求学后，辗转三地终入帝都之学府，大学之道，在明明德，校之贵、贵在师，师之贵、既在才、亦在德。自专心求学问道后，尤幸得遇尊师陈新明教授，尊师德高望重、学识渊博、淡泊名利、洞悉历史，以知行合一树文人之尊荣、以文道合一立师者之典范，尊师不以出身论高下，亦不以吾愚钝，常以厚德之言传道、以博学之识授业、以微言大义解惑，常于谈笑间释求学之疑、教处事之策，成过庭语之效、有醍醐灌顶之感。遇师如此，何其幸哉，尊师之恩、尊师之教定当常记于心！亦幸遇良师黄大慧教授，黄老师博学而谦和，不以门第论远近，常以博学育后辈、更以真知传后生。吾常于言谈间受益、行为上受教。遇师如此，何其幸哉！亦幸遇良师加茂具树教授，加茂老师博学而厚德，不以国别论亲疏，常倡一衣带水之情，传日月同天之道。以热血之情执教、以责任之心育人，助吾异域修学以增识。遇师如此，何其幸哉！亦幸遇慈师于素秋教授，于老师不以专业论先后，而以真知授业、以慈爱助人，使吾于言谈之间而体世间温情。遇师如此，何其幸哉！

　　亦幸遇名师时殷弘教授、蒲国良教授、方长平教授、吕耀东研究员、李兴教授、邢广程研究员、许勤华教授、李庆四教授、宋伟教授、尹继武教授、钟飞腾研究员、李巍教授、金灿荣教授、吴征宇教授，诸教授博学而多才、见多而识广，尝于教席之间授业解惑，以促文从字顺、辞意相彰之效，吾此文受益良多，得遇诸多名师，何其幸哉！

　　吾自幼年求学至今，已过廿余载，父母以农民之辛劳、得微薄之收人，却不忘育后人、兴家业、修德行，身体力行以教至简之大道、育生活之能事、养乐天之性情、谋成才之坦途。父母之爱，超乎常人，吾愧不能及。父母之恩，绝非山重海深所能比，亦非笔端之词所能言、更非朝夕之间所能报，唯愿他日可成孝之始终，以略报天恩。得父母如此，其幸甚矣！

吾既遇名师、亦遇益友。吾友或直、或谅、或多闻，故常能谈古论今、亦能切磋互助，能纵情山水、亦能杯盏交集，使吾于漫漫求学之途而妙趣不断。熙熙攘攘之江湖，知己难求，能遇友如此，何其幸哉！知己相交，重在交心，纵不言字，亦必会心相知！

路漫漫其修远兮，吾将上下而求索。既致于学，则当成于世，非志无以成学，非德无以成志。横渠有路，当修德才以成之。愿他日览古阅今之后、修齐治平之时仍不忘初心。是作此文以为记！

于海龙

中国人民大学　静园

2021 年 5 月 28 日

图书在版编目(CIP)数据

日本的"去历史化"：日韩历史问题研究 / 于海龙
著. -- 上海 ：上海人民出版社，2025. -- ISBN 978-7
-208-19139-6

Ⅰ. D831.30

中国国家版本馆 CIP 数据核字第 202403W0P6 号

责任编辑 王 冲
封面设计 谢定莹

日本的"去历史化"：日韩历史问题研究

于海龙 著

出　　版　上海人民出版社
　　　　　（201101　上海市闵行区号景路 159 弄 C 座）
发　　行　上海人民出版社发行中心
印　　刷　江阴市机关印刷服务有限公司
开　　本　635×965　1/16
印　　张　14.5
插　　页　2
字　　数　207,000
版　　次　2025 年 1 月第 1 版
印　　次　2025 年 1 月第 1 次印刷
ISBN 978 - 7 - 208 - 19139 - 6/D · 4393
定　　价　72.00 元